致命的不平等

U0118186

麥可・馬穆———著

洪慧芳———譯

致命的不平等

社會不公如何威脅我們的健康

香港中文大學出版社

《致命的不平等：社會不公如何威脅我們的健康》
麥可・馬穆（Michael Marmot） 著
洪慧芳 譯

繁體中文版©香港中文大學 2021

本書由 Bloomsbury Publishing Plc 2015 年出版之 *The Health Gap: The Challenge of an Unequal World* 翻譯而來，由 Bloomsbury Publishing Plc 授權出版。

本書版權為香港中文大學所有。除獲香港中文大學
書面允許外，不得在任何地區，以任何方式，任何
文字翻印、仿製或轉載本書文字或圖表。

國際統一書號 (ISBN)：978-988-237-209-2

出版：香港中文大學出版社
　　　香港 新界 沙田・香港中文大學
　　　傳真：+852 2603 7355
　　　電郵：cup@cuhk.edu.hk
　　　網址：cup.cuhk.edu.hk

The Health Gap: The Challenge of an Unequal World
　By Michael Marmot
　Translated by Cindy Hung

Traditional Chinese edition © The Chinese University of Hong Kong 2021
All Rights Reserved.

© Michael Marmot 2015

This translation of *The Health Gap: The Challenge of an Unequal World*
published by The Chinese University of Hong Kong Press,
The Chinese University of Hong Kong by arrangement with
Bloomsbury Publishing Plc via Big Apple Agency.

ISBN: 978-988-237-209-2

Published by The Chinese University of Hong Kong Press
　　　The Chinese University of Hong Kong
　　　Sha Tin, N.T., Hong Kong
　　　Fax: +852 2603 7355
　　　Email: cup@cuhk.edu.hk
　　　Website: cup.cuhk.edu.hk

Printed in Hong Kong

謹獻給 Alexi、Andre、Daniel、Deborah

目 錄

序 言 / ix

前 言 / xiii

1　**苦難的體制** / 1

　　我是個證據導向的樂觀派。

　　只要掌握知識，我們就能把黑暗的時節轉變成光明的時節。

2　**誰的責任？** / 27

　　貧窮與不平等有強大的消權效果。

　　一個人難以掌控自己的生活時，也難以做出健康的選擇。

3　**公平的社會，健康的生活** / 55

　　社會條件影響了健康及健康公平性，

　　那個影響貫穿了整個生命歷程。

4　**起始點的公平** / 87

　　「殺不死我們的，會使我們變得更強大。」

　　其實不然，它會導致我們更容易生病。

5　**教育與賦權** / 117

　　教育支出減少，意味著更多女性失去擁有知識、技能、

　　掌控生育自由的機會。

6　**為生活而工作** / 143

階級越低，權力越小，金錢越少，身體、心理、
社會資源越差，健康因此變糟，工作是消權的溫床。

7　**老當益壯** / 171

老人健康的社會梯度是源自生命歷程，
起始的時間是在出生之前。

8　**打造有韌性的社區** / 199

培養從逆境中重新振作的能力，可以稱為「社區韌性」——
那是社會可永續發展社區的一種屬性。

9　**更公平的社會** / 227

只服務窮人的服務，是糟糕的服務。
我們應該讓每個人都獲得普遍政策的效益，同時按需求投入對應的努力。

10　**在世界上公平地生活** / 259

全球化一方面促成了多少知識與資源的共享及創造了多少機會，
另一方面又削弱了多少個人與社群的權力。

11　**希望的體制** / 293

三角是指政府、知識/學術界、人民。
只要讓那三者一起合作，就能夠移動任何大山。

謝　辭 / 313

序 言

　　我們置身一個不平等的世界，假如我們對此坐視不理，眾多問題會繼續衍生，包括現時在全球、國家、地區及社區層面所出現的「健康鴻溝」。

　　健康不平等這概念由來已久，那些居於人煙較稠密地區的平民所罹患的疾病，早已被詳細記載於中世紀的紀錄裡，醫院和診所的雛形亦由此誕生。然而，直至1980年，英國衛生和社會保障部發表《布萊克報告》(*The Black Report*)，人類歷史上才首次正式把健康不平等的議題納入公共政策的藍圖。該報告有系統地以明確實證首次闡述英國社會廣泛存在的健康不平等問題，由於當時公眾對健康不平等情況所知甚少，加上1980年代正值福利主張出現，因此報告發表後隨即引起廣泛的興趣及關注。由那時起，大眾對社會存在健康不平等的現象由不敢置信，慢慢轉變為無奈接受。直至近年，容我直言，大眾已漸漸變為絕望。社會瀰漫著一種「**我們無法解決健康不平等的問題，因為世界從來都是不平等**」的想法。這種絕望亦並不能以金錢來解決或衡量。正如安・凱思 (Anne Case) 和安格斯・迪頓 (Angus Deaton) 在最近出版的《絕望死與資本主義的未來》(*Deaths of Despair and the Future of Capitalism*) (2020) 一書所言，「物質財富的減少是生活上其他煩惱的來源」(the decline in material well-being is a cause of distress in other aspects of life)，「問

題的癥結總是在於財富上落後於人」(being left behind financially is a key part of the story),而「這只是問題的開端」(it is only the beginning)。

　　凱思和迪頓所提出的「絕望死」疫症,跟英國倫敦大學學院 (University College London) 教授麥可‧馬穆爵士 (Sir Michael Marmot) 與理查‧威金森 (Richard Wilkinson) 合編的《健康的社會決定因素》 (*Social Determinants of Health*) (1999、2005) 中提倡之健康的社會決定因素及健康不平等概念,很大程度上互相呼應。馬穆爵士的報告緊扣世界衛生組織的城市健康倡議計畫,破舊立新;及後他再發表《在一個世代內敉平階級落差:通過對健康的社會決定因素採取行動來實現健康公平》(*Closing the gap in a generation: Health equity through action on the social determinants of health*),主張要解決健康不平等問題,則必須針對醫療及生活習慣和行為以外的社會因素。事實上,「健康的社會決定因素」成為了公共衛生及社會科學界的流行用語,但對其他領域而言,此概念依然含糊陌生。不少醫生都對此缺乏認識,認為我們不能做些什麼來改變健康的社會決定因素,甚或認為解決令人患病的社會因素**並不是他們的工作或責任**。正當現代醫學在積極追求「精準」或「個人化」醫療,這種忽略攸關個人的社會決定因素的想法,尤其諷刺與矛盾。馬穆爵士於 2010 年發表了著名的《公平社會、健康生活》 (*Fair Society, Healthy Lives*) (又稱「馬穆報告」〔The Marmot Review〕),一直努力提倡在公共政策上針對健康的社會決定因素採取相應措施,唯有關倡議於其他國家未見普及,相關發展在大中華社會更加乏善足陳,這或許與缺乏以中文出版或發行的相關文獻有關。

　　因此,香港中文大學出版社如今出版馬穆爵士的著作,《致命的不平等:社會不公如何威脅我們的健康》(*The Health Gap: The Challenge of an Unequal World*) 的中譯本,我感到非常欣喜及驕傲。本書在 2021 年出版,正值 2019 冠狀病毒肆虐全球之時。蔓延各國的疫症暴露、加劇及擴大了在世界各地存在已久的深層次健康不平等問題。即使在香

港，雖然確診數字低於其他地區，但由香港中文大學鍾一諾教授領導的一項新研究發現，與疫情相關的健康不平等現象，部分是由防疫措施對市民生活及經濟活動的影響所導致。因此，要解決與新冠肺炎相關的健康不平等問題，不應只著眼於確診數字，而要針對健康的社會決定因素。雖然，要全球一起經歷殺傷力如海嘯般巨大的新冠疫情，才能促使各國更加嚴肅對待健康不平等問題，是一件可悲的事，但我們千萬不能錯過這個能扭轉局面的黃金機會，締造更公平的世界。

古語有云：「知己知彼，百戰不殆」。要正視及解決健康不平等問題，先要了解問題的本身。馬穆爵士這部開創性的著作共設 11 個單元，不但向讀者呈現全球各地健康不平等的實況，亦就社會上權力、金錢和資源分配不均的問題提出切實可行的解決方案。儘管普羅大眾對健康不平等的認知及態度跟 40 年前可能截然不同，但至今一直困擾著我們的難題依然存在：我們可以做什麼？這部著作是啟發大眾去思考如何解決健康不平等問題的不二之選。

本書出版之際，適逢香港中文大學 (中大) 健康公平研究所 (CUHK Institute of Health Equity) 將成立兩週年。研究所由馬穆爵士、中大的胡令芳教授和楊永強教授三位聯席所長共同帶領。回想當初，正是因為馬穆爵士在中大出任客座教授時，主講了一場精闢獨到的講座，啟發了我們成立健康公平研究所。研究所致力探討與分析香港的健康公平議題，為政府相關政策和介入計畫提供參考，以改善香港的健康公平狀況，共同建立亞洲區的研究網絡。中大在亞洲區創下先河，率先成立健康公平研究所，我全力支持研究所的工作，並懇切期待區內陸續出現更多關注健康公平的機構。

聯合國可持續發展目標 (SDG) 的第三項和第十項分別是「良好健康與福祉」及「減少不平等」(www.un.org/sustainabledevelopment/sustainable-development-goals/)。該等目標為聯合國會員國一致通過及採納，為實現改善人類福祉及保護地球資源提供了一套實用藍圖。香

港中文大學致力追求及推廣聯合國可持續發展目標，目前亦是聯合國可持續發展解決方案網絡香港地區分會的聯席主持單位。要令全球人類健康得以改善，必須先對健康不平等的現況及成因做更深入的了解，當中以社會決定因素尤為重要，這是「個人化醫療」應著眼之處。馬穆爵士作為推動健康公平的先驅及倡議者，在此部著作《致命的不平等》精闢而有力地向讀者闡釋健康公平之道，書中充滿馬穆爵士的雋言雋語，有效地凸顯他堅定不移的理念。我印象尤為深刻是本書的第一句，亦是一直支撐著馬穆爵士委身於推動健康公平的個人感召：

> 為什麼醫生看完病人後，又把他們送回致病的環境呢？

最後，我謹向中大健康公平研究所副所長鍾一諾教授獻上由衷謝意，感謝他在我撰寫此序時，跟我分享與提供了有關健康公平的真知灼見，亦感謝其研究對香港社會與疫情相關的健康不平等狀況，貢獻了饒有參考價值的寶貴資訊。

段崇智教授
香港中文大學校長
2021 年 7 月

前　言

為什麼醫生看完病人後，又把他們送回致病的環境呢？

眼前這個女人看來十分悲慘，走起路來似乎滿心愧疚。她走向醫生，坐了下來，蜷縮在椅子上。門診氣氛沉悶冷清，沒什麼人情味，也沒有關懷，對看診毫無助益，至少完全無法提振我的心情。

「上次你痊癒是什麼時候？」精神科醫生以濃濃的中歐腔問道。中歐口音似乎成了精神科醫生的必備條件，即使在澳洲也是如此，這個人就是。

「噢，醫生，」病人說：「我先生又酗酒了，還打我。我兒子又進監獄了，十幾歲的女兒懷孕，我幾乎天天以淚洗面，無精打采，睡也睡不著，厭世到不想活了。」

她有憂鬱症不足為奇，當下我的心情更低落了。那是 1960 年代，我是醫學院的學生，正在雪梨大學的教學醫院 —— 皇家阿弗萊德王子醫院（Royal Prince Alfred Hospital）—— 的精神科門診實習。

精神科醫生告訴那位婦女，停用藍藥丸，改吃紅藥丸。他寫下一個月後的回診時間，那個看來依然悲慘的婦女就離開了。就這樣？沒別的了嗎？現場的醫學院學生面面相覷，醫生解釋他能做的非常有限，幾乎沒別的辦法了。

說那個病患只是欠缺紅藥丸，根本無法令人信服，她的憂鬱症顯然和生活環境有關。精神科醫生說他幾乎沒別的辦法了，那可能是真的，但後來我開始質疑那樣的診斷，我將在本書中說明這點。對我來說，那不該意味著束手無策，「我們」應該注意導致她陷入憂鬱的原因。關於這裡的「我們」應該是指誰，以及我們能做什麼，這個問題解釋了我為什麼放棄精神病學，轉而研究致病的社會因素，並於後來致力宣導大家採取行動。這本書說明了多年來我從那個沉悶的門診室開始，一路走來的歷程。

而且，生病不只是心理疾病的問題，生活條件也會導致身體罹患疾病。我在雪梨的內城貧民區教學醫院實習時，那所醫院服務大量的移民，當時他們主要是來自希臘、南斯拉夫和意大利南部。這些人只能以非常有限的英語描述症狀，可能是強忍著腹痛來掛急診。醫院要求我們這些實習醫生給他們一些制酸劑，就打發他們，我覺得這很荒謬。患者因生活上的問題來求醫，我們卻只給他們一些白色藥劑。我心想，我們需要工具來幫他們處理生活上的問題。

一位德高望重的資深同仁告訴我，心理生活有連貫性，所以壓力大的環境導致心理疾病或許一點也不意外，但生活中的壓力不太可能導致身體罹患疾病。當然，他錯了。當時我沒有證據反駁他，但現在我有了。在這本書中，我將以證據顯示心理生活與身體疾病之間的關聯。例如，死亡與身體有關，不單只是心理的。我們知道，心理疾病的患者比常人的壽命短了 10 到 20 年。[1] 心理不管發生什麼事，都會深深左右一個人罹患身體疾病、心理疾病和死亡的風險。一個人出生、成長、生活、工作和老化的環境，以及影響這些日常生活條件的權力、金錢、資源方面的不公平，對他的心理狀況都有深遠的影響。這本書主要是在探討那是怎麼運作的，以及我們可以做些什麼。

當時我想得越多，就越覺得藥物治療是一種很糟的預防方式。我指的是大部分的藥物治療，而不止是邊緣社群中某些人的腸胃不適

或遭遇家暴婦女的憂鬱症。手術似乎是相當粗糙的癌症處理方式。肺癌幾乎是可以完全預防的——只要戒煙就行了。那時我還不知道，約有三分之一的癌症是可以透過飲食預防的。我們當然想預防心臟病，而不是等到它發作再來治療。中風應該可以透過飲食及治療高血壓來預防。當然，外傷需要動手術，但我們能不能採取一些措施減低受傷的風險？不過，話又說回來，我自己發生過嚴重的單車事故，對優質的手術醫療充滿了感激（當時手術仍是免費的，感謝英國的國民保健署）。

至於預防，當時的我覺得（現在的我有證據可以佐證了），只要經濟與社會地位無虞（能去私人診所，而不是去我當時任職的公立醫院），你就能掌控自己的生活，合理地運動，適度地飲食，並享受快樂的假期。難道我們要告訴那個來看精神科門診的婦女，她應該停止抽煙，等丈夫不再打她以後，她應該確保每天吃五份蔬果嗎（當年我們已經知道健康飲食的重要了，雖然那時還沒有「一天五蔬果」的口號）？難道我們要告訴那些勉強孤獨謀生的移民別再吃炸魚薯條，加入健身房去運動嗎？那些認為健康是個人責任的人，難道覺得我們應該告訴那位罹患憂鬱症的婦女好好加油、振作一點，想辦法解決自己的問題嗎？

後來我想到，我看的那些病人大都是社會的弱勢族群，他們並非赤貧，那個憂鬱婦女的丈夫還有工作，那些移民（可能像多數的移民一樣）也是努力工作以便在社會立足。但他們都屬於社會低層。事實上，發生在那個憂鬱婦女身上的所有事情——家暴、兒子坐牢、十幾歲的女兒懷孕——在社會底層更常見。我看到社會弱勢的影響在我的眼前上演。與其說是貧窮，不如說是社會地位低下導致生活問題，而生活問題又進一步導致他們的身心生病。

她身患疾病，病情嚴峻，宛如熊熊大火。吃藥治療也許可以療癒，撲滅火勢。但是，難道我們不該致力防止火災嗎？為什麼醫生看

完病人後，又把他們送回致病的環境呢？我告訴自己，若要預防疾病，需要處理那些致病的環境，而不是光開藥，或告訴病人要乖乖聽話。從那時到現在，我從未見過一個病人是因為醫生告訴他要減肥，而減肥成功的。

身為醫生，我們受到的訓練是去治療病人。這是無庸置疑的，但是，如果一個人的行為和健康與其社會處境相關，我不禁自問，改善社會處境究竟是誰的責任。醫生難道不該參與嗎？或至少我應該參加嗎？我之所以當醫生，是因為我想幫大家變得更健康。如果生病時的治療充其量只是暫時的補救，醫生應該參與改善那些致病的情境。

我以前有這樣的理念，現在依然如此。

然而，醫界的許多資深同仁並不打算支持那樣的理念。他們光是滅火，就已經忙得團團轉了，沒有精力再去改善那些增強火勢的情境。

我思索這些想法，並在呼吸照護病房擔任實習醫生時，遇到一個罹患肺結核的俄羅斯病患。我向資深同仁「報告」這個病人時，沒有從他的病史講起，而是——如今回想起來，還真是尷尬——說俄羅斯的 X 先生像杜斯妥也夫斯基（Dostoevsky）筆下的人物，人生衰事連連，像在人生道路上走著走著就不小心撞到腳趾（好囧）。他賭運奇差，嗜酒如命，情場失意，如今他彷彿俄羅斯小說裡的角色，得了肺結核。

幾天後，胸腔科的主治醫生把我拉到一邊，對我說：「有一科很適合你，那叫流行病學。」（總之，就是想辦法把我打發走、以免我繼續煩他。）他說在那個領域裡，醫生、人類學家、統計學家同心協力地研究，為什麼人的罹病率因生活環境與方式而不同。於是，我拿了獎學金去加州大學柏克萊分校，跟著李奧・賽姆（Leonard Syme）教授攻讀流行病學的博士學位。

可以研究社會環境如何影響健康與疾病，這概念對我來說就像發現新大陸一樣。我巡視醫院病房時，一直告訴自己，如果社會環境導致身心生病，或許一個社會的罹病率可以告訴我們那是一個什麼樣的

社會。我知道,這聽起來顯而易見,但我接受的是醫學訓練,不是思想訓練。我的意思是說,「健康社會」(healthy society) 這個詞有雙重意涵。健康(健全)社會當然是運作良好以符合公民需求的社會,但也因此使人變得更健康。

西班牙語說 *Salud*(健康),德語說 *prosit*(祝你一切安好),俄語說 *Vashe zdorov'ye*(祝你健康),希伯來語說 *L'Chayyim*(祝安康),毛利族的毛利語說 *ora*(祝安康)。在英語中,當我們不說 Cheers、Bottoms up、Here's looking at you, kid! 時,通常會說 Good health(祝安康)。即使大家同聚一堂是為了喝酒這種不利健康的事,通常也會記得在乾杯時互祝健康。健康對每個人來說都很重要。

然而,在生活中,其他事情往往凌駕了健康,變成首要之務。

距離前述那次雪梨經驗約 40 年後,我訪問一些倫敦貧困區的居民,問他們心裡惦記著什麼。他們提到家庭與友誼的重要;對子女的擔憂(擔心孩子有沒有安全的地方玩耍,能不能進好學校,是否跟損友發生衝突);有沒有錢養活一家人、為房屋供暖、偶爾放縱一下;有無合適的居所;鄰里有沒有綠地;便利的公共運輸;商店與便利設施,以及遠離犯罪;擁有可靠又有趣的工作;免於失業的恐懼;年老時避免遭到遺棄。其實,如果我問的對象是倫敦富裕地區的居民,他們的答案可能也差不多。

接著,我問他們如何看待健康。在貧國,健康不佳是居住環境衛生不良及缺乏醫療保健的結果。富國既然已經有乾淨的用水及安全的廁所,他們告訴我,健康不佳是難以就醫及自己行為放縱的結果。也就是說,一切都要怪我們這些沒用又不負責任的酒鬼、老煙槍、胖懶人,或是運氣不好,遺傳到比較差的基因。

　　我寫這本書的目的，不是要指出那些人的看法有誤。他們認為那些因素影響健康並沒有錯，只是那些因素過於狹隘。來求診的憂鬱婦女、肚子痛的移民、罹患肺結核的俄羅斯人──他們都是常態，不是例外。我們現在知道，生活中真正重要的事情，分分秒秒，日復一日，年復一年，都會對我們的健康產生深遠的影響。人們的生活條件，以及那些倫敦受訪者說他們惦記的所有事情，都是影響他們健康的主要因素。

　　關鍵問題在於，良好的日常生活條件 (亦即真正重要的事情) 分配不均。這對任何事情來說都是不利的，無論是對孩子的未來、對公正的社會、對經濟，還是對健康 (這點最重要) 來說，都不好。生活機會的分配不均，導致健康分布不均。如果你出生在最幸運的環境中，你可以預期你的健康壽命比那些生在弱勢環境中的人長 19 年或更多。生來就屬於弱勢族群，使人在各方面都顯得無能為力，它剝奪了一個人對生活的自主權，他們的健康因此受損。而且，影響還有程度之分──越弱勢的人，健康越糟。

　　這項發現不僅有趣，甚至令人振奮，而且證據還提供了解答。後續的章節將探討如何改善生活條件及改善健康。知道我們**可以**做出改變及發揮影響力，著實振奮人心。我也覺得，「我們**應該**有所作為」這個論點很有說服力。

　　那次雪梨的經驗也許是讓我頓悟的轉捩點，而收集證據的歷程則是從柏克萊開始的。誠如目前仍在柏克萊任教的賽姆教授所言，他們把我從雪梨送走，是因為我問了太多難以回答的問題。當時柏克萊剛經歷 1960 年代的學運，他們覺得那裡是比較適合我問那種刁鑽古怪問題的地方。的確！那裡太適合了！

　　在柏克萊，賽姆教授說的話讓我嚇了一跳：「你有醫學學位，不表示你就了解健康。如果你想了解健康分布為什麼是現在的模樣，你需要了解社會。」此後，我一直努力這麼做。

一位美國同事喜歡早餐吃炒蛋。他的研究主題是壓力對健康的影響，但他並沒有把高脂飲食的影響排除在外，所以他只在週日早上享用炒蛋。某天，他打開一盒雞蛋，發現裡面有一張小說明書，就像藥罐裡的說明書那樣。我們這些嗜讀如命的人真可憐，連雞蛋盒裡的說明書也不放過。他從那張說明書得知，馬穆（就是筆者）對加州日本移民的研究證明，膽固醇對心臟沒有壞處（該研究發表於1970年代）。影響健康的關鍵是壓力，不是飲食。

不盡然如此。

當然，我很高興那位麻州的學者光是閱讀雞蛋盒裡的說明書，就知道我的早餐研究。如果廣告文案能夠正確地表達我的研究結果，我會更開心。不可否認，這有點複雜，需要同時在腦中容納兩個想法——但寫那張蛋盒說明書的人應該能設法做到這樣。

日本人橫越太平洋，移民到美國後，罹患心臟病的機率增加，但中風的機率減少了。[2]我要把這個當成柏克萊博士學位的研究主題嗎？那當然！這是難得的自然實驗。想要區分先天遺傳與後天環境對疾病的影響，這些人就是有相同的基因型態、但生活在不同環境的人。夏威夷的日本人比日本的日本人罹患心臟病的機率更高，加州的日本人罹患心臟病的機率又比夏威夷的日本人高，而美國白人罹患心臟病的比率比各地的日本人都高。

這實在太棒了，你無法人為設計出比這個更好的實驗，來檢測廣義的「環境」對健康的影響。罹病率的不同，很可能告訴我們與環境有關的文化與生活資訊。一個簡單的假設：美國化（Americanisation）導致心臟病，或日本文化有助於防止心臟病。但實務上那究竟意味著什麼？

當時的一般看法是，高脂飲食是罪魁禍首，如今這仍是普遍的看法。事實上，我以前領導的委員會就曾經這麼說過。[3]日裔美國人的

飲食多多少少已經美國化了，脂肪比例比傳統日式飲食高，因此他們的血漿膽固醇 (plasma cholesterol) 濃度比日本的日本人高。[4]飲食與高膽固醇可能是罹患心臟病的比率較高的原因。而且，血漿膽固醇濃度越高，罹患心臟病的機率越高。雞蛋盒裡的說明書真是白寫了，它沒考慮到第一個觀點 (美國化) 的影響。說來真糗，看來，一般看法**不見得**是錯的。

接著，我們來看第二個觀點。日裔美國人可能比祖國的日本人更高、更胖，也更愛漢堡，但他們對待親友的方式比較像日本那種緊密相連的文化，而不是美國這種比較喜歡對外社交及移動較廣的文化。這點很有意思，但是對健康重要嗎？日裔美籍社會學家史考特・松本 (Scott Matsumoto) 有一個非常典型的日裔美國名字，他猜測，日本文化的凝聚性是降低壓力的強大機制，[5]那種減壓機制可有效預防心臟病。我特別喜歡「顛覆壓力研究」這樣的概念，也就是說，不看壓力對心臟或血管的傷害，而是看人際關係的正面影響與支持效用。人類先天就愛閒談八卦，猩猩會互相梳毛。無論是人類、還是非人類的靈長類，我們都懂得互助，那可能改變荷爾蒙的狀態，進而降低心臟病發的風險。

我心想，如果那是真的，或許夏威夷的日本人比加州的日本人更有機會保留文化，因此降低了夏威夷日本人罹患心臟病的機率。這推測似乎很合理，但我無法檢驗。

我有資料可以在加州的日本人身上比較直接地檢驗這個假設。受日本文化影響較深、社交關係比較緊密的人，應該比那些被美國文化同化較深的人，罹患心臟病的機率更低。這就是我的研究發現。或許，這個研究結果也是那篇雞蛋研究受到矚目的原因。那些文化上、社交上比較貼近「日本」的加州人之所以罹患心臟病的機率較低，**無法**以飲食型態、抽煙、血壓或肥胖與否來解釋。大家常把飲食與抽煙視為最有可能影響疾病的因素，比較不會想到與它們不太相關的文化效應。[6]

　　所以，現在有兩派看法：一般看法是對的，抽煙與飲食是引發心臟病的重要原因；一般看法雖然正確，但太過偏限，還有其他因素也會影響罹病率。以日裔美國人為例，日本文化也有保護效果。

　　我在本書中即將說明的一切，都符合那個簡單的論點：說到致病的原因，一般看法雖然正確，但太過偏限。例如，在富國，我們很清楚為什麼一個人會生病，但另一人沒生病：除了基因組成不同以外，他們的抽煙、飲食、運動習慣都有關係——我們可以把這些統稱為一般看法。但是，配偶的情感霸凌、家庭麻煩、情場失意、社會邊緣化等等因素，也會增加罹病風險；而活在獲得支持又有凝聚力的社群中則有保護效果。如果我們想了解健康與疾病的分布為什麼是現在這個模樣，我們就必須理解這些社會因素。如果我們想做點什麼以改變現狀，那就更需要了解那些原因。

　　英國文官體制 (British Civil Service) 改變了我的人生。那改變並不浪漫，有點像被有執照的會計師啟發了一樣。那些奉公守法的公務員做起事來步調審慎，小心翼翼，對我後來所做的一切產生了深遠影響。呃，我不是指我受到文官體制那種保守作法的影響，而是我在那裡發現的誇張健康型態——不平等是關鍵。

　　「文官體制」看似與「誇張」截然相反，但且聽我說明。假設你受邀去拜會一位高階文官，那就像一場階級見習。你抵達大樓時，有警衛看門，警衛屬於後勤階級。那個檢查你的包包，讓你進去的安檢人員也是後勤階級。文書助理核對你的名字，打電話到五樓的辦公室。一個職等更高的職員下來帶你上樓。上樓後，一個較低階的文官來迎接你。兩位技術人員、一位醫生、一位統計學家也來參加會議，他們已經在裡面等候了。接著，那位高官的行政助理說，理查 (或菲歐娜)

馬上就來了。最後，你終於見到那位高官，刻意地展現平易近人的態度是現在的慣例。在剛剛那10分鐘內，你從下而上，接觸了英國文官體制的每個階級，但有些人可能要花一輩子的時間：從後勤階級，經過文書助理、文書、執行階級、專業人士、初級行政官，到最上層的高級行政官。目前為止看來都很無聊，跟一般的保險公司沒什麼兩樣。

沿著官僚階級往上爬時，會發現一個驚人的現象：階級貼切地反映了他們的健康狀況。那些低階的守衛，平均而言健康最差。人生就是如此，我們在文官體制中見到的每個人，健康與壽命都不如高他一階的人，但他又比低他一階的人健康及長壽。健康與資歷深淺有關。我們首度研究英國公務員的死亡率（亦即白廳研究〔Whitehall Study〕）是看1978至1984年間的資料（可惜都是男性）。研究發現，低階公務員的死亡率是高階公務員的四倍。在高階與低階之間，每一階的健康狀況，隨著階級的提升而穩定變好。[7]我把這種社會地位與健康的關聯——階級越高、越健康——稱為「健康的社會梯度」（social gradient in health）。此後，調查社會梯度的成因，耙梳政策對這種健康不平等的影響，進而宣導改變，就成了我努力的核心。

我是繞了一段有點迂迴的路（智識上與地理上都有點迂迴），才進入英國的公務員體系。

只要你對公共衛生感興趣，就一定會發現，貧國人民的罹病率比富國高，壽命也比較短，貧窮有害健康。那麼，富國中的窮人又是什麼狀況呢？1970年代的美國，很少人關注這個議題。畢竟，美國覺得他們是一個「不分階級的社會」，所以社會階層之間的健康與罹病率沒什麼差異，對吧？錯了！這是一種完全錯誤的一般看法。事實上，真相就像蘇聯時代的地下秘密刊物，是以少數幾份論文的形式流傳。其中一份是賽姆教授和我的同事麗莎・伯克曼（Lisa Berkman）合撰的，伯克曼如今在哈佛任教。[8]在美國，社會弱勢族群的健康確實比

較糟，只不過那不是主流關注的議題，種族與族裔才是大家關切的焦點。階級與健康不是大家想要研究的嚴肅課題。除了少數先驅書寫資本主義的邪惡之外，不平等與健康完全不是大家關注的領域。[9]

真要說世界上有哪個國家意識到社會階級的差異，而且還研究社會階級的差異如何影響健康的傳統，那只有英國了。而且，英國有一個單位特別擅長「社會階層化」：英國文官體制，也就是眾所熟悉的白廳（公務員體系）。

後來，我花了一段時間，從柏克萊學成歸國。我生在倫敦北部，四歲時舉家移民澳洲。我在街上打板球、在學校辯論社雄辯了幾年以後，到雪梨讀醫學院，然後去了柏克萊。倫敦衛生與熱帶醫學院（London School of Hygiene and Tropical Medicine）的流行病學教授唐納・瑞德（Donald Reid）給了我一個工作機會，並鼓勵我：如果我想要一個低薪、少有機會去不同地方（例如夏威夷）做研究、研究經費少，但需要投入大量腦力活動的工作，倫敦最適合我了。這麼誘人的職缺，我怎能可能拒絕呢？瑞德說，他擔心我習慣了柏克萊那個安樂圈，那裡樂子太多了。他是蘇格蘭長老會的成員，覺得克勤克儉的生活對我有益，倫敦正好可以提供這樣的環境。1976年，英國經濟才剛剛在國際貨幣基金（IMF）的幫助下脫困。那時英國仍瀰漫著末日氣息，工黨政府衰頹不振，逐漸走向黯然下台的終局。主政者大幅刪減公共支出，彷彿看不見未來似的。大家也很好奇，未來是否真的黯淡無光。不過，我在倫敦待了約六個月後（我是1976年10月抵達的），我看到太陽出來了，人們脫掉羊毛衫，路面乾了，花兒開了，我不再每天寫信給加州的朋友，開始享受瑞德承諾給我的環境。能過這種日子是我的榮幸，我一點也不覺得苦。

初來乍到倫敦的白廳，就像初次踏進舊金山的日本城一樣，充滿了文化衝擊。白廳是英國文官體系的大本營，充滿了大本營的氣勢。它的東邊是「金融城」（The City），如今金融巨擘在高聳的玻璃建築裡

招搖賣弄，那些玻璃大樓就像裡面的人一樣野心勃勃地衝向天際。白廳的建築沉悶呆板，散發出穩定感。即使在比較新的建築裡，也覺得權力核心彷彿從大英帝國時期以來就沒變過。這裡確實是研究階級差異的地方，但不是研究貧窮的地方，因為白廳裡沒有窮人。

白廳研究是由瑞德教授及另一位恩師傑佛瑞・羅斯 (Geoffrey Rose) 設計的，那是一項對 17,000 名男性進行的篩檢研究。為什麼會鎖定公務員做研究呢？這跟文化衝擊有點關係。瑞德在艾西納姆俱樂部 (Athenaeum Club) 與一位朋友共進午餐，那位朋友是英國文官體制的主任醫師，於是白廳研究就這麼誕生了。艾西納姆俱樂部是什麼地方？那是上流階級加入的紳士俱樂部，有古典的外觀，正面有雅典式的簷壁飾帶，坐落在離倫敦御苑不遠的舒適環境中。裡面有個沉悶的餐廳及內墊過厚的扶手椅。

兩次算是巧合，三次就是趨勢了。1970 年代，我只做了兩項大型的研究，分別是日本移民研究及這次白廳的公務員研究。沒想到兩次研究都顛覆了一般看法。當時，大家都「知道」位階高的工作因承受的壓力較大，罹患心臟病的機率較高。1920 年左右，約翰霍普金斯大學及牛津大學的卓越醫學教授威廉・奧斯勒爵士 (William Osler) 提到，心臟病在地位較高的男性身上比較常見。大家本來就懷疑工作壓力是導致那些高階者喪命的原因，奧斯勒的說法使大家更相信這樣的臆測。

不過，我們的研究結果正好相反。位階較高的人死於心臟病發或其他多數死因的風險，比位階低的人小。而且，誠如前述，這是一種社會梯度：隨著位階逐步降低，死亡率越來越高。

此外，一般的解釋也說不通。沒錯，隨著位階下降，抽煙的人越多。但高階者的血漿膽固醇稍高一些，而肥胖與高血壓的社會梯度並不大。這些常見的風險因素合起來，約可解釋死亡率中三分之一的社會梯度。[10] 另外的三分之二肯定是其他因素造成的。就那個意義上來說，那很像我對日裔美國人做的研究。一般的風險因素固然

重要，但還有其他因素可以解釋社會群體之間的罹病風險差異。在日本人的研究中，我們覺得其他影響因素是指傳統日本文化的抒壓效果。

你可能納悶，公務員體系有壓力嗎？當然沒有！我在斯德哥爾摩的同事托雷斯·西歐雷爾 (Tores Theorell) 和那個在麻州吃炒蛋的同事羅伯·卡拉賽克 (Robert Karasek) 一起闡述了一套工作壓力理論。壓力很大不是因為要求高，而是因為要求高又沒有掌控權。[11] 說這個理論讓人豁然開朗也許太誇張了，但它確實為白廳研究的結果提出了可能的解釋。「職位高的人，壓力較大」這種謠言不知道是誰散播的？高階的人有較高的心理需求，但他們對工作也有較多的掌控權。

於是，對生活的掌控權，成了解釋「富國中，社會地位較高的人應該比較健康」的一種重要假設。

我在之前的著作《地位症候群》(Status Syndrome) 中詳細寫過白廳研究，所以這裡不再重複提起所有的證據。[12] 最近出現的證據會收錄在本書的章節中。一言以蔽之，我們在白廳研究中發現的社會梯度，也出現在英國的國家資料中，如今也可以在全世界看到。現在大家為了了解箇中原因，投入許多努力。不過，在這方面，英國文官體系的研究仍領先全球！

不僅如此，一些牛津大學的社會學家還為此多次來找我。他們說，對於工作 (不僅是公職，而是整個就業市場) 該如何劃分階級，他們有一套自己的觀點。他們認為掌控的範圍才是重點：地位越高的人，掌控力越大。[13] 第二次白廳研究顯示，掌控範圍對健康很重要。[14] 他們看了那份研究以後，覺得很喜歡：證明他們的理論對人們的生活很重要。

在這個章節一開始，我有點誇張地說白廳改變了我的人生。社會梯度及「掌控力」確實改變了我對健康問題及健康不平等的研究方法。那研究顯示，我們不僅應該關注貧窮，也應該關注整個社會。貧窮有

害健康。想要做點什麼以減少貧窮，有一些充分的理由，其中包括貧窮對健康有害。然而，梯度就不同了。從社會頂層往社會底層走，地位越低的人，健康越差。梯度包含最頂層1%以下的所有人。也許你心想，我們永遠需要有人看門，櫃台也要有接待員來服務大人物，階級制度是無可避免的。但這是否意味著，健康不平等（亦即健康的社會梯度）是無可避免的？

請繼續閱讀下去。證據顯示，我們可以做很多事情來減少健康的社會梯度，但那需要致力投入社會行動，也要有政治決心。但是，在我們探討那些之前，我們需要想想，為了把富國中那些影響健康的社會因素和全球健康及健康不平等的全貌連結在一起，我們已經做過的龐大研究。

2012年發生了一件特別的事。世界衛生組織（WHO）的資料顯示，全球的預期壽命是70歲，恰如聖經所說人類正常的預期年壽。遺憾的是，那個數據幾乎毫無用處。它告訴我們，中國與其他預期壽命超過70歲的國家，被預期壽命低於70歲的印度及其他國家（主要是集中在非洲）抵消了。比較重要的資料是各國預期壽命的差距多達38歲：最短的預期壽命是獅子山共和國（通稱獅子山）的46歲，最長的是日本的84歲（日本女性的預期壽命是86歲）。

我第一次接觸到預期壽命很短的國家，是在新幾內亞與尼泊爾。沒錯，偏遠的鄉村幾乎沒什麼醫療資源，但大家幾乎不會從那種地方開始尋找健康不佳的原因。髒水與營養不良似乎是比較好的研究起點。尤其，在新幾內亞的低地，瘧疾也是問題。然而，即便是當時，相較於等民眾生病後再來醫治，使用浸泡過的蚊帳及控制蚊子等預防措施也是比較好的選項。在高地，每個人都咳嗽，主要是因為在

寒冷的高地夜晚，他們在屋內生火取暖。如果使用安全的爐灶，情況應該會有所不同。

在1970年代初期，認為健康可以在如此不景氣的情況下改善，似乎有點天真，但其實不然。在尼泊爾，從1980年到2012年，人民的平均壽命提高了約20歲，達到69歲。這是很驚人的進步。我們假設這些數字多多少少是正確的。在30年間增加20歲，意味著每年約有3分之2歲的進步。那表示每天平均改善16個小時。相較之下，在富國，現在每天改善的速度僅（！）約六到七個小時。

我想強調的重點有兩方面。第一，世界各地的健康狀況與預期壽命有很大的差異，不只獅子山與日本差異很大，那兩國之間的其他國家也差異很大。第二，健康可以迅速改善。如此迅速的改善助長了我所謂的「證據導向的樂觀」（evidence-based optimism）。

約莫2008年的時候，我在舊金山做了一次演講。演講結束後，一位朋友對我說：「我聽你演講很多次了，但這是我第一次看到你搖動手指。感覺有其他事情發生了，不僅有科學證據，而且有急迫性，需要呼籲大家採取行動。」

他說的沒錯。一直以來，我研究那些造成健康不佳的社會因素，沉浸在做研究與寫論文中，忙得不亦樂乎，但內心始終有一股不滿持續地嗡嗡作響：社會條件在世界各地以及各國的社群之間分布如此不均，那是不對的。這表示我們看到的許多健康不平等是不公平的。那股不滿的聲音變大了。研究確實可以讓我馬上獲得成就感，但我們（包括我在內）難道不該試著為這種狀況做點什麼嗎？

每篇科學論文的最後，總有一種熟悉的結尾：**需要更多的研究，需要更多的研究**。我不禁思考，如果我們增添一種新的結尾 ── 需

要更多的行動——那會有什麼效果呢？這種新結尾不見得會與前述那種結尾矛盾。

約莫那個時候，在21世紀之交，傑佛瑞·薩克斯教授(Jeffrey Sachs)領導了由世界衛生組織設立的「總體經濟與健康委員會」(Commission on Macroeconomics and Health, CMH)。薩克斯一向大力倡導為全世界的窮人積極開發，目前他在哥倫比亞大學任教。CMH的結論是，應該在全球做重大的投資以減少致命的疾病，由此促成的健康改善將帶來經濟增長。

我認為，我們應該鼓勵那些在世界各地減少肺結核、愛滋病、瘧疾等疾病的投資。這種投資遠比全球花費在武器上的開支更好。如果主張「疾病控制可促進經濟增長」有助於大家採取行動，那確實很好。但是，這有一個「但是」。在我看來，這是本末倒置。健康不該是追求經濟增長的手段。當然，健康與幸福應該是更高的目標。但我們想要更好的經濟與社會條件，好讓全體民眾都能享有更好的健康與福祉。

身為一個充滿理想的年輕學生，我學醫不是為了促進經濟，而是為了幫個體變得更健康。我之所以攻讀公共衛生及研究影響健康的社會因素，是因為我想幫助社會變得更健康。我與當時在英國劍橋、如今在麻州劍橋的經濟學家兼哲學家阿馬蒂亞·沈恩(Amartya Sen)討論了這點，並提議我們號召一個小組來主張：改善社會條件對改善健康很重要。我這樣做不是為了批評CMH，而是覺得我們需要在全球針對影響健康的社會因素採取行動。沈恩同意了我的提議。

一件事情促成了另一件事情。2005年，世界衛生組織的總幹事李鍾郁(J. W. Lee)設立「健康的社會決定因素委員會」(Commission on Social Determinants of Health, CSDH)，由我擔任主席，沈恩擔任榮譽會員。在委員會正常啟動之前，我們做了多次協商。一位知名學者說，他參與的某些委員會，在委員會召開之前，就寫好報告了。他說這個委員會不會發生這種事，因為：「馬穆知道的不夠多。」

　　他講的完全沒錯，我把這個委員會的運作視為一次互相學習的經驗。我從組成這個全球委員會的政府首長、部長、學者、民間代表的身上學習，我們也從我們設立的全球知識網路學習。我們從這個委員會學到的知識，以及我稍後會提到的兩項任務，為這本書的撰寫提供了資訊。

　　你寫了一份委員會報告後，真的有人看嗎？還是它的命運就像多數的報告那樣，擱在架上累積灰塵呢？CSDH是一份全球報告。我們關心最窮與最富的國家內部及它們之間的健康不平等。我們的建議在印度的古吉拉特邦（Gujarat）、蘇格蘭的格拉斯哥（Glasgow）、西非的尼日利亞、美國的紐約肯定會有些不同。我們認為各國有必要建立機制，把我們的建議「轉譯」成適合該國的形式。所以，巴西設立了自己的「健康的社會決定因素委員會」，我們這個委員會與巴西的委員會見面，分享最新的研究結果。智利也活躍了起來，北歐國家也是。

　　在英國，由首相戈登・布朗（Gordon Brown）領導的工黨政府，邀請我根據CSDH的報告來檢討英國健康不平等的狀況。目的是把CSDH的建議轉換成適合英國的形式。為了檢討英國的狀況，我們設立了九個工作小組，邀請數十位在關鍵領域有所貢獻的專家加入。如今大家所知的「馬穆報告」（The Marmot Review）在2010年以《公平社會、健康生活》（*Fair Society, Healthy Lives*）之名出版。[15]

　　後來，更多的國際工作小組、更多的知識融合、更多的協商討論，促成了2014年出版的《社會決定因素與健康鴻溝的歐洲報告》（*European Review of Social Determinants and the Health Divide*）。這份報告是由WHO歐洲區域辦事處的主任茹珊娜・賈卡柏博士（Zsuzsana Jakab）委託的。所謂的歐洲區域（European Region），除了歐洲以外，還包括

前蘇聯的所有國家，延伸到白令海峽，幾乎到阿拉斯加了。這表示我們讓許多國家開始正視影響健康的社會因素。CSDH的報告並未遭到遺忘。

本質上，社會與健康是非常政治性的議題。我們發布CSDH報告時，有一個國家批評那份報告是「有證據的意識型態」，但我把那個批評視為讚美。我回應，我們確實有意識型態：能夠避免的健康不平等，卻不避免，那就是不公不義——我稍後會在本書中申論這點。導正這些不平等是一種社會正義，但證據確實很重要。

《經濟學人》(Economist) 的週報報導了它對我們投入這項任務的看法，並以整整兩大版來報導委員會的報告(我們非常感謝)，文末寫道：「作者對於實現完美的政治、經濟、社會公平，抱著有如唐吉訶德般的決心。如果那種異想天開的決心模糊了這份新報告中比較明智合理的概念，那就太可惜了。」[16]我特別喜歡「唐吉訶德般」這個字眼。在塞凡提斯 (Cervantes) 的傑作中，唐吉訶德某天早上醒來，想像自己是中世紀的騎士，騎著馬到處去行俠仗義，例如大戰風車、打破酒甕，引來大家的訕笑。我對西班牙的衛生部長說(因為唐吉訶德是西班牙靈魂的一部分)，我覺得《經濟學人》給我戴上唐吉訶德這頂帽子(或說頭盔更精確) 很適合我：一個充滿理想的騎士以有點好笑的方式，想把世界變得更好，但沒人認真看待他。西班牙的衛生部長說：「啊，我們需要唐吉訶德那種夢想家的理想主義，但我們也需要桑丘‧潘薩 (Sancho Panza)* 的實用主義。」我說，這就是有證據的意識型態。

發表CSDH報告時，我們明確地表示，我們不是為了經濟而採取行動，而是基於道義。我們甚至在封底上寫道：「社會不正義 (social

---

* 《唐吉訶德》中的虛構人物，主角唐吉訶德的忠實隨從，追隨唐吉訶德歷經了許多冒險。——譯註

injustice）正大規模地殘害人民。」那聽起來很政治化。然而，有人卻批評我們的分析不夠政治。[17]

沒錯，健康問題是政治性的，儘管我努力避開政黨政治。我想盡量讓證據自己說話。當社會沉溺於國家角色與個人自由之間的爭論時，我想把健康問題與健康不公平的影響放在最顯眼的位置。自從在雪梨巡視病房開始，我就一直認為，社會與世界上健康不平等的規模，很大程度上說明了一個社會的素質及做事的方式。

我之所以離開臨床醫學，是因為我認為造成健康不佳及社會健康不平等的原因，與醫生的醫療沒有太大關係，我們必須改善社會。所以，我受邀擔任2010至2011年的英國醫學會（British Medical Association, BMA）主席時，我很訝異，我以為他們找錯人了。

我上任時，必須發表演講。我心想，既然現場有許多醫生，我可以收集一些實用的建議。我告訴那些醫生，我投入這本書裡提到的任務時，身體出現了三種症狀，或許他們可以幫忙解決。

第一種是樂觀，我常莫名其妙地感到樂觀。即使一些看衰未來的人一再主張一切都毀了，我認為證據依然顯示情況可以好轉。這種莫名的樂觀肯定有什麼療法可以處理。

第二種症狀與第一種有關，我出現了選擇性耳聾，聽不見嘲諷。如果有人說「沒有人會以不同的方式做事」、「那不可能發生」、「人是不會改變的」等等風涼話，這種話來到我耳邊就會自動彈走，我完全聽不到。我可以聽見務實的話，但風涼話就是聽不見。

第三種症狀是我的眼睛很容易熱淚盈眶。我們在溫哥華開CSDH會議時，會議接近尾聲的時候，會員國莫桑比克的前總理帕斯考爾·馬空比（Pascoual Macoumbi）表示：「自從我的國家獨立以來，我從未

感到如此振奮。」我一聽，馬上熱淚盈眶。我們去印度的古吉拉特邦時，看到自雇婦女協會（Self Employed Women's Association）如何與其會員（她們是印度最貧窮、最邊緣化的婦女）合作，一起克服逆境時，我也是當場熱淚盈眶。就像有些人看到年輕人在里約熱內盧的貧民窟裡培養出自尊，或看到毛利人在紐西蘭找到尊嚴時也會熱淚盈眶一樣。這種現象不是發生在我看到人們陷入困境時，而是在我看到他們克服困境時，才會出現。

我寫這本書的目的，是想提出一些證據，讓大家了解我們可以做什麼事情來改善人們的生活──不管他們是世界上最貧窮的人，還是比較富裕的人。我們在智利的首都聖地牙哥成立CSDH時，我引用智利的詩人巴勃羅・聶魯達（Pablo Neruda）的詩句。現在也讓我這樣做，邀請各位加入我，「挺身而出，反抗造成苦難的體制」。

註 釋

1　Edward Chesney, Guy M. Goodwin, and Seena Fazel, "Risks of All-cause and Suicide Mortality in Mental Disorders: A Meta-review," *World Psychiatry: Official Journal of the World Psychiatric Association* 13, no.2 (June 2014): 153–160.

2　Tavia Gordon, "Further Mortality Experience Among Japanese Americans," *Public Health Report* 82 (November 1967): 973–984.

3　Committee on Medical Aspects of Food Policy, *Nutritional Aspects of Cardiovascular Disease* (London: HMSO, 1994): 1–186.

4　M. Z. Nichaman, H. B. Hamilton, A. Kagan, S. T. Sacks, T. Grier, and S. L. Syme, "Epidemiologic Studies of Coronary Heart Disease and Stroke in Japanese Men Living in Japan, Hawaii and California: Distribution of Biochemical Risk Factors," *American Journal of Epidemiology* 102, no.6 (December 1975): 491–501; K. Yano, G. G. Rhoads, A. Kagan, and J. Tillotson, "Dietary Intake and the Risk of Coronary Heart Disease in Japanese Men Living in Hawaii," *American Journal of Clinical Nutrition* 31, no.7 (July 1978): 1270–1279.

5　Y. S. Matsumoto, "Social Stress and Coronary Heart Disease in Japan: A Hypothesis," *The Milbank Memorial Fund Quarterly* 48, no.1 (January 1970): 9–36.

6   M. G. Marmot and S. L. Syme, "Acculturation and CHD in Japanese-Americans," *American Journal of Epidemiology* 104 (1976): 225–247.

7   M. G. Marmot, M. J. Shipley, and G. Rose, "Inequalities in Death – specific explanations of a general pattern?" *Lancet* 323, no. 8384 (May 1984): 1003–1006.

8   S. L. Syme and L. F. Berkman, "Social Class, Susceptibility, and Sickness," *American Journal of Epidemiology* 104, no. 1 (July 1976): 1–8.

9   V. Navarro, *Medicine under Capitalism* (New York: Croom Helm, 1976).

10   C. T. van Rossum, M. J. Shipley, H. Van de Mheen, D. E. Grobbee, and M. G. Marmot, "Employment Grade Differences in Cause Specific Mortality. A 25 Year Follow Up of Civil Servants from the First Whitehall Study," *Journal of Epidemiology and Community Health* 54, no.3 (March 2000): 178–184.

11   R. Karasek and T. Theorell, *Healthy Work: Stress, Productivity, and the Reconstruction of Working Life* (New York: Basic Books, 1990).

12   M. Marmot, *Status Syndrome: How Your Social Standing Directly Affects Your Health and Life Expectancy* (London: Bloomsbury Publishing, 2004).

13   D. Rose and K. O'Brien, *Constructing Classes: Towards a New Social Classification for the UK* (Swindon: ESRC, 1997).

14   M. Marmot, H. Bosma, H. Hemingway, E. Brunner, and S. Stansfeld, "Contribution of Job Control to Social Gradient in Coronary Heart Disease [authors' response letter]. Whitehall II Study," *Lancet* 350, no.9088 (1997): 1405.

15   Marmot Review Team, *Fair Society, Healthy Lives: Strategic Review of Health Inequalities in England Post 2010* (London: The Marmot Review, 2010).

16   "The Price of Being Well," *The Economist,* August 28, 2008.

17   V. Navarro, "What We Mean by Social Determinants of Health," *Global Health Promotion* 16, no.1 (2009): 5–16.

1 苦難的體制

這是最好的時代，也是最糟的時代；是智慧的年代，也是愚蠢的年代……是光明的時節，也是黑暗的時節；是希望的春天，也是絕望的冬天……

——狄更斯（Charles Dickens），《雙城記》（*A Tale of Two Cities*）

我是個死腦筋，總是從健康那面稜鏡來看一切。目前確實是最好的年代，全球健康持續改善。在世上的許多國家，人民比狄更斯寫作的那個年代更健康，也更長壽。不過，這也是最壞的年代，這種健康的分布極不平均。對某些國家來說，人民的健康狀況很糟，簡直跟狄更斯那個年代的慘狀沒什麼兩樣。目前，在世界上健康最糟的國家，人民的預期壽命比健康最好的國家短了近40年。這種落差就像狄更斯年代的倫敦與現今倫敦之間的差距。同樣的，在許多國家，健康不平等的狀況正迅速惡化——富人健康改善的速度，遠比窮人來得迅速。所以，這是最好的時代與最壞的時代共存的世界。

這是智慧的年代。醫藥科學的進步與公共衛生的知識，讓我們有工具可以大幅改善健康。[1] 不過，這也是愚蠢的年代（我比較希望狄更斯寫「這是傲慢的年代」）。醫學與公共衛生的知識沒有錯，但太侷限

了。健康太重要，不能完全丟給醫生處理。健康不僅和能否取得技術解方有關，也與社會的性質有關。我們正愚蠢地忽視許多證據，那些證據顯示大家出生、成長、生活、工作、老化的環境，對童年、青壯年、老年的健康與健康不平等有深遠的影響。

這是充滿希望的春天。我們也許愚蠢地忽視了那些知識，但我們現在確實知道社會如何影響健康，這也是我撰寫本書的目的。而且，世界各地有許多鼓舞人心的例子，可見這樣的了解正改變大家的生活，也改善健康。不過，這是充滿絕望的冬天。當金字塔頂端的1%與剩下的99%的人利益相悖；美國聯準會的主席也說收入與財富的不平等已經變得太極端；[2] 2008年以來歐洲與美國銀行因銀行犯罪及有損客戶利益的惡行而遭罰款1,000億英鎊；[3] 富國爭搶非洲資源；邪惡的人濫用種族與宗教來製造混亂；民主國家的人民對政府喪失信心，而其他國家的政府似乎對百姓的福祉漠不關心時，絕望就湧現了。

在第一章中，我想要說明，為何就健康來說，這是最好的時代，**也是**最壞的時代。至於智慧與愚蠢，希望與絕望，也會在本書探討其他議題時出現。我是個證據導向的樂觀派。只要掌握知識，我們就能把黑暗的時節轉變成光明的時節。那樣的轉變需要致力投入及政治意願，但我們已經有知識與經驗了，可以發揮強大的影響力。

《雙城記》……他們都在格拉斯哥

「我知道你一直在比較卡爾頓（Calton）的健康不良與蘭芝（Lenzie）的健康良好狀況（那兩個地方都位於格拉斯哥）。我們在格拉斯哥會討論這種比較，連在酒吧裡也會討論。尤其是在卡爾頓，當大家舉杯紀念過去的酒友時，更會談到。許多酒友已離開人世。我住在蘭芝，常和住在卡爾頓的一個朋友去酒吧喝酒。不久前我們才聊到，我

那個朋友竟然沒有退休金計畫，也沒有其他退休安排。我問他為什麼不做準備，他說：『因為我54歲了。』」某次開會時，一位蘇格蘭教授這樣對我說。

我回應：「哦，天啊！那完全不是我的本意。有人在蘇格蘭的酒吧或其他我希望的場合裡討論我的研究，那是很棒的事。我確實發布了卡爾頓與蘭芝兩地的預期壽命資料，[4] 但我的目的是希望討論能促成改變，而不是促成宿命論。」

一個壯年期的男人在卡爾頓（格拉斯哥的窮困區）過世，那可能是悲劇，但不會令人意外。知道那個「壯年」的卡爾頓男性究竟是幾歲，其實沒有太大意義。我第一次看1998年到2002年的資料時，當地男性的預期壽命是54歲。在幾公里外比較高級的蘭芝，壯年的意義全然不同。那裡男性的預期壽命是82歲。[5] 這表示在同一個蘇格蘭城市裡，預期壽命的差距多達28歲。

卡爾頓是個沒人愛的地方，那裡的居民說：「無處散步，真的很糟」、「不能讓孫女出門」、「小巷裡有很多賣淫活動」。那裡也許有一個公園充滿綠意，但「夜裡會出現妓女、酒鬼、吸毒者」，「常看到男人帶著酒瓶坐在長椅上」。

吉米是卡爾頓的典型居民，一直以來，他就像地痞流氓一樣住在當地。他在卡爾頓出生，來自不穩定的家庭，求學時常惹是生非，是讓警察頭痛的不良少年。後來他去當學徒，但半途而廢。他一向不務正業，沒有像樣的工作，但短期會接一些臨時的粗活。他就像周邊的次文化一樣，一有錢就拿去買酒與毒品。他的平日飲食（如果那稱得上飲食的話）就是酒吧裡的食物、速食、酒類。他連續交了幾個女友，交往時間都不長，但他有酒醉施暴的問題。他參加許多幫派暴力活動，所以警方都知道他這號人物。

只有吉米這種人會讓人覺得他的預期壽命應該會比印度人短。印度男性的平均壽命是62歲，卡爾頓男性的預期壽命是54歲。光是告

訴吉米加油、振作起來、守規矩一點，不可能幫他改善糟糕的健康前
景。真要幫他的話，我們應該在他的人生更早階段就要介入了。

在格拉斯哥市，貧富地區的平均壽命差距多達28歲。這是我收集
資料時，在一個城市中找到的最大落差。[6] 目前的數字落差可能比較接
近20歲。[7] 20歲的差距依然大得離譜。印度女性與美國女性的預期壽命
就是相差20歲。在倫敦，我們也可以看到預期壽命的差異多達20歲。
甚至在全球最富有的地區之一：倫敦的西敏區（Westminster）也是如此。[8]
在美國，如果我說某個城市（例如巴爾的摩或華盛頓特區）貧困區的預期
壽命比富裕區短了20歲，許多美國人會認為那是「種族」議題。或許他
們知道倫敦與格拉斯哥在預期壽命上也有20歲的差距，而且那不能歸因
於族裔差異時，他們就不會那麼快聯想到「種族」了（不管種族意味著什
麼）。我們必須超越種族、社會階層之類的簡單分類，去查明癥結所在。

或許你心想：我不是最富有的，也不是最窮的。如果我在格拉斯
哥生活，我不會住在喬治王朝風格的高雅住宅裡，也不會住在廉價的
公共住宅裡。同樣的，活在預期壽命差距近20歲的倫敦西敏區，我不
會住在最高檔的梅費爾（Mayfair）與騎士橋（Knightsbridge），也不會住
在破敗的教堂街區（Church Street）。如果住在富裕區的身體比較健康，
住在貧窮區就健康不好，你可能會問，那我的健康屬於哪一區呢。

親愛的讀者，你和我的位置就在這一切的中間。如果我們住的地
區介於最窮與最富之間，我們的預期壽命就是介於貧窮區的短命與富
裕區的長壽之間。**平均而言**，住的地區越富裕，身體越健康，如圖表
1.1所示。[9]

圖中英國的每個鄰里是按弱勢程度來排列。在最上面那條線中，
每個點代表一個鄰里的預期壽命。如果你住的鄰里是弱勢程度（或富裕
程度）居中，你的預期壽命也處於中間。如果你住在比較富裕的地區，
但不算最頂級的，你的預期壽命會接近最長壽的那端。弱勢程度與預
期壽命之間的關聯有明顯的分級：弱勢程度越高，預期壽命越短。

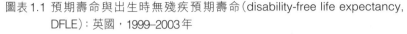

圖表 1.1 預期壽命與出生時無殘疾預期壽命（disability-free life expectancy, DFLE）：英國，1999–2003 年

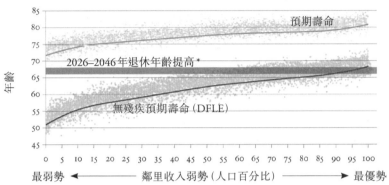

*政策是在 2046 年以前把退休年齡提升到 68 歲

資料來源：英國國家統計局

　　預期壽命的社會梯度是從最頂層一路延伸到最底層。在頂層，不止感覺良好而已，而是**真的**比較好。身在頂層，你不僅比較長壽，生活品質也比較好：你無殘疾的日子比較長，如圖中的下面那條線所示。無殘疾預期壽命（DFLE）的社會梯度甚至比預期壽命的社會梯度更陡。這裡的「殘疾」定義很廣，它是指任何長期的侷限性疾病。雪上加霜的是，弱勢族群明明預期壽命已經比較短了，他們身負殘疾的時間也比較長。平均而言，頂層民眾一輩子承受殘疾的時間約 12 年，底層民眾則是約 20 年。

　　世界各國都可以畫出類似的圖。健康的社會梯度是全球普遍的現象。

　　約十年前，我寫道，如果你搭上華盛頓特區的地鐵，從華盛頓市中心的東南部，搭到馬里蘭州的蒙哥馬利郡（Montgomery County）。

地鐵每走 1 英里，當地的預期壽命大約提高 1.5 歲。也就是説，起訖點兩端的預期壽命相差 20 歲。[10] 從那時起，倫敦的同事就説，如果你搭乘銀禧線地鐵 (Jubilee)，從倫敦市中心的西敏區出發，往東行駛每一站，預期壽命減少 1 歲。[11]

做這種運算的目的，是為了把健康的社會梯度生動地展現出來。鄰里間的微妙差異，或是影響居民的其他重要條件，都對健康與壽命有重大意義。

多數人看到健康的社會梯度時，第一個反應通常是：嘿，這跟我有關。「健康不平等」不單只是談窮人的健康欠佳而已，也涵蓋健康的層級，不論我們身處在社會的哪個階層。這不是在分彼此，不是在分他們（窮人）與我們（非窮人），而是顯示我們這些位於最頂層下面的人無法擁有更好的健康。社會梯度攸關每個人，不分貧富。

隨機取樣大眾媒體的報導，就可以看到大家對於「窮人健康較差」這件事有多種不同的看法。對有些人來説，窮人之所以貧病交迫，是因為他們不負責任。這種不負責任是涵蓋不照顧好自己，也不照顧子女。有些人比較有同情心，他們確實關心國內或他國「窮人」的健康問題。那是一種關注，那顯示你在乎社會應該發揮什麼作用，但僅此而已，不會給你更多觸動。然而，健康的社會梯度影響我們所有人。我們不僅對那個議題感興趣，也參與其中。那攸關你我的生活，你和我都不是不負責任的人（這是我的假設），也不是貧窮到值得同情，然而身處在最頂層之下的我們，健康都不如那些最頂層的人。

梯度變化從根本改變了討論。社會梯度意味著，核心問題是不平等，而不單只是貧窮問題。我們將會看到，貧困依然是影響健康的重要因素，然而，濟貧（消除貧困）在概念上很簡單，雖然政治上與實踐上很難。另一方面，不平等意味著，不僅有足夠的錢維持收支平衡很重要，我們相對於他人擁有的東西也很重要。

　　不平等使我們身處在一種全然不同的情境中。許多國家把經濟不平等當成好事看待，例如降低富人稅顯然有增加經濟不平等的效果，卻以「有利經濟發展」為由通過了。那個論點主張，讓創造財富的人自由，大家都能受惠。但是，如果那種政策導致健康不平等惡化，那怎麼辦？英國一位資深的工黨政治家說，他對於富人能賺多少錢「絲毫不在意」。[12] 中間偏右與中間偏左的政府幾乎都很少花心思去縮減經濟不平等。中間偏左的政府想減少貧窮；中間偏右的政府似乎認為，只要他們提出的動機恰當，經濟就會增長，貧窮會自行解決。但他們都不把經濟不平等當成問題看待，雖然目前這種情況正在改變。

　　我們應該改變焦點，應該把焦點放在富人上，而不只是窮人上。我的意思不是說，社工應該去造訪富人，看他們是否理財得當。當然，我們依然想解決貧窮與健康問題，但如果我們這些在最頂層以下的人，健康狀況都不如最頂層的人，我們當然應該致力改善**每個人**的健康，讓大家的健康有機會達到最頂層的水準。

　　這樣做的潛在效益很大。我算過，如果英國所有逾30歲者的死亡率，都跟有大學學歷的人一樣低，每年過世時未滿75歲的人數將減少202,000人，幾乎占死亡人數的一半。那相當於每年讓大家多活了260萬歲。[13] 健康不平等不是無關緊要的健康問題，**而是**主要的健康問題。

　　常識告訴我們，想解決問題，就要把焦點放在上面。我主張，每個國家的健康不平等問題在於社會梯度——也就是說，社會地位越低，健康越差。把焦點放在健康梯度的問題上，意指改善社會。但是，那些身處底層、健康最糟的窮人怎麼辦？我的回答是，改善社會，改善每個人的健康，使每個人的健康都跟最頂層的一樣好，並不表示我們就不為窮人的健康做更多的努力了。與其區分「他們」與「我們」，我們應該在需要的地方投入更多努力：改善社會，**以及**付出與需要成正比的努力。當我們觀察更多更廣的國家時，這點又更明顯了。

社會梯度？關注最富有的人？貧國不必擔心貧窮嗎？

非洲撒哈拉以南的某些醫療人員覺得，健康的社會梯度在富國是微不足道的問題。他們認為，在世界上最貧困的地區，我們應該把焦點放在窮人中最赤貧的人身上。然而，證據顯示並非如此。我們很難從多數國家取得成人死亡率不平等的資料，這種資料根本不存在。許多國家確實有五歲以下孩童死亡率的資料，圖表1.2顯示少數幾個國家的資料。[14]

這些數字更加凸顯出把焦點放在富人上，而不是窮人上的重要。我們應該不止問「如何改善窮人的生活」，也應該問「如何使每個人的健康達到最富者的水準」？如果我們只把焦點放在烏干達的「窮人」身上，我們會忽略一個事實：當地最富20%人口的兒童死亡率，高於秘魯最窮人口的兒童死亡率。如果你在印度，只降低最窮20%人口的兒童死亡率，你會高興嗎？難道你不希望每個人的兒童死亡率都降得跟前20%人口一樣低嗎？因此，如果你屬於印度最富的20%人口，你會想要把你們的兒童死亡率降得跟秘魯最富的20%一樣低。而秘魯最富的20%人口也會希望他們的兒童死亡率降得跟高收入國家的平均水準一樣低：每千位活產兒中僅七人死亡。

換句話說，烏干達、印度或秘魯的梯度意涵，與格拉斯哥、倫敦或巴爾的摩是一樣的。沒錯，我們應該改善窮人的處境，但梯度現象需要我們改善最頂層以下每個人的處境，從而改善每個人的健康。我們不僅需要減少貧窮，我們也需要改善社會，付出與需要成正比的努力。

你可能在想，格拉斯哥與印度的健康社會梯度截然不同。你可以想想前述住在卡爾頓的吉米，他不會讓人想到貧困。他有乾淨的用水，有住所，沒得瘧疾或痢疾。當然，印度的情況不同，那裡缺乏基本的生活必需品。印度**確實**缺乏基本必需品，但其他方面沒有那麼大的差異。我們以吉塔為例。

圖表 1.2 少數幾國的狀況

按財富五等級顯示的五歲以下死亡率（每千位活產兒）

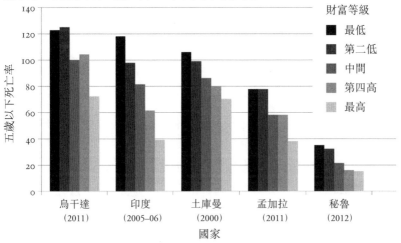

資料來源：人口與健康調查（DHS）

　　吉塔住在印度古吉拉特邦的阿默達巴德市（Ahmedabad），平常在街上賣菜，沒受過正式教育，住在「非正式的居所」（由簡易外殼搭建的棚屋）。她帶著兩個孩子一起坐在路邊賣菜，大女兒會幫她賣菜。為了繼續做生意，吉塔貸款（月息20%）去向盤商買菜來賣。她的丈夫是移工，住在另一個邦，每個月會寄一些盧比回來。吉塔的預算很緊，只能勉強打平，但14歲的女兒已達適婚年齡，吉塔沒有把錢拿去還債，而是拿去幫女兒買嫁妝及支付婚禮費用。隨著她的應付利息持續增加，一些社工覺得那種花費是「不負責任」的浪費，令人髮指。

　　吉米與吉塔的共通點在於消權（disempowerment）。他們根本無法掌控自己的生活。這種消權與他們身處社會底層有關。在他們能夠掌控自己的生活之前，要改善他們的健康始終非常困難。然而，證據顯示，這絕對不是毫無希望的。我之所以撰寫這本書，就是為了凸顯出希望所在。

我在本章一開始提到這是最糟糕的年代時，指出健康方面的兩種不平等。我們剛剛一直在看國家內部的不平等：健康的社會梯度。另外，還有第二種不平等。圖表1.2顯示國家之間以及國家內部的巨大差異。那顯示貧國的健康較差。整體而言，貧國的健康確實較差。然而，為了讓大家了解這不是故事的全貌，我想把焦點轉向美國。

富國就健康嗎？

假設你是美國的15歲青年，名叫安迪。你很安全，因為你活在全球最富有的國家，日子應該過得不錯。你就像所有的15歲青少年那樣，腦子裡充滿了想法。有些想法跟你的靈敏思維及熱情有關，有些和你的身體變化及激增的荷爾蒙有關。除了有點超重及偶爾容易疑東疑西以外(那是長青春痘，不是癌症)，你不是很在乎健康問題。你活在富裕的國家，每個人都說富國人民比較健康，因為他們有良好的醫療保健與公共衛生。貧國人民因為缺乏那些東西所以健康較差。總之，你覺得，即使一個國家的健康不好，死的也是嬰兒、幼兒、老人。15歲男孩基本上死不了。考慮到你喜歡參與的一些事情，那樣想確實令人放心。既然你可以活到精力旺盛的15歲，你幾乎一定可以活到60歲。這樣想令人安心，但其實不太對。

走進一所典型的美國學校，找來100個15歲的男孩，其中約有13人活不過60歲。100人中有13人算多嗎？美國的風險是瑞典的兩倍，瑞典活不過60歲的人不到7個。英國的情況比較像瑞典，但死亡數字沒那麼低。100人中有13人活不到60歲確實很多，那可能只是冰山一角。如果有那麼多年輕人活不久，可能有更多人承受著非致命的疾病與傷痛。

你和家人聽到，美國15歲男孩的生存機率跟土耳其、突尼西亞、約旦、多明尼加共和國差不多時，可能很驚訝。美國的數字比哥

斯達黎加、古巴、智利、秘魯、斯洛維尼亞還糟。事實上,一個15歲美國男孩活到60歲生日的機率,比49國還低。在所謂的男性「成人死亡率」方面,美國約排第50名。聯合國有194個會員國,在194國中排名50,[15]實在不算好。美國是非常富裕的國家,富國人民應該比較健康。所以,究竟發生了什麼事?

很多美國人告訴過我,他們擁有全球最好的醫療保健,這種人多到我已經數不清了。我們暫時假設那個說法是真的好了,那為什麼美國的年輕人活到60歲的機率比哥斯達黎加、古巴或斯洛維尼亞還低呢,更別提瑞典、英國和多數歐洲國家了?

答案在於,醫療保健、甚至公共衛生,幾乎跟那個機率沒什麼關係。年輕人的高死亡率是來自他殺、自殺、車禍、其他事故、嗑藥、酗酒和其他失調。把他殺或其他暴力死亡歸因於缺乏醫療保健,有點像把窗子破了歸咎於缺乏新玻璃的供應商。有人對你的窗戶扔石頭時,能夠打電話找人來修理很好。但是,找不到人來修,並不是導致窗戶破的原因……至少不是直接原因(有一種破窗假說認為,如果你不修補窗戶,破窗會使扔石頭的人變本加厲)。年輕人的生存機率較低是否與社會本質有關?

對美國讀者來說,這裡有一點或許可以給你些許的安慰,但是對俄羅斯讀者來說就不算安慰了。俄羅斯的狀況更差。100個俄羅斯的15歲男孩中,有三分之一活不到60歲。在俄羅斯,你不能像在瑞典那樣單純地認為,既然你活到15歲還生氣勃勃,你就能活到60歲。在這個健康指標方面,俄羅斯的情況和非洲撒哈拉以南的國家差不多。俄羅斯的數據和幾內亞比索(Guinea-Bissau)一樣,只比獅子山共和國稍好一點。

第一種健康不平等是國家內的社會梯度。第二種健康不平等是國家之間的明顯健康差異,即使是比較富有的國家之間,依然差異很大,例如瑞典、美國、俄羅斯。

你可能心想，比較瑞典與美國不公平。也許瑞典是同質性較高的國家，瑞典年輕人的基因先天就比多種族、多民族的美國更健康。或者，把一個人口比紐約少的國家拿來跟整個美國相比，是不是很容易造成誤導？

如果我告訴你，20年前，15歲瑞典人的生存機率比現在低，而且跟現在的美國很像呢？瑞典20年前比現在的同質性**更高**。這20年來，瑞典湧入大量的移民，所以同質化的說法沒有說服力。簡單來說，如果瑞典可以把人民的健康從美國那個水準提升到現在的水準，美國也應該可以把健康水準提升到瑞典的境界。畢竟，美國過去20年的健康也改善了，只是改善得不夠快。沒有什麼生理上的理由可以解釋，為什麼美國15歲安迪的生存機率不如瑞典15歲的約翰。所以，為什麼安迪的生存機率較低呢？請繼續看下去。

顯然，原因不單只是富國與貧國的差異。美國的人均國民收入比瑞典高三分之一，但美國的健康卻不如瑞典。[16]相較於那些生存率較高的49個國家，美國幾乎都比他們富有。俄羅斯的人均國民收入（經過購買力調整）是幾內亞比索的20倍，但這兩個國家的男孩生存機率卻一樣低。

好吧，這不能只看富國與貧國的差異。但我們都知道人為什麼會生病與死亡，不是嗎？那是因為缺乏醫療嗎？如果不是的話，在貧國，難道是貧困導致傳染病致死嗎？在富國，抽煙、酗酒、肥胖，以及不好好照顧自己以致罹患糖尿病、心臟病、癌症，才會導致生病與死亡。我們後面會探討這些解釋，並發現這些因素並沒有錯，只是太偏限了，這些因素幾乎不太適用在15歲男孩的生命前景上。

我寧可馬上排除「醫療差異可解釋15歲男孩的存活率差異」這樣的觀點——破窗不是缺少修窗工人造成的。也許，涉及女性時，如此迅速地排除上述觀點並不恰當。醫療差異可能為15歲女孩的存活率差異提供較好的解釋。女性在60歲以前需要面對一件特殊的事

情：懷孕與分娩。既然我們看了少年的學校，接著我們來看少女的學校吧。

走進獅子山的一所學校，找來21位15歲的女孩。這21人中，會有1人在生育年齡期間因懷孕相關因素而死亡。在意大利，去一間學校還不夠。你必須找來17,100個15歲的女孩，才有其中1人可能因懷孕相關因素而死亡。男孩之間的差異已經令我相當震驚了，女孩之間的差異更是令我感到恐怖。[17]

我的驚恐不全然是因為獅子山與意大利之間的差異那麼大，也因為那些死亡完全是沒必要的。那些年輕生命的喪生不該發生。醫學已經知道如何使母親在懷孕與分娩時完全健康。17,100位生育年齡的女性中，僅1位死於懷孕相關因素，那是我們盡可能達到的最安全境界。從一般的解釋可以看出，我們知道怎麼做以阻止那種悲劇的發生。

分娩前、分娩時、分娩後，有經驗豐富的接生員在場，對孕婦的存活率有很大影響。所以，無法獲得醫療，可以拿來回答孕婦死亡風險的差異。但那只是回答的開端，因為問題顯然是，為什麼無法獲得醫療？難道國家不知道她們需要什麼嗎？難道國際捐助者不知道她們需要什麼嗎？當我說「一般的解釋沒錯、只是太偏限」時，我就是指這個意思。

如果只是醫療問題，美國應該是全球孕婦死亡率最低的國家，不是嗎？美國在醫療上的開支比任何國家還多。我們甚至可以說，美國有全球最好的產科護理，但孕婦死亡率並不是最低的。在美國，每1,800個15歲女孩中，就有1人在生育年齡死於懷孕相關因素。1,800之1比獅子山的21分之1好多了，但遠比意大利的17,100分之1還差。事實上，62個國家的孕婦死亡率低於美國。這裡讓大家先好好想一下這個數字。婦女不該在懷孕與分娩時喪生，然而在全球最富裕且醫療開支最多的國家中，婦女懷孕與分娩的風險竟然比62個國家還高。

　　有沒有可能某些國家計算孕婦死亡的方式不太準或有誤呢？為此，我想排除南方國家（global south），*把比較侷限在歐洲——我是指WHO歐洲區域的53個國家，包括前蘇聯的所有國家、土耳其、以色列。如果美國是歐洲國家，那麼在孕婦死亡風險的排名上，比它風險低的國家有46個。美國在這些「歐洲」國家中，與亞美尼亞並列第47名，只排在喬治亞共和國之前。

　　我受邀到美國婦產科協會（American Gynecological and Obstetric Society）的大會上致辭，我告訴他們這個難堪的事實：美國孕婦死亡的風險和亞美尼亞一樣，並恭喜他們贏了喬治亞共和國，還說我願意相信美國的產科護理是全球最好的。我也願意猜測，如果我要求他們在紙上寫下哪些美國孕婦因懷孕相關原因而死亡，他們寫下的答案應該會大同小異：社會邊緣人、赤貧者、非法移民、生活混亂的人。有些醫生可能會提到「種族」，我把種族視為一種類似社會排擠的形式，後面會再回頭說明。

　　人們生病時，需要獲得優質的醫療，醫療可挽救生命。然而，人之所以生病，並不是缺乏醫療造成的。健康不平等源自於社會的不平等。社會條件會影響醫療的取得，就像社會條件也會影響社會其他保健服務的取得一樣。

　　我不是刻意拿美國開刀。不過，如果你是美國的年輕人，你應該問一下，為什麼你的存活率跟亞美尼亞差不多，比哥斯達黎加、智利或古巴還差，而且遠遠落後多數的高收入國家。

　　我假定你（安迪）是15歲的典型美國人，但其實這個世上並沒有典型的15歲。他們有貧有富，有城市人和鄉下人、有市中心貧民區

---

*　北方國家（Global North）是指已開發國家，南方國家（Global South）是指開發中國家。——譯註

的居民和郊區的居民、有移民和移民後代、有原住民和非原住民、不同的族裔，有紅州和藍州。通常，國家內的健康不平等與國家之間的差異一樣大。我們不能只看平均值，需要仔細分析。換句話說，我們必須把焦點同時放在兩種不平等上：國家之間的不平等及國家內的不平等——也就是社會梯度。

在我們繼續說明之前，你讀以上的內容時，可能一直掛念著一件事。我是怎麼做出這樣的歸納？你我都是獨一無二的。在地球發展史上，從來不會出現另一個你或另一個我。即使你有一個基因上與你一樣的孿生手足，你們的生活經歷也不太一樣，那會讓你們變成獨一無二的個體。然而，如果你認為你的獨特性意味著我們無法對你做出任何歸納，我會建議你，生病時不要去看醫生，因為既然你很特別，醫生只能說他沒見過跟你很像的人，研究資料不適用在你身上，所以治療也沒用。你的醫生不會對你那樣說，他會說：有你那種症狀與跡象的人罹患了心臟病或肺病或腳趾病；我們對治療像你這樣的人有豐富的經驗，因此我們提出以下的建議。結果，治療對你的效果，平均而言，跟其他有相同症狀的獨特個體差不多。你可能是獨一無二的，但你與我們這個物種的其他人……及其他物種，有一些相同特質。這些共同的特質讓我們從經驗中學習。

同樣的推理也適用在本書提到的所有社會事實上。每個美國人都是獨一無二的，每個瑞典人與俄羅斯人也是如此。然而，俄羅斯人的成人死亡率一向比美國人高，美國人的成人死亡率又比瑞典人高。去年是如此，前年是如此，很可能明年也是如此。你雖然獨特，但你與同胞的共同經驗改變了你的健康與罹病風險，以及生死風險；而且，讓你**平均而言**異於其他國家的人。同樣的，如果你很富有，又從事專業工作，平均而言，你也與那些貧窮又沒有專業工作的人不同。健康與疾病會跟著團體特徵而變，就像它們也會隨著國家特徵而變一樣。

金錢究竟重不重要？

在前面的單元中，我們討論美國安迪的健康前景不如瑞典的約翰時，我說那跟富國與貧國的差異無關。相較於那49個15歲男孩死亡率較低的國家，美國幾乎都比他們富有。同樣的，我指出，儘管俄羅斯的國民收入遠高於幾內亞比索，但俄羅斯的死亡率和非洲國家差不多。我當時沒有說，有144個國家，成人死亡率比美國高，它們也比美國窮。

這聽起來不是很矛盾。在一群貧國之中，國民收入越高，通常健康越好。在一群富國之中，越富有對健康的影響很有限，其他因素更重要。圖表1.3顯示這兩種現象，它畫出國家的預期壽命相對於以美元計算的國民收入。一美元在貧國能買的東西比在富國多，所以國民收入也根據購買力做了調整，這種調整提高了貧國的國民收入。

圖表1.3 更富有與更健康 —— 增加的程度有限

財富與健康的關係，2012年

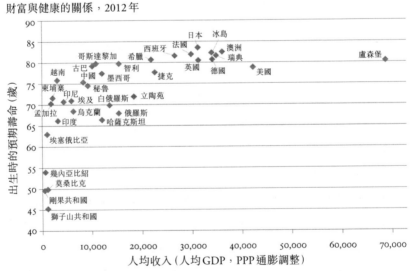

註：PPP＝購買力平價，亦即按購買力調整
資料來源：來自Gapminder的數據

　　如果你沒什麼錢，錢對你的生活與健康就很重要。對貧國來說，收入小幅增加與壽命大幅增加有關。這很合理，人均國民收入不到1,000美元的國家幾乎付不起食物、住所、乾淨的用水、衛生、醫療及其他紓困服務。只要收入稍微增加，就可以獲得更多東西。

　　不過，即使有更多的錢，也無法保證身體健康。國民收入超過10,000美元時，國民收入與預期壽命之間幾乎沒什麼關係。我描述15歲的美國安迪時，我指出，他的命運不如瑞典的約翰。這裡，我們以稍微不同的方式來衡量健康（出生時的預期壽命），我們從圖中可以看到古巴與美國差不多，哥斯達黎加與智利的國民收入較低，但出生時的預期壽命較長。俄羅斯明顯差很多，遠比其國民收入所推估的預期壽命還短。

　　結論是，如果你生在貧國，沒什麼錢，那麼金錢確實很重要。如果你的國家比較富裕，錢就不是那麼重要了，其他因素更重要。

重點在社會，而不只是收入！

　　我以三個簡單的想法構成這本書，其中只有第三個想法需要解釋。第一，誠如我在比較安迪與約翰時所說的，沒有良好的生理因素可以解釋，我們在國家內及國家之間所看到的多數健康不平等。健康問題與健康不平等是可能迅速改變的。第二，我們知道怎麼做以發揮影響力，促成改變。指出我們能做什麼，就是這本書的目的。第三，與圖表1.3中曲線比較平坦的部分有關——亦即國民收入超過10,000美元時，收入與預期壽命之間幾乎沒什麼關係。

　　第三點簡單地說就是，健康與我們如何安排社會事務有關。目前，我們是以經濟指標（GDP的增長）來衡量社會的成功。大家已經知道GDP只抓良好社會的一個面向。[18]更貼近人們生活的一種指標是幸福度或生活滿意度。[19]健康也是另一種指標。我們都很重視健康，可能對

健康的重視更甚於財富。主張「以健康作為衡量社會成功的指標」還有更好的理由：我們重視的許多其他事情，都跟個體及社會的健康有關，例如兒童早期的良好發育、教育、良好的工作條件、有凝聚力的社會等等——這些都和更好的健康有關，後續的章節會有更深入的說明。

後面我會闡述，社會制度對社會的健康水準很重要。美國比俄羅斯好，卻不如瑞典和其他48個國家。我的論點無關我個人是否願意住在美國或瑞典，英國或俄羅斯，而是取決於資料。如果我說美國排第50名，因此美國公民的健康不好，那並不是因為我喜歡或不喜歡美國做事的方式，我都是根據健康的資料來論述。我知道俄羅斯的狀況不好，那不是因為我以前對它抱持的觀點，不管我對共產主義、後共產主義、普丁主義或任何其他主義抱持什麼觀點，都不影響我對它的論述。我說俄羅斯的公民做得不好，是因為他們的健康很糟。我知道俄羅斯的共產主義在戰後歲月簡直是災難，因為大家的健康受損了。後共產主義更糟，但我們後面再談。

社會性質與健康的關聯非常緊密，所以你可以雙向使用這個關聯。我的意思是說，健康水準及健康社會梯度的斜度可以告訴我們社會的狀況。如果你關心健康狀況的改善，影響健康的社會條件是主要關鍵。

貧窮：絕對或相對的

社會影響健康的兩種方式：貧窮的程度及不平等的程度，兩者彼此相關。絕對貧窮對於解釋國民收入與預期壽命之間的密切關聯有明顯的重要性，如圖表1.3中曲線比較陡峭的部分所示（按購買力調整國民收入不到10,000美元的國家）。絕對貧窮的程度也可能是解釋印度或烏干達的兒童死亡率梯度的重要因素。財富越多，越有可能享有基本的生活必需品。

不過，想想富國的健康梯度、搭乘地鐵，以及圖表1.1吧。把分布在中間的人想成有點貧窮很奇怪，但他們的健康又比最頂層的人差。為了解釋他們為何健康較差，我們需要找出絕對貧窮以外的因素──可能是相對的弱勢，或是身陷不平等的狀態。

你覺得格拉斯哥的貧窮程度如何？造訪卡爾頓的人大都會毫不猶豫地說那裡是貧困區，但是以印度的標準來看，那裡已經相當富有了。三分之一的印度人每日以1.25美元維生。格拉斯哥沒有人靠那麼少的錢維生。經過購買力的調整，印度的人均收入是3,300美元，那遠低於蘇格蘭的貧窮線。格拉斯哥有幾個流浪漢，但幾乎人人有住所、廁所、乾淨用水與食物。然而，卡爾頓男性的預期壽命卻比印度的均值少八歲。

這種對比的明顯意義是，貧窮的意義因脈絡而異。在印度，年收入3,300美元不算貧窮，但在高收入的國家則算很窮。貧窮的定義或健康風險的計算，不是只看你口袋裡有多少錢而定。

1980年代，沈恩與彼得‧湯森（Peter Townsend）這兩位關注貧窮的傑出社會學家，針對絕對貧窮或相對貧窮哪個比較重要，做了激烈的辯論。他們的辯論讀起來很有意思，因為他們之間的學術交鋒是以相互尊重、優雅，甚至禮貌為目標。如今我重讀那些辯論的內容，卻驚訝地發現他們的論述其實沒有多大差異。[20]

對健康來說，究竟是絕對貧窮比較重要，還是相對貧窮比較重要？當然，答案是兩個都重要。以英國的標準來說，卡爾頓人處於相對弱勢，但他們擁有的絕對金額也很重要。我們可以合理地假設，如果他們有更多錢，生活會改變；如果那裡的社群有更多錢，卡爾頓的情況也會改變。

沈恩說，收入的相對不平等會轉變成能力的絕對不平等（亦即你成為什麼樣的人及做什麼事情的自由）。他以這個論點結束爭論。對你的健康來說，重要的不只是你有多少錢，還有你能用你擁有的東西

來做什麼事情——這又要看你身在何處而定。[21] 如果社群提供乾淨用水及衛生設施，你就不必花自己的錢去解決那些問題。如果社區提供公共交通補貼、免費醫療與公共教育，你就不必花自己的錢去取得那些必需品。

所以，貧窮因脈絡不同而呈現不同的形式。不過，即使是收入與發展水準不同的國家，那些國家內部的貧窮也有共通點。也就是說，吉米與吉塔之間還是有共通點。世界銀行2000至2001年的世界發展報告中，問了47個國家的60,000人：濟貧對他們的意義是什麼。[22] 他們的答案包括：提供機會、賦權、保障安全。尊嚴也是受訪者經常提到的。事實上，關心社會與健康的人會強烈要求考量「尊嚴」。[23] 歐洲一項類似的研究顯示，如果人們不能做一些社會合理預期的事（例如招待孩子的朋友，離家度假，買禮物送人），他們會覺得自己很窮。[24] 換句話說，在歐洲，大家所想的「克難生活」已經變了。所謂的克難，不再是缺乏乾淨用水與衛生設施，而是沒有辦法有尊嚴地參與社會。

貧窮？不平等？賦權？
難道我們不知道健康不佳的原因嗎？

「全球疾病負擔」（Global Burden of Disease）是一項龐大又特別的研究，它是探究任何地方、任何疾病的起因。[25] 我這樣講並沒有誇張太多，那項研究確實探究了2010年世界各個區域的所有疾病，並對全球健康不佳的主要原因做了估計。那份原因清單按重要程度排列如下：高血壓、抽煙、居家空氣污染、水果攝取量少、飲酒、身高體重指數（BMI）太高、空腹血糖濃度高、童年體重不足、周圍懸浮微粒污染、運動不足、鈉攝取太多、堅果與種子攝取太少、缺鐵、母乳哺餵不理想、總膽固醇過高、全穀類攝取太少、蔬菜攝取太少、omega-3攝取

太少、嗑藥、工傷、職業性下背痛、加工肉類攝取太多、親密伴侶暴力相向、纖維攝取太少、鉛、衛生、缺維生素A、缺鋅、水質不良。

這份清單中，我注意到三點。第一，傳染病的起因到哪裡去了？衛生、缺維生素A、缺鋅，水質不良在這份清單中是重要性墊底的因素。童年體重不足會使兒童更容易受到感染，那是排第八位，排在BMI太高(亦即超重)的後面。如今，無論是哪種國家(不分高收入、中收入、低收入)，影響人民的主要疾病都很類似，亦即所謂的非傳染性疾病：心臟病、肺病(要注意室內空氣污染，那是低收入國家的慢性肺病起因)、癌症、糖尿病。愛滋病、伊波拉病毒、肺結核、瘧疾提醒我們，根除主要的流行傳染病仍有好一段路要走。不過，話又說回來，在中收入國家以及越來越多的低收入國家，疾苦與死亡的起因與高收入國家相似。

第二，那份清單包含生理風險因素(如高血壓、高血糖、高總膽固醇)、行為因素(如抽煙、飲食、飲酒)、環境因素(如空氣污染、鉛)，但沒有因果分析(例如飲食可能導致高血壓與高血漿膽固醇)。想想控制高血壓的兩種方法：透過藥物，或改變飲食與環境因素。醫藥界可能不喜歡我這麼說，但我比較喜歡看我們如何處理造成高血壓、高膽固醇、高血糖的原因，而不是等發病後再來治療。

第三點與第二點有關，沒有社會分析。多數風險因素與人的社會環境有關，我們或許可以把這些風險因素稱為「原因的原因」。飲食、室內空氣污染、高血壓是造成全球疾病的有力原因。我們需要問，為什麼這些風險因素與社會弱勢越來越相關。還記得前面談到孕婦的死亡率嗎？我們可能把無法獲得醫療視為母親死於分娩的原因，但我們需要檢查無法取得醫療的原因──亦即原因的原因。

我認為，對改善健康及健康公平來說，解決消權問題很重要。我覺得消權分三種：物質上、心理社會上、政治上。如果你沒錢餵養孩子，你不可能覺得自己有掌控權。對健康來說，物質條件很重要。心

理社會層面可以描述成你對生活有掌控權。後面我們會看到證據顯示，當人們覺得自己無法掌控生活時，他們很難做出改善健康的決定。此外，當人對生活缺乏掌控權時，那會產生壓力，導致罹患身心疾病的風險增加。賦權的政治面，與擁有為自己、為社群、為國家發言的權力相關。

我主張的賦權及「原因的原因」，有一段歷史。一百多年前，羅伯・崔塞爾 (Robert Tressell) 在《穿破褲子的慈善家》(The Ragged Trousered Philanthropists) 中，描述英國可憐勞工睡覺的惡劣環境：

> 絕大多數聲稱想要預防及治療肺癆 (肺結核) 的人，要不是偽君子，就是傻瓜，因為他們嘲笑以下的建議：貧困迫使那些衣衫襤褸、挨餓受凍的人睡在這種地方才會生病，所以應該先擺脫及預防貧困。[26]

崔塞爾是小說家、辯論家，不是科學家，但他的觀念依然很前衛。我們應該像現代的醫學那樣花大錢去尋找技術方案，以及教育大眾與病患了解健康行為嗎？還是我們應該依循崔塞爾的傳統，想辦法創造讓人過充實生活、免於貧窮吃苦的條件？在我看來，我們應該兩者都做。

為了說明消權對健康的強大影響，我們可以回到格拉斯哥。哈利・伯恩斯爵士 (Harry Burns) 是一個很特別的人。他是格拉斯哥的執業醫生，他認為等人生病了才動手術，已經太遲了。他的臨床觀察使他看清了一點：他看到的疾病是病人所處的社會條件造成的。所以他想從那些社會條件著手，去預防疾病，而不是等人生病了再來治病。1990 年代初期，他從外科轉到公共衛生發展時，我認識了他。他的臨床見解使他相信，社會條件是透過心理來影響身體。當時我正在研究心理社會因素如何影響心臟病，所以我們有很多話題可聊。當他獲任為蘇格蘭的醫療長 (Chief Medical Officer) 時，他也把那套觀點帶到工作崗位上——那是一股良善的力量。

伯恩斯與他在格拉斯哥的同事比較了格拉斯哥的死亡率，以及英格蘭的曼徹斯特與利物浦的死亡率。[27] 這三個城市都屬於「後工業城市」，因為它們以前都是重工業的重鎮，現在已經不是了。它們的貧窮度及收入不平等的程度也很相似。在格拉斯哥，超標最多的死因是：與毒品有關的中毒、與酒精有關的死亡、自殺與「外部」原因（亦即自殺以外的意外與暴力）。

格拉斯哥那些超標最多的死因都是心理社會因素。伯恩斯說，要了解蘇格蘭人，尤其是格拉斯哥人的健康劣勢，你必須了解，他們覺得自己對生活幾乎毫無掌控力——他們被剝奪了權力。這點在格拉斯哥最窮的人身上最為明顯，但這不是一種全有或全無的現象。它提供我們一種把貧窮與梯度連在一起的方法。他們的社經階級越低，對生活的掌控力越少。

世界各地，那些生在上一代可能夭折的嬰兒，如今都能夠存活下來了。中年人可以期望活得更長，老年人變得更健康。就健康來說，這是最好的時代。遺憾的是，在健康、人生機會、壽命方面，則有極大的不平等。國家內的健康社會梯度很陡峭，國家之間的健康不平等也很明顯，所以這也是最糟的年代。我們知道全球多種疾病的成因，享有醫療的進步，所以這是智慧的年代。說這是愚蠢的年代似乎有點牽強，但我們之所以無法縮減國內及某些國家之間的健康不平等，正是因為我們忽視影響健康的社會因素（原因的原因）。

如果沒什麼錢，金錢對健康很重要，但重要的不僅是絕對收入。你相對於其他人所擁有的金錢，也影響你賦權的程度——亦即你想成為什麼樣的人及做什麼事的自由。而賦權（或自由）又與更好的健

康有關。後面我們會看到，除了金錢之外，還有其他方式可以促進賦
權或增加自由。

我想以一些聽起來有點學究，但其實很基本的東西來結束這一
章。我用了兩個術語：健康不平等 (health inequalities) 和健康不公平
(health inequities)。從現在起，我以「健康不公平」來指社群之間應該
可以透過合理的方式來避免的「健康的系統性不平等」。那樣區分並
無法免除爭辯，因為大家對於「合理的方式」有太多歧見，但那有助
於集中討論。為什麼這很根本呢？因為如果健康不好是可以補救的卻
不去做，那是不公不義的。

註 釋

1   A. Deaton, *The Great Escape: Health, Wealth, and the Origins of Inequality* (Princeton: Princeton University Press, 2013).

2   J. L. Yellen, "Perspectives on Inequality and Opportunity from the Survey of Consumer Finances: Federal Reserve," Board of Governors of the Federal Reserve System, December 22, 2014. Available from: http://www.federalreserve.gov/newsevents/speech/yellen20141017a.htm

3   W. Hutton, "Banking is Changing, Slowly, but its Culture is Still Corrupt," *The Guardian* (updated November 16, 2014). Available from: http://www.theguardian.com/commentisfree/2014/nov/16/banking-changing-slowly-but-culture-still-corrupt.

4   Commission on the Social Determinants of Health, *Closing the Gap in a Generation: Health Equity through Action on the Social Determinants of Health. Final Report of the Commission on Social Determinants of Health* (Geneva: World Health Organization, 2008).

5   P. Hanlon, A. Walsh, and B. Whyte, *Let Glasgow Flourish* (Glasgow: Glasgow Centre for Population Health, 2006).

6   Ibid.

7   Scottish Public Health Observatory, Comparative Health Profiles (2010). Available from: www.scotpho.org.uk/home/Comparativehealth/Profiles/2010CHPProfiles.asp.

8   City of Westminster, Area Profiles (September 15, 2013). Available from: http://www.westminster.gov.uk/services/councilgovernmentanddemocracy/ward-profiles/.

9   Marmot Review Team, *Fair Society, Healthy Lives*.

10 M. Marmot, *Status Syndrome: How Your Social Standing Directly Affects Your Health and Life Expectancy* (London: Bloomsbury, 2004).

11 London Health Observatory, *Health Inequalities Overview* (London: Public Health England, 2012).

12 Peter Mandelson quoted by Michael White, *The Guardian*, January 26, 2012.

13 Marmot Review Team, *Fair Society, Healthy Lives*.

14 D. R. Gwatkin, *Socio-economic Differences in Health, Nutrition and Population within Developing Countries: An Overview* (Washington: World Bank, 2007).

15 World Health Organization, *World Health Statistics 2014* (Geneva: WHO, 2014).

16 UNDP, *Human Development Report 2014. Sustaining Human Progress: Reducing Vulnerabilities and Building Resilience* (New York: United Nations Development Programme, 2014).

17 The World Bank, "Lifetime Risk of Maternal Death (1 in: rate varies by country)," (December 22, 2014). Available from: http://data.worldbank.org/indicator/SH.MMR. RISK.

18 J. Stiglitz, A. Sen, and J. Fitoussi, *Report of the Commission on the Measurement of Economic Performance and Social Progress* (Paris: CMEPSP, 2009).

19 R. Layard, *Happiness: Lessons from a New Science*, new fully rev. and updated ed. (London: Penguin Books, 2011).

20 A. Sen, "Poor, Relatively Speaking," *Oxford Economic Papers* 35, no.2 (1983): 153–169; P. Townsend, "A Sociological Approach to the Measurement of Poverty—A Rejoinder to Professor Amartya Sen," *Oxford Economic Papers* 37, no.4 (1985): 659–668; A. Sen, "A Sociological Approach to the Measurement of Poverty: A Reply to Professor Peter Townsend," *Oxford Economic Papers* 37, no. 4 (1985): 669–676.

21 A. Sen, *Inequality Reexamined* (Oxford: Oxford University Press, 1992).

22 The World Bank, *Engendering Development through Gender Equality in Rights, Resources, and Voice* (World Bank and Oxford University Press, 2001) (updated Aug 13, 2012), available from: http://www-wds.worldbank.org/external/default/WDSContentServer /WDSP/IB/2001/03/01/000094946_01020805393496/Rendered/PDF/multi_ page.pdf.

23 R. Horton, "Rediscovering Human Dignity," *Lancet* 364, no. 9439 (2004):1081–1085; M. Marmot, "Dignity and Inequality," *Lancet* 364, no. 9439 (2004): 1019–1021.

24 D. Gordon and P. Townsend, *Breadline Europe: The Measurement of Poverty* (Bristol: The Policy Press, 2000).

25 S. S. Lim, T. Vos, A. D. Flaxman, G. Danaei, K. Shibuya, H. Adair-Rohani, et al, "A Comparative Risk Assessment of Burden of Disease and Injury Attributable to 67 Risk Factors and Risk Factor Clusters in 21 Regions, 1990–2010: A Systematic Analysis for the Global Burden of Disease Study 2010," *Lancet* 380, no. 9859 (2012): 2224–2260.

26 R. Tressell, *The Ragged Trousered Philanthropists*. Published posthumously 1914.

27 D. Walsh, N. Bendel, R. Jones, and P. Hanlon, "It's Not 'Just Deprivation': Why Do Equally Deprived UK Cities Experience Different Health Outcomes?" *Public Health* 124, no. 9 (2010): 4874–4895.

2　誰的責任？

你以為你自己道德高尚，就不許別人尋歡作樂嗎？

——莎士比亞，《第十二夜》(*Twelfth Night*)（第二幕，第三場）

以下是健康的十大秘訣，這份清單是1999年英國的醫療長發布的，但它與你從高收入國家的公衛組織所收到的健康建議大同小異。

1.　不要抽煙。如果你可以做到，就戒煙；做不到，就減煙。
2.　飲食均衡，多吃蔬果。
3.　常活動。
4.　管理壓力，例如找人談談或找時間放鬆。
5.　如有飲酒，請適量。
6.　防曬，也避免孩童曬傷。
7.　安全性行為。
8.　把握癌症檢查的機會。
9.　注意路上安全，遵守交通規則。
10.　學習急救ABC：呼吸道 (airways)、呼吸 (breathing)、循環 (circulation)。

我想問兩個問題：你覺得這份清單實用嗎？它可能改變你或他人的行為嗎？

接著，我們來看布里斯托大學的大衛‧戈登（David Gordon）與同仁所編寫的另一份健康十大秘訣。

1. 不要窮。可以的話，擺脫貧困；不行的話，想辦法別陷入貧困太久。
2. 別住在貧困區。可以的話，趕快搬走。
3. 不要有殘疾，不要生下殘疾的孩子。
4. 不要做壓力大又低薪的體力活。
5. 不要無家可歸，或住在品質低落又潮濕的住所。
6. 有錢參加社交活動及過年節。
7. 不要當單親家長。
8. 索取你應得的權益。
9. 有錢買輛車。
10. 透過教育提高社會經濟地位。

第一份來自公衛組織的健康清單難以辯駁，因為每一項都很值得，立意良善，也有扎實的科學依據……但不太可能發揮太大的影響力，你不可能聽到有人說：「我正想酒駕，進行不安全的性行為，但我突然想到醫療長的忠告。」「我正打算讓孩子吃外賣的薯片，突然想到那個『多吃蔬果』的建議，所以換成沙拉和新鮮水果。」「我擔心失業，可能住不起公寓，我覺得壓力好大，但我依然找時間放鬆，現在覺得好多了。」

那份公衛清單之所以有問題，不是因為它錯了。它並沒有錯，問題在於，光是傳達那些建議，不太可能讓那些可能獲益最多的人做出改變。那份清單可能引起下面三種反應：

「它講的道理，我都懂。我花心思去了解，好好地照顧自己。那些建議，我都已經在做了。」

「抽煙、飲酒過量，對我不好嗎？我還真想不到，以後我會注意的。」

「那些建議我都知道，但又怎樣呢？那不會改變我的行為，我還有別的事情要操心。」

關於這些可能性，有充分的證據顯示，在英美這種國家，多數人確實知道抽煙有害健康。[1]而且，在英國，多數肥胖者都聲稱他們在減肥。[2]大家之所以繼續抽煙，胖子之所以越來越多，並不是因為他們對健康資訊一無所知。換句話說，建議再怎麼有用，一個人會不會聽取建議、改變行為，跟他是否知道那些建議無關。

至於戈登那份清單呢？那也有扎實的科學依據，有充分的證據可以佐證清單上的每項建議，只是那些證據不是那麼廣為人知。戈登那份清單清楚地凸顯出一個議題：即便人們知道做那些事情對健康不利，他們想改變也無能為力。

我想在本章探索的問題是：健康究竟是誰的責任？當我們發布「健康的社會決定因素委員會」（CSDH）的報告《在一個世代內救平階級落差》時，一位資深政治人物問道：「這一切，有多少是屬於個人責任？」一位頂尖的經濟學家兼公共政策專家也提出批評，他說那份報告提到「社會」的次數，遠多於「個人」的次數。既然那份報告是在談「社會決定因素」，為什麼他還會感到訝異呢？針對那些質疑，我以前（與現在）的回應是，個人責任應該是我們追求的目標核心。然而，一個人自負其責的能力，深受其所處環境的影響。如果一個人無法掌控發生在他身上的事情，他就無力負起責任。

第二份清單中提到的一些建議，很顯然不在個人可掌控的範圍內，雖然有些評論員認為失業是一種生活型態的選擇，他們懷疑貧困是源自於懶惰。其實，某種程度上，第一份清單中也有一些項目是個人無法掌控的，只是沒那麼顯而易見罷了。個人的行為選擇，至少會受到個人處境的影響。抽煙、膳食、飲酒是罹病的原因，也是造成健

康社會梯度的原因。我們可以把這些原因的決定因素視為「原因的原因」。[3]

試圖從「原因的原因」去影響行為，會引發強烈的反應。一方面，公衛活動分子證明，大企業對健康政策的影響太大了（例如有關煙草、酒類、食品的政策）。但另一方面，有人主張，政府的任何介入都是在侵蝕自由，是不可容忍的；讓企業有權透過遊說來反對政府政策才叫民主。他們聲稱，公民與公衛人士也可以享有話語權，但是說「產值數十億美元的企業可能比人民更有話語權」根本是搞錯重點。

從這兩方針對酒類政策所展開的唇槍舌劍，即可見一斑。記者強納森・戈納爾（Jonathan Gornall）在《英國醫學期刊》上發表一篇文章，說大企業對政府的酒類政策與健康政策有很大的影響力。戈納爾指出，為酒類設定最低單價，是英國保守黨領導的聯盟政府所推出的政策。畢竟，資料佐證了經濟學家的預測：提高酒類的價格，飲酒量就會減少。那個政策剛公布時，我公開讚揚了保守黨首相大衛・卡麥倫（David Cameron），說那項政策的通過有益大眾健康。但後來，政府又收回政策。戈納爾聲稱，那是因為政府受到來自酒業（那些令人畏懼的大企業）的壓力，導致政策逆轉。[4]

經濟事務機構（Institute of Economic Affairs, IEA）是鼓吹自由市場的智庫，它發文批評了戈納爾及其他敦促政府在公共衛生方面採取行動的人。該文作者克里斯多夫・史諾登（Christopher Snowdon）覺得「提高酒價可減少消費」這個論點難以質疑，所以他改從另一個角度著手。他說，這項政策搞錯了，而且沒有扎實的科學依據，因為為酒類設底價可能衍生不良的效應——消費者可能為了買酒而花更多錢，反而沒錢餵養孩子。[5]他指控戈納爾的作法是「人身攻擊及卑劣的含沙射影」。

戈納爾的指控很扎實，但他的科學客觀性遭到那家鼓吹自由市場的機構所批評。那家機構的政策，以該機構的總裁所講的話來形容最為貼切：「我們以詳細的研究證明，自由市場機制比高壓、限制性的國家干預更好。」[6] 如果你做研究之前，早就知道你的研究結果會支持自由市場，你還宣稱你的研究客觀，那簡直是睜眼說瞎話。此外，IEA拒絕披露其資金來源，所以它宣稱其「觀點獨立」也難以令人信服。該機構反對煙草管控措施時（包括煙害警示標語），對煙草業做了詳盡的研究。但那些研究顯示，IEA獲得煙草業的資助。

我可以舉出許多類似這種唇槍舌劍的實例。他們的爭論清楚顯示，討論健康相關行為的「原因的原因」時，既會牽涉到國家角色的政治觀點，也會涉及既得利益者的觀點。這種重疊導致辯論的扭曲。

事實上，環境會影響我們的行為。大部分的人都很珍惜「自由選擇」的概念，但我們的選擇受到出生、成長、生活、工作、老化的環境所限制。而且，每個人的行為受到多少侷限，各不相同。

以抽煙為例，如今大家通常不會覺得社會為了限制抽煙所採取的措施特別惱人。大部分的人都能接受公共場所禁煙、禁止煙草廣告，以及包裝上必須加註警語等規定。那些措施的推動，使許多國家的抽煙率下滑，因此對健康有益。不過，抽煙雖然證實有毒、害死了許多老煙槍，但仍有一群人堅稱，煙草管控措施侵犯了他們的自由。[7] 人們比較願意聆聽不受煙草業資助的人所提出的觀點。

說到抽煙，最健康的攝入量是零。飲食則不同，每個人都需要進食。全球有半數以上的人口住在城市，不自己栽種食物。在糧食供應方面，食品業就像政府及其他單位一樣，扮演關鍵要角。如果你很在乎市場，像我對醫療保健與教育那麼挑剔，你可以想一下，在莫斯科的俄羅斯的食品部長如何在不靠市場的力量下，確保上千萬人每天都有東西可吃。市場的力量非常神奇，它可以讓供需自行配對。但是話

又說回來，市場也有失靈的時候。有些人糧食短缺，有些人糧食過剩。我們吃的食物類別也會影響肥胖、心臟病與癌症。因此，在健康飲食方面，有所謂的「食物戰爭」——《經濟學人》把我無意間參與的一場食物戰爭稱為「突出部之役」(Battle of the Bulge)。*這些食物戰爭顯示，「責任究竟在誰身上」這個議題，歸根結蒂在於健康膳食。此外，食物戰爭與健康不公平非常相關，因為膳食可以影響及決定非傳染性疾病的層級，那會導致健康不公平。

食物與法西斯主義

發現自己上了全國發行的《每日郵報》(*Daily Mail*)，而且還被寫成「健康界的納粹」，這實在令人莞爾。2007年，這種事情發生在我身上時，我對一位記者朋友說，我以為約瑟夫・門格勒(Joseph Mengele)†才算是健康界的納粹，怎麼會是我呢？朋友叫我別太在意，記者之所以那樣寫，不是指我在集中營裡對人類做了可怕的實驗，而是指我是健康界的法西斯分子。那樣講並沒有讓我比較放心，尤其《每日郵報》還說我的聲明「荒謬，越來越不負責任」。另一份全國發行的報紙《每日電訊報》(*The Daily Telegraph*)則是痛批，我正在領導「一群道德魔人、健康界的法西斯分子、保母國家‡的控制狂所組成的邪惡聯盟」。此外，另一家全國發行的日報也加入指控：「食物法

---

* 原指納粹德國於二戰末期在歐洲西線戰場比利時瓦隆的亞爾丁地區發動的攻勢。——譯註
† 人稱「死亡天使」，奧斯威辛集中營的醫生，負責裁決將囚犯送到毒氣室殺死，或成為強制勞動勞工，並且對集中營裡的人進行殘酷的人體實驗。——譯註
‡ 指對人民推行過多保護性政策的國家。——譯註

西斯分子的瞞天大謊」。有一兩家小報的標題下得很巧妙，例如《太陽報》（*The Sun*）的標題是「救救培根」及「黑心豬肉害死人」。

什麼事情使媒體如此群情激憤？新聞媒體口中的這幫法西斯騙子究竟是何許人也？

我們這群人偽裝得很好。我主持過一場由世界癌症研究基金會（World Cancer Research Fund）所召集的小組，以審查《飲食、營養、身體活動、癌症》（*Diet, Nutrition, Physical Activity and Cancer*）的證據。[8]那個小組是由來自二十幾個國家的國際知名科學家所組成。這些聰明的法西斯分子以教授身分作為掩護，平時在英國、美國、日本、中國、印度、智利、墨西哥、非洲、紐西蘭、澳洲等地擔任教授。我們那份報告的優點在於，裡面的建議不是根據單一研究，而是根據7,000篇科學論文。兩百多位科學家參與了這項為期五年的歷程，彙整出400頁的報告，而且還有聯合國兒童基金會（UNICEF）與世界衛生組織的監督，跟希特勒的自傳《我的奮鬥》（*Mein Kampf*）差遠了。

我們的結論是以優質的科學證據為基礎，那份報告最後總結：超重者的罹癌風險較高，所以在正常體重的範圍內，盡量保持精瘦很重要。我們指出，加工肉品會增加罹癌風險；想要降低罹癌風險，就要盡量避免加工肉品；每週的紅肉攝取量超過500克也會增加罹癌風險。

我們在結論中也提出建議。那些科學化的結論是我們煞費苦心歸納出來的，卻被媒體貼上「食物法西斯分子的瞞天大謊」這樣的標籤。

十二年前，就有人這樣說我了，那一次是有關預防心臟病的飲食。[9]當時，我領導一群科學家與教授所組成的委員會，媒體說他們的建言是「食物列寧主義者的最新攻擊……保母國家打算告訴你早餐吃什麼，午餐吃什麼，晚餐吃什麼」。[10]說我們是列寧主義者？是納粹？有沒有搞錯？他們想表達的意思是，為了大眾健康而試圖影響個人行為的任何人都是極權主義者。

論據是什麼 —— 是科學、還是別的？

　　這究竟是怎麼回事？中規中矩的科學結論為什麼會引來這樣的敵意？仔細審閱與討論7,000篇科學論文所得出的結論是在撒謊嗎？耗時五年字斟句酌的建議，其間歷經無數辯論，是不負責任嗎？說大家只要照我們的建議做，就可以降低罹癌風險，這樣也算法西斯分子嗎？

　　關於這些問題，答案的線索在於：只有那些自由主義派的民粹媒體認為我們是撒謊的法西斯分子。接受我們那套科學化結論（亦即有一些方法可以減少罹癌風險）的人，應該會開始認真地爭論：防範疾病、促進健康究竟是誰的責任？在記者的誇張報導與謊言下，潛藏著一種論點。那個論點大致上主張：即使有人因我行我素而罹病，那也是他家的事，別人管不著。

　　這根本是混淆視聽的伎倆。那些評論者只要聲稱我們的科學化結論不對，就不必再多費唇舌解釋那些棘手問題了。相較於探究誰該為疾病的預防負起責任，或責任究竟該落在個人與社群之間的哪一點，或思考社會弱勢是否導致某些人難以做出健康選擇，直接說我們是騙子比較簡單。

　　不認同證據是合情合理的。科學家常有歧見，而且非常執著，因為證據從來不像我們希望的那麼確定。但是，有歧見不見得就得不出結論。有些「科學家」認為地球是平的，另一些科學家不這麼想，難道我們就無法得出結論了嗎？有些人認為創世論比進化論更合理，難道我們就應該同等看待這兩個理論嗎？當然不是。我們應該區分兩種情況：一種是多數科學家普遍認為證據指向某個方向（例如人為造成的氣候變遷），另一種是真的不太確定的情況。

　　我剛開始研究影響大眾健康的因素時，發現連科學家也對飲食與疾病的證據有不同的觀點。不過，對證據的觀點並未影響科學家採取行動去改善大眾健康的意願，反而是採取行動的意願影響了他們對證

據的看法。相較於不願行動的科學家，願意行動的科學家覺得證據比較有說服力。

證據一面倒地顯示，體重增加會提高罹癌風險。假設這是真的，我們該怎麼做呢？政治上的右派會說：「我們」什麼都不必做。要不要做什麼，是由那個充分掌握所有資訊的個體去決定。如果他選擇肥胖，那也不干任何人的事。

理性的肥胖？

芝加哥大學的諾貝爾經濟學獎得主蓋瑞・貝克 (Gary Becker，可惜他於2014年過世了) 把「理性選擇理論」應用到日常生活中。我們權衡不同行為的成本與效益，然後做出理性選擇以獲得最大的效用 (或滿意)。理性選擇理論學家主張，一般來說，人們對當下的重視更勝於未來，所以我們行為帶來的未來後果不如當前的效益那麼重要。貝克與芝加哥大學的同仁凱文・墨菲 (Kevin Murphy) 針對「理性成癮」合寫了一篇論文。[11] 他們認為，理性選擇理論不僅可以解釋酗酒、抽煙、古柯鹼成癮等問題，也可以解釋電視、工作、食物成癮等現象。一個人越低估未來，理性選擇越能解釋其成癮現象。套用拜倫勳爵 (Lord Byron) 的說法，簡言之：今朝享受醇酒美人盡情歡笑，比明日反省喝蘇打水醒酒來得重要。把握當下吃喝玩樂才對，因為未來尚未到來。他們認為，正因為有些人重視未來，所以不是每個人都是成癮者。

理性選擇理論很妙，也很有創意，影響了許多經濟學家。但我實在很納悶，我們的行為真的是靠理性權衡利弊得失，並以市場利率或其他合適的利率折現來決定的嗎？這個理論是假設行為者擁有完整的資訊，然而，大多數時候，我們當然是缺乏完整資訊。

我問過理性選擇理論專家，為什麼一個超重也擔心自己太胖的人會吃下一大塊巧克力蛋糕。我們的對話如下：

理性選擇理論專家：那是因為吃的效益比忍住不吃的效益還大。

我：你怎麼知道？

理性選擇理論專家：不然，他們應該不會吃啊。

我：即使只享受五分鐘，當天剩下的時間都陷入自我厭惡也無所謂嗎？那算是追求效益最大化嗎？

理性選擇理論專家：他們的折現率很高。當下享用巧克力蛋糕的喜悅，遠遠超過了未來自我厭惡的悔恨。

我：你會推論那是因為他們沒有理性追求效率最大化嗎？

理性選擇理論專家：不會，不然他們為什麼要那樣做？

我讀醫學院時，讀了杜斯妥也夫斯基，至於佛洛伊德，那就更不用說了，所以我覺得人類的行為比理性選擇理論還要複雜。不過，如果你從來不需要衡量效益，只從行為推斷效益，那就永遠說得通：無論人們做什麼，根據假設，都會使效益最大化。心理學家及諾貝爾經濟學獎得主丹尼爾・康納曼（Daniel Kahneman）證明，我們的選擇會受到各種事情的影響，不是只看簡單的理性效益計算而已。我們的記憶、證據呈現的方式，以及許多的心理偏誤，都會影響我們的選擇。[12]

在某次會議上，一位經濟學家把理性選擇理論套用在肥胖上。有人不懷好意地問他，為什麼他那麼胖。他回答：「那是我自己選擇的。」我不得不說，他的說法令我懷疑。他不太可能早上起床說：「我想我今天要讓自己變得更胖。」我猜想，他的回應其實是簡化版，他真正想表達的是：「我從現在的飲食模式所得到的效益，超過未來肥胖對健康造成的反效益。我雖然重視健康，但那是未來的事。當下的我更重視牛肉堡、薯條、大杯可樂。」

即使在他的模型中，胖子之所以胖真的是一種理性選擇，那他要如何解釋美國與其他地方的人口肥胖率越來越高呢？還有，為什麼美

國的胖子比法國多？我覺得「越來越多美國人選擇當胖子」這種說法毫
無說服力。那只是把問題變成：為什麼比較多美國人選擇當胖子呢？

理性選擇理論可能隱含在一個常見的主張中：人應該為自己的健
康負責。肥胖人口之所以越來越多，是因為大家對當前口福的重視，
日益凌駕未來的結果。又或者，套用更口語的說法，是因為大家越來
越不負責任了。但是，如果越來越不負責任可以解釋胖子增加的原
因，為什麼抽煙率會大幅下降呢？為什麼說到抽煙，我們就懂得負
責；但換成飲食，就變得不負責任呢？即使大家真的覺得眼前的享樂
比較重要，未來健康受損也沒什麼大不了，為什麼大家對現在與未來
的看法不同呢？或者，看法其實沒變，人對當前的重視一向勝於對未
來的重視，那為什麼現在這種看法比以前造成更多人變胖呢？

說到肥胖人口增加，我們回頭來看「健康是誰的責任」這個問題。
當你冷靜地看待證據時，肯定會承認，肥胖率增加不單只是個人選擇
的結果——那是環境變化造成的。既然如此，為什麼有人會覺得，任
何試圖改變環境的人是法西斯分子呢？為什麼有人會覺得，那應該留
給個體自行去改變呢？然而，如果問題是社會行為造成的，討論我們
願意採取什麼社會行動來解決問題，應該很合情合理。

健康與「生活型態」的不公平 —— 原因的原因

「裙子的尺碼越小，住所越大。」這句紐約公認的人生智慧，一語
道盡了一切：肥胖有社會梯度，尤其是在中高收入國家的女性之間，
地位越低者，身形越胖，但這是為什麼呢？

我認為，這跟國家內及國家間的健康不公平以及社會決定因素有
關。許多流行病學家與其他比較關注個體風險的人，對「社會決定因
素」這個說法不太熟悉。相對的剝奪感、社交關係、有尊嚴的生活環
境、賦權，以及戈登那份清單上的項目，甚至「一天五蔬果」，都不是

傳統健康考量主要關注的議題。有人質問我，抽煙、酗酒、肥胖等因素到哪裡去了？社會決定因素並未排除這些影響健康的行為。在思考非傳染性疾病的不公平時，抽煙、酗酒、肥胖都是主因。社會環境與健康不公平之間有一種因果關係，就是這些行為造成的。另一種因果關係是壓力造成的，我將在後面的章節中介紹。

我主張，改善大眾健康與福祉的關鍵，在於對個人與社群「賦權」。乍看之下，賦權似乎呼應了「健康是個人責任」那套說法（人能掌控自己的生活，自由做出健康的選擇）。當然，要不要抽煙、喝多少酒、要吃什麼，都是個人的決定。但是，當我們看到行為呈現有規律的社會模式時，那表示背後還有更廣大的社會原因。

我可以用資料來闡述這些不健康行為的發展。我有一些同行在倫敦大學學院（UCL）及全國社會研究中心（National Center for Social Research）任職，所以我一度參與了蘇格蘭健康調查（Scottish Health Survey）。有一天，我搭機從倫敦飛往愛丁堡去發表一些研究發現，我在機上檢閱簡報的投影片。資料顯示，女孩進入青春期時，抽煙率暴增，彷彿抽煙與身體變化都是青春期的象徵。女孩進入青春期後，運動參與率下降，也開始嘗試酒類。一位女性空服員從我肩膀後方看到我的投影片，她說：「那些事情我都做過，而且還不止那些。」我讓她看那些行為的社會梯度，那個梯度從很早就開始了：地位越低，行為模式越不健康。她說：「沒錯，我也是那樣，家境不太好，周遭的朋友都是那樣。」

所有的年輕人都會去嘗試一些東西。然而，我們在肥胖中看到了社會梯度。抽煙的社會梯度更是在兒童與青少年期就出現了。把這種現象看成每個青少年自己做的選擇，而忽略社會壓力驅使他們去做某些行為，那樣的觀點實在太狹隘了。

一位憂心忡忡的公衛醫生曾問我：「無所事事的年輕人在市中心閒逛，抽煙、喝酒、吸毒、惹是生非。我應該給他們什麼建議呢？」我的

回答雖然毫無助益，但我說，我不會從那裡著手，我會從兒童早期發展與教育著手。為年輕人賦權，幫他們培養出掌控生活及未來的屬性，他們就會有更多有趣的事情可做，而不是在街頭閒晃、抽煙、酗酒。

充實知識固然重要，但距離「賦權」還差一步。前面提過，英國人都明白抽煙有害健康，但抽煙還是有社會梯度。貧窮與不平等有強大的消權效果。一個人難以掌控自己的生活時，也難以做出健康的選擇。

這可能也是健康建議(如果有效的話)可能使不健康行為中的不平等增加的部分原因。抽煙就是如此，這種不分社經地位都可能養成的習慣，社會梯度越來越明顯。如今，在英國職業地位較高的家庭中，僅9%的成人抽煙。但在靠體力活謀生的家庭中，這個比例是31%。[13] 抽煙是使人罹病及致命的原因之一，我們必須處理原因的原因。

肥胖與超重 —— 是先天、還是後天？

肥胖與超重清楚闡明了個人與社會決定因素之間的相互作用。個體自己選擇要吃什麼及吃多少，做什麼運動及做多少，但這些選擇受到他所處的環境所影響。個人容易發胖，有部分是先天的基因造成的。雙胞胎的研究讓我們可以區別先天的基因與後天的環境影響。同卵雙胞胎的基因完全相同，他們也有相同的成長環境。異卵雙胞胎平均有一半的基因是相同的，他們也有相同的成長環境。雙胞胎的研究顯示，肥胖有50%至90%的機率是遺傳的 —— 很大的基因成分。[14] 但請注意，一般而言，雙胞胎研究是在嚴格限制的環境中進行。說異卵雙胞胎與同卵雙胞胎都有相同的成長環境，那種假設也是可質疑的。不過，這不是我想強調的重點，我想說的重點是：我們如何調和雙胞胎研究的結論與其他類研究的結論？

我對於英國那些印度移民的健康一直很感興趣。一項研究對倫敦西區的南亞裔男性進行調查，結果顯示，他們的平均BMI是28。

BMI是測量健康體重時，廣泛使用的一種指標。它是以身高（的平方）來調整體重的衡量。理想的BMI範圍是20到25，超過25就算超重，超過30就算肥胖。BMI**平均28**意味著很多人即使稱不上肥胖，也算超重。一項研究在印度旁遮普邦（Punjab）的鄉下進行，前述的南亞裔參試者就是來自印度的這個區域。那個研究顯示，旁遮普邦男性的平均BMI是18。也就是說，他們的平均體重偏輕。假設兩地的平均身高都是172公分，BMI相差10，對應的平均體重差距是29公斤，這是很大的差距。除非那些基因易胖的旁遮普男性比較有可能變成移民（這不太可能），否則旁遮普的男性及倫敦那些來自旁遮普的男性很可能基因上是相似的。這表示，在這個例子中，超重主要是環境造成的。

這下子陷入僵局了。雙胞胎研究說，肥胖主要是遺傳造成的。移民研究說，肥胖主要是環境造成的。主張環境論的人可以批評雙胞胎研究低估了環境因素（我曾經這樣批評過）。遺傳學者可以批評移民研究沒有充分掌控遺傳因素（他們確實這樣批評了）。問題在於，如果環境影響範圍受到限制，**所有**的變異都會是先天基因造成的。如果環境有類似海嘯那樣全面改變所有人的因子，個體在「易感性／易受性」（susceptibility，亦即易受影響的程度）上的差異（這是基因決定的）就沒有多大影響了——因為環境變成主導要素。為了解釋「印度裔在印度偏瘦、但在倫敦超重」這個現象，我們必須歸因於「環境論」。為了解釋生活環境相似的同卵雙胞胎與異卵雙胞胎之間的差異，我們則是歸因於基因決定的「易感性」。

圖表2.1中，我從美國疾病管制與預防中心（Disease Control and Prevention）找來三張圖，分別是1985年、1997年、2010年美國各州的肥胖狀況，從圖中可以看出肥胖演進的趨勢。圖中各州的顏色明暗度，代表各州肥胖的普遍狀況。隨著時間推移，肥胖率升高，每一州的顏色也變得越來越深。我展示這些圖時，觀眾的反應就像我

當初第一次看到這些圖一樣，他們都很震驚。當顏色從淡藍轉為深紅時，觀眾集體倒抽了一口氣。我語帶諷刺地說：「美國的基因組竟然變化得如此迅速，實在太驚人了！」無論基因對肥胖有多大影響，它們在二三十年間大致上是穩定的，不可能在一個世代之內肆無忌憚地發展。這種肥胖趨勢只有可能是後天環境造成的，與先天基因無關。

圖表2.1 失控的美國體重

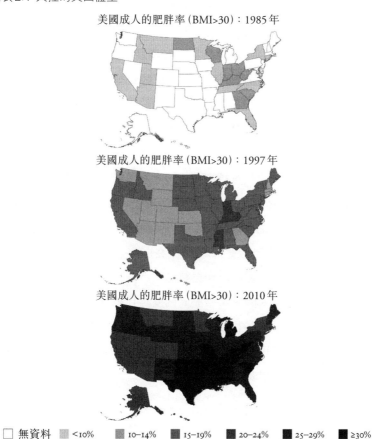

資料來源：1985年到2010年之間成人的肥胖趨勢。美國疾病管制與預防中心（CDC），2010年

然而，不止美國如此，世界各地的人都在變胖。埃及與墨西哥有70%的女性超重。有人把這種現象稱為「可樂殖民」(coca-colonisation)，[§]那或許是理性選擇，但加工食品的增加及身體活動機會的減少，是更有說服力的解釋。

───╴╱╲╱╲╴───

在高收入國家，近幾十年來，我們看到，學歷越低，超重與肥胖的程度越高，這點在女性身上尤其明顯——一種社會梯度。

令人擔心的是，兒童肥胖的情況日益嚴重。說到兒童，有關「個人責任」的討論變得比較複雜。即使是那些意識型態上反對保母國家的家長，也不會後悔對兒童說：「現在別吃那根巧克力棒，等一下你晚餐會吃不下。你不吃花椰菜的話，等一下就不能吃甜點。」我們可能先天生理上就愛吃甜食，只能靠意志力才不至於把含糖飲料與冰淇淋拿來當正餐。肥胖的孩童越來越多，反映了孩童接觸的飲食，而不是兒童對效益的盤算可能變了(變得比較重視當下口福所帶來的樂趣，比較不重視未來的健康)。現在，英國肥胖兒童增加的趨勢，在中高社會地位的家庭已經趨平了，但在弱勢家庭仍持續上揚。[15]未來，肥胖的社會梯度可能比現在更陡峭。

相反的，在低收入國家，學歷高的女性比學歷低的女性更有可能超重。這可能反映了兩個相關現象：低收入國家的低學歷女性太接近赤貧了，攝入的卡路里不足以讓她們變胖。相對的，發胖可能也是對外界展現：你已經脫離貧窮了。

[§] 意指美國文化透過可口可樂等熱門美國產品變成一種全球化，又稱為美國化。
　　——譯註

　　隨著國家逐漸變富，社會梯度會逐漸趨向高收入國家的型態：亦即學歷越高，超重越少。我與阿米娜‧艾齊─賽爾米 (Amina Aitsi-Selmi) 一起合作，研究埃及等國的趨勢。她發現，越富有的女性，越有可能超重——令人擔心的發現。我之所以說擔心，是因為我不希望像預言家耶利米 (Jeremiah) 那樣鐵口直斷：擺脫赤貧將帶來肥胖及其併發症 (如糖尿病) 等懲罰。不過，艾齊─賽爾米進一步發現，在學歷較高的女性身上，並沒有看到財富與肥胖之間的關聯。現在，我想說說我的偏見：我喜歡這個發現。學歷較高的女性並沒有因為擺脫貧困而受到肥胖的懲罰。[16]

　　肥胖與超重在國家內與國家之間的社會分布，應該會讓那些只把健康視為個人責任的人停下來仔細思考。難道個人責任也須跟從社會梯度嗎？難道個人責任是富人的專利嗎？那種想法太荒謬了。誠如我的主張，我們應該創造讓人掌控個人生活的條件 (例如，更廣泛地傳播教育的優勢)，這樣一來，男性和女性都有工具控制自己的體重，也懂得關注自己的體重。

酗酒 —— 只是個人責任嗎？

　　酒精是社會狀況影響健康行為的明顯例子。蘇聯解體後，俄羅斯男性的死亡率驟升。據估計，1990 年後的那 10 年，死亡人數多了 400 萬人。顯然，酗酒是導致死亡率暴增的一個原因。酗酒的影響程度仍有爭議，但酗酒與暴力死亡發生的頻率有很深的關聯，可能也與猝死有關。酗酒可能是原因，但我們需要問的是：為什麼現在酗酒自殺的男性比以前多？酗酒致死也是追求效益最大化的理性選擇嗎？如果那個理論能幫我們了解那些變化以及該如何因應變化，那才算是有用的方法。

　　當然，我的說法是假設：多死了 400 萬人是一件值得關注的事；而且我們不該冷眼旁觀地說，一個人決定那樣做是自食惡果，不負責

任的行為是他們自己的錯；我們應該說，環境的變化導致大規模的行為變化。

這些改變包括社會經濟狀況的急遽惡化。隨著蘇聯解體，國內生產總值 (GDP) 驟減，相當於家戶的平均實質收入縮減了 60%。面對貧窮，工作難找，不平等急遽增加，俄羅斯男人只好借酒澆愁 (甚至喝有毒的酒精替代物)，因此衍生了可怕的後果。

英國的飲酒模式及酗酒傷害與俄羅斯不同。以「英國哪種人喝酒最多？」為例，是地位高的人喝得多？還是地位低的人呢？與一般看法相反，調查一再顯示，社經地位較高的人，平均飲酒量較多，尤其女性更是如此。平均而言，學歷及地位較高的女性，比學歷較低的女性喝更多的酒。同樣的，在美國，學歷越高的人，越有可能喝酒。[17]然而，酗酒傷害的型態，顯現出相反的社會梯度：社會階層越低的人，因酗酒住院及死亡的人數越多。平均飲酒量與酗酒傷害之間的脫鉤關係令人注目。那可能是因為飲酒型態不同：如果地位高的人每天晚餐喝半瓶勃根地葡萄酒，他們每週的飲酒量可能比週五晚上喝得酩酊大醉的人多，但後者可能造成較大的傷害。其他因素也可能導致地位低的人承受較多的風險：營養不良、危險行為、抽煙都是可能增加傷害的風險。

無論是東西歐在酗酒傷害上的差異，還是英國社會分布上的差異，我們不僅需要了解飲酒模式與健康不佳之間的因果關聯，還必須了解原因的原因：是什麼因素決定飲酒模式。廣義來說，我們知道影響民眾飲酒模式的原因有三種：價格、取得容易度、文化影響。圖表 2.2 顯示造成飲酒人口波動的原因之一：價格。

1960 年到 2005 年之間，酒類變得越來越便宜。隨著價格下滑，飲酒量開始增加。我有一位同事是經濟學家，他看到這張表後說：「我就是教這種東西：價格如何改變需求，但我從來沒看過那麼明顯的實例。」如果我們整個社會都認為，飲酒量減少是有益的，我們應

該提高酒類價格。然而，誠如本章稍早所述，這樣的主張冒犯了一些自由市場的支持者。

注意，除了價格、取得容易度、文化會影響群體的飲酒趨勢以外，還有個人決定因素，那包括遺傳天性、個人史、性格、次文化。個人層面的決定因素可能需要接受諮詢與治療，群體層面的決定因素則需要社會行動。直接說這是個人的選擇，無濟於事。

圖表2.2 實例證明了理論：酒類價格越低，飲酒量越多

英國飲酒量相對於價格

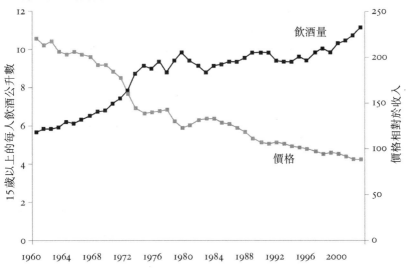

資料來源：A. Tighe ed, *Statistical Handbook 2003* (London: Brewing Publications Limited, 2003)

誰的責任？

我在倫敦皇家內科醫師學會（Royal College of Physicians）吃完晚餐後，騎單車回家，身上仍穿著晚禮服，打著蝴蝶結領帶。途中，我的單車急轉彎時甩了出去，把我摔在地面上，我痛到無法離開馬路。救

護車很快就來了，救護人員瞄了一眼我的晚禮服後說：「這傢伙喝多了！」我在晚上7點到11點之間只喝了一杯酒。我表示抗議，但不禁納悶，我喝多少跟受傷有什麼關係。難道他認為我喝多了，就不打算救護，因為他覺得我該為自己的摔車負責嗎？

實際上，我受到很好的醫療照護，他們還用鈦針幫我固定了骨折的大腿骨（還是要再次感謝英國的國民保健署）。不過，一位保守黨的議員說，他覺得，因生活型態不良而罹病的人，應當自行承擔醫療費用。聽到那種說法時，我還是會思索「這傢伙喝多了！」的意涵。我不禁懷疑，那個議員是不是覺得，我那天要是喝了三杯酒，而不是一杯，我是不是應該要自付大腿骨的治療費。議員是不是在暗示，任何窮困潦倒的人摔倒在地、昏迷不醒並撞傷了頭，就應該讓他繼續躺在街頭，因為他付不起醫療費？難道他展望的社會是那樣嗎？

我講得有點誇張，那位議員可能是指與肥胖有關的糖尿病。誠如前述，肥胖在社會越底層越常見。因此，糖尿病的罹病率也有社會梯度：地位較低的族群，罹病率較高。因此，有人提議，窮人應該自己負擔糖尿病的治療費。這種提議可能有三個原因：

- 遏制因素：強迫人們自行負擔治療費，可鼓勵他們以更健康的方式生活，避免變胖，這樣就能避免罹患糖尿病。
- 懲罰：行為不當就該受到懲罰，付出代價。
- 節省成本：把成本轉嫁給不負責任的人，以降低醫療服務的成本。

第一個「遏制因素」完全找不到證據。人是在一段時間內逐漸超重與變胖的。為了避免65歲時為糖尿病治療支付費用，而在25歲時放棄一塊巧克力蛋糕，那想法簡直是異想天開。如果真的有證據可以佐證這種嚇阻效果，我們就可以辯論我們是否同意「讓病人自付醫療費」的原則（我不同意），但這種證據並不存在。

我猜想，多數人無法接受第二個「懲罰」因素，因為那樣做不道德。全民健保的原則是使用時免費，它是根據需要來醫療所有的就醫者，而不是根據某個第三方的道德觀。我們不僅應該治療因使用不淨針頭而感染愛滋病毒的毒癮者，也有很好的理由治療那些毒癮者，因為治療他們才能減少危害。換句話說，我們應該不遺餘力地運用社會資源去改善人們的生活，即使一些道德魔人認定那些人不值得醫療。

由於窮人比富人更可能因生活型態不佳而罹病，但富人繳的稅比窮人多，第三個論點「減少醫療系統的成本」有把窮人的錢轉移給富人的效果。這種不公平的再分配，在文明社會中也不該存在。

我們是否應該讓人為自己的不幸負責，這個話題的討論有兩個方向。第一，對影響健康及健康不公平的社會因素採取行動是否有道德，那是下一章探討的內容。第二，我認為賦權（套用沈恩的說法，是有自由過你珍視的生活）是身體健康的關鍵。於是，問題變成：社會如何創造讓人掌控生活（包括養成健康習慣）的條件。或者，換句話說，我們如何才能針對本章一開始提到的戈登那份清單採取行動？這本書的其餘部分將解答這個問題。

人們難道不是因為沒有醫療照護才健康欠佳嗎？

你可能在想：既然他關心健康，他一定會討論健保。只要人人享有醫療照護，健康不平等就會消失了。

這裡有兩個選擇，你會選哪一個呢：你會選擇不罹患心臟病，還是選擇罹患心臟病時獲得優質醫療？我可以用中風、癌症、糖尿病、心理疾病等等來取代前述的心臟病。就像我提出的多數問題一樣，恰當的回答是，可能兩者都選。你想要避免心臟病發作，但萬一真的不幸發作，你也希望獲得優質醫療。

　　人人都可以獲得優質醫療是好事，但即便如此，健康不平等依然不會消失。健康不平等是源自於使人致病的條件，但醫療是人生病時需要獲得的照護。缺乏醫療並不是導致健康欠佳的原因，就像缺乏阿司匹靈也不是導致頭痛的原因。我們不該在「生病」這個傷口上，再撒上「缺乏醫療」的鹽巴。

　　把健康問題視同醫療照護，是很常見的現象。你問一般人對健康的看法，她可能會談到祖母住院時，醫院裡的護士多好，或週末時看病很難。你不太可能聽到醫療長那份清單的內容，更不可能聽到戈登那份清單。我聽到有人談健康上的投資，但他們其實是指醫療照護上的投資。政策專家討論國家的健康開支時，他們也是指醫療照護。我認為，一國的多數開支都會影響健康，包括交通、教育、社會保障、環境、外交事務、海外發展等等——有時有正面影響，有時有負面影響，而且那還不算醫療照護的開支。

　　在美國，很多關於「落差」(disparity) 的討論 (美國人對「健康不平等」或「健康不公平」的稱法)，其實是在談醫療照護。這種關注並不足為奇，因為美國的醫療開支雖然比其他國家還多，卻有六分之一的民眾沒有健保，難以獲得醫療照護。俗稱「歐巴馬健保」(Obamacare) 的「平價醫療法案」(Affordable Care Act) 應該會改變這種現象。立意良善的美國同行勸我，別談影響美國健康的社會因素，因為那可能讓人忽視醫療取得不公平的現象。一位美國同行舉了一個例子，説明他們可能擔心的原因。州政府醫療補助 (Medicaid) 是用來支付窮人的醫療費用。美國某州的醫療長表示，他反對州政府醫療補助的範圍，因為保險不像收入、教育、住房條件等「健康的社會決定因素」那麼重要。[18] 寫信告訴我這件事的同行諷刺地説：為了達到目的，魔鬼總是可以引經據典。

　　管理州政府醫療補助的醫療長談論影響健康的社會因素，甚至引用了「健康的社會決定因素」這個用語——對我們這些推動這項目標

的人來說，這是一大鼓勵。但他以「社會決定因素」作為理由來勸阻大家使用健保，則是站不住腳。

美國把17%的GDP花在醫療保健上，英國的人均健保花費約是美國的40%。美國花了那麼多錢，得到了什麼？不多。我們比較年紀介於55歲到64歲的美國白人與英國白人，結果發現：第一，享有健保的美國人在健康上出現社會梯度，那梯度與收入及學歷有關。第二，即使我們的樣本中有92%的美國人享有健保，美國人的健康還是不如英國人。[19]美國富人的健康不如英國富人，美國窮人的健康也不如英國窮人。甚至有一兩個例子顯示，美國富人的健康還不如英國窮人。

所謂壞事傳千里。「英國人比美國人健康」這個好消息在英國媒體上引起了短暫的轟動。這項令英國瘋狂的消息爆出後，「美國的健康不如英國」的壞消息盤據了美國的新聞頭條至少兩週。那項發現導致至少兩份美國國家科學院（National Academy of Science, NAS）的報告質問：為什麼美國的表現那麼糟。[20]

美國一些經濟學家主張，醫療開支是好事；醫療開支越多，確實可使健康越好。[21]我對這種說法感到不解。美國的醫療開支比其他國家還多，然而，誠如第一章所述，美國15歲男孩活到60歲的機率，在全球排名第50位。[22]第一章也提到，美國女性生育年齡期間因懷孕相關因素而死亡的風險，在全球排名第63位。

英國有國民健保。證據顯示，低收入並不是無法獲得健保的主因，但英國依然有健康不平等的現象。

英美的比對讓我們得到兩個啟示。第一，健保的有無，可能與社會決定因素有相互作用。例如，美國遠比希臘富裕，美國的醫療開支也比**任何**國家多，美國孕婦的死亡率應該像希臘那麼低，每10萬名活產兒中僅2例死亡。所以，我們該問的是，為什麼有些孕婦救不活，那些過世的孕婦很可能是窮人、黑人、學歷低，通常是移民。[23]

那些因為其他原因而更有可能健康不佳的女性，因缺乏健保而導致死亡風險更高。美國疾病控制與預防中心（CDC）的資料顯示，美國超過半數的孕婦死亡是可預防的。[24] 第二個啟示與第一個啟示有關：問題不該只是有沒有健保，而是健保的分配。我們應該確保，健保不會因為取得的不公平，而增加健康不平等。

事實證明，要計算缺乏健保對健康不平等的影響有多大，非常困難。答案是看情況而定。英國的健保雖然使用時免費、保費也不構成享有健保的障礙，但英國仍有健康不平等的現象。所以，是否擁有健保可能不是導致健康不公平的主因。同樣的，享有健保且醫療開支較多的美國人，健康還是不如醫療開支較少的英國人，可見健康差異主要不是健保取得差異造成的。

不過，話又說回來，對於影響健康的社會因素，醫療照護者能做的可能很多。[25]

很多高收入國家的公衛領域把焦點放在生活方式上（亦即行為），越來越多的中收入國家，甚至低收入國家也是如此。如果有一個傲慢的國家告訴我們，我們每天一定要吃薯條、喝汽水，我們會覺得那是侵犯人民的自由，不可容忍。我們要吃什麼，要不要運動、抽煙、喝多少酒，應該由**我們**自己決定。那是我們的選擇，因此也是我們的責任。

但是，這裡有一個很大的但書。我在本章提到的證據顯示，我們的選擇受到我們無法掌控的環境所影響：價格、取得容易度，更何況還有商家斥資數十億美元打廣告、做行銷，試圖影響我們的選擇。食品公司、飲料公司、煙草公司之所以贊助運動盛會，難道真的是剛好喜歡運動嗎？我們覺得這些力量是我們無法掌控的，因為我們看到肥胖率持續上升，以及抽煙與肥胖的社會梯度。

那些觀察結果顯示，有兩種方法可以宣傳健康行為。第一，歷史悠久的方法：使健康選擇變成更容易的選擇。[26] 如果新鮮蔬果不易取得，又比富含飽和脂肪、鹽與糖的速食還貴，那會變成消費的障礙。

第二種方法是讓人有權做出對健康及福祉有利的決定。套用沈恩的說法就是：創造條件讓人可以自由地過他們重視的生活。[27]如果經驗豐富的醫生了解風險，選擇晚上用餐後騎單車回家，這是他的選擇。如果他因為騎在濕滑的葉子上而摔車受傷了，他只能怪自己。然而，戈登的健康清單對那些最需要改善健康的人來說，卻是他們無法掌控的。我們應該試圖改善社會環境，**並且**採取行動，讓人自由地過他們重視的生活。

在我看來，我們應該採用剛剛歸納的措施，因為那是正確的事，攸關社會正義。既然我主張我們**應該**本著社會正義的精神行事，我們應該先了解那是什麼意思。我將在第三章說明這個關鍵問題。

註 釋

1   YouGov, "YouGov Survey on Increased Risk of Cancer 2009," YouGov (October 17, 2013). Available at http://d25d2506sfb94s.cloudfront.net/cumulus_uploads/document/518w73hq84/RESULTS%20for%20World%20Cancer%20Research%20Fund%20(Risk%20of%20Cancer)%20OMI0900463_20.08.2009.pdf; Gallup, "Tobacco and Smoking," Gallup.com (November 28, 2019). Available at http://www.gallup.com/poll/1717/tobacco-smoking.aspx.

2   Gallup, "Personal Weight Situation," Gallup.com (January 8, 2021). Available at http://www.gallup.com/poll/7264/Personal-Weight-Situation.aspx.; K. Roberts and K. Marvin, *Knowledge and Attitudes towards Healthy Eating and Physical Activity: What the Data Tell Us* (Oxford: National Obesity Observatory, 2011).

3   G. Rose, K. T. Khaw, and M. Marmot, *Rose's Strategy of Preventive Medicine* (Oxford: Oxford University Press, 2008).

4   J. Gornall, "Under the Influence: 2. How Industry Captured the Science on Minimum Unit Pricing," *BMJ* 348 (2014): f7531.

5   C. Snowdon, "Costs of Minimum Alcohol Pricing Would Outweigh Benefits," *BMJ* 348 (2014): g1572.

6   J. Gornall, "Under the Influence: Author's Response to Criticism by Institute of Economic Affairs," *BMJ* 348 (2014): g1563.

7 Richard Doll et al., "Mortality in Relation to Smoking: 50 Years' Observations on Male British Doctors," *BMJ* 328, no. 7455 (2004): 1519–1527.

8 World Cancer Research Fund, American Institute for Cancer Research. *Food, Nutrition, Physical Activity, and the Prevention of Cancer: A Global Perspective* (Washington, DC: WCRF/AICR, 2007).

9 Committee on Medical Aspects of Food Policy, *Nutritional Aspects of Cardiovascular Disease*, Department of Health Report on Health and Social Subjects, No. 46 (London: HMSO, 1994).

10 *Daily Telegraph*, 2004.

11 Gary S. Becker and Kevin M. Murphy, "A Theory of Rational Addiction," *Journal of Political Economy* 96, no. 4 (1988): 675–700.

12 Daniel Kahneman, *Thinking, Fast and Slow* (London: Penguin, 2011).

13 Steven Dunstan, *General Lifestyle Survey Overview: A Report on the 2010 General Lifestyle Survey* (London: Office for National Statistics, 2012).

14 Hermine H. Maes, Michael C. Neale, and Lindon J. Eaves, "Genetic and Environmental Factors in Relative Body Weight and Human Adiposity," *Behavior Genetics* 27, no. 4 (1997): 325–351.

15 E. Stamatakis et al., "Time Trends in Childhood and Adolescent Obesity in England from 1995 to 2007 and Projections of Prevalence to 2015," *Journal of Epidemiology & Community Health* 64, no. 2 (July 2010): 167–174.

16 Amina Aitsi-Selmi et al., "Interaction Between Education and Household Wealth on the Risk of Obesity in Women in Egypt," *PLoS ONE* 7, no. 6 (2012): e39507.

17 Charlotte A. Schoenborn, Patricia F. Adams, and Jennifer A. Peregoy, *Health Behaviors of Adults: United States, 2008–2010* (Hyattsville, MD: U.S. Dept. of Health and Human Services, Centers for Disease Control and Prevention, National Center for Health Statistics, 2013).

18 R. Pear, "Insurance Rolls to Rise in State Fighting Plan," *The New York Times*, September 6, 2013.

19 James Banks et al., "Disease and Disadvantage in the United States and in England," *JAMA* 295, no. 17 (March 2006): 2037–2045.

20 National Research Council (U S.) et al., *Explaining Divergent Levels of Longevity in High-Income Countries* (National Academies Press, 2011); Steven H. Woolf and Laudan Y. Aron, *U.S. Health in International Perspective: Shorter Lives, Poorer Health* (Washington, D.C.: The National Academies Press, 2013).

21 A. Deaton, *The Great Escape: Health, Wealth, and the Origins of Inequality* (Princeton: Princeton University Press, 2013).

22 World Health Organization, *World Health Statistics 2014* (Geneva: WHO, 2014).

23 Gopal K. Singh, *Maternal Mortality in the United States, 1935-2007: Substantial Racial/ Ethnic, Socioeconomic, and Geographic Disparities Persist* (Rockville, MD: U.S. Dept. of Health and Human Services, Health Resources and Services Administration, 2010); J. Chang, L. D. Elam-Evans, C. J. Berg, J. Herndon, L. Flowers, K. A. Seed et al., "Pregnancy-related Mortality Surveillance – United States, 1991–1999," CDC Morbidity and Mortality Weekly Report Surveillance Summaries, 52, no.2 (2003): 1–8.

24 D. Johnson and T. Rutledge, "Maternal Mortality — United States, 1982–1996," *CDC Morbidity and Mortality Weekly Report* 47, no.34 (1998): 705–707.

25 M. Allen, J. Allen, S. Hogarth, and M. Marmot, *Working for Health Equity: The Role of Health Professionals* (London: UCL Institute of Health Equity, 2013).

26 Harvard School of Public Health, "Making Health Choices Easy Choices," Harvard University, April 7, 2014. Available from: http://www.hsph.harvard.edu/obesity-prevention-source/policy-and-environmental-change/.

27 Amartya Kumar Sen, *Development as Freedom* (Oxford: Oxford University Press, 1999).

3 公平的社會，健康的生活

平克林（Pickering）：難道你不講道德觀念嗎？

杜立德（Doolittle）：（理直氣壯貌）大爺，我講不起啊………請問，我是哪根蔥？我是什麼都不配的窮光蛋，那就是我。您想想，那對一個人來說意味著什麼。那表示他老是受到中產階級的欺負。有時看到一些好處，想去分一杯羹，人家總是嗆你：「你不配，這輪不到你。」……我需要的不比人家少，吃的東西不比人家少，喝的酒比人家多。我也需要找點樂子，因為我需要動腦。心情低落時，我會想要聽歌解悶，他們向我收的費用也不比人家少。中產階級的道德是什麼？那只是永遠不給我任何東西的藉口罷了……

希金斯（Higgins）：皮克林，我們給這個人好好改造三個月，他可以進內閣謀個一官半職，或成為威爾斯的熱門傳教士呢。

杜立德：大爺，我不行……當個什麼都不配的窮光蛋，才適合我。

——蕭伯納（George Bernard Shaw），《賣花女》（*Pygmalion*）（第二幕）

在普契尼（Puccini）的歌劇中，想娶杜蘭朵公主（Turandot）的人得到一個公平的選擇：答對三個謎題就能迎娶公主為妻，答錯就得處死。再怎麼熱情或有心的男性，都不會被迫做選擇。所以有人說，那

個過程很公平，因為參與者有所選擇。但結果一點也不公平：一群追求者喪命，公主依然純潔（當然，男高音出現以前一直是如此。在歌劇中，男高音的出現，通常意味著女高音的貞潔結束）。根據這些證據（公平的過程 vs. 公平的結果），我們會認為杜蘭朵公主所在的那個社會是一個公正的社會嗎？

顯然不是。看到那些想要公主不成、反遭處決的追求者，我們覺得難以接受。我們是以比較微妙的方式來操控事情。一些哲學家認為，那個過程是問題所在。自由派的政治哲學元老約翰・羅爾斯（John Rawls）寫道，如果過程是公平的，無論結果如何，結果也是公平的。[1]為了驗證羅爾斯的論點是否成立，我們可以在兩個幼童的身上做這個實驗。你有兩份冰淇淋，一份是香草，另一份是巧克力。兩個小孩都想要巧克力，你細心對他們解釋，他們兩人都可以吃冰淇淋，但巧克力只有一份。他們是否同意拋硬幣是公平的決定方式？他們都覺得那個方法很公平。於是，你拋了硬幣，彼得拿到巧克力冰淇淋，約翰拿到香草冰淇淋。結果，約翰說的第一句話是什麼？「不公平！」

你試圖向約翰解釋，我們都相信機會平等，他獲得巧克力冰淇淋的機會是一樣的。但那個理論完全無法說服約翰，他想要的不是機會，而是巧克力冰淇淋。他在乎的是結果平等，而不是機會平等。

我還沒有研究過，約翰到哪個年紀會學習接受失望，並承認，擁有平等的機會雖然還是令他不滿，但那個流程是公平的。不過，對孩童來說，結果也重要——我猜想，所有的人也是這麼想。拋硬幣的原則可能優於其他決定方式（例如長子繼承權或誰比較好看），但最終，他們都想要巧克力冰淇淋，彼得得到了，約翰得不到。

你可以想像下面的現象嗎？政治家站在街頭演說：「我堅信，我們應該因一些人的偶然出生，而否決他們成功的機會。」應該沒有人會這樣說吧。我們很難找到反對機會平等的社會評論家或政治家——即便他們推行的政策就是否決這種機會。但我們對社會正義的討論不該停在這裡。

　　身為醫生，我當然不僅關心機會與過程，也關心結果。結果確實很重要，雖然沒有重要到不惜一切代價取得，也沒有重要到排擠其他一切，但結果還是很重要。如果醫生幫你做化療（那將持續幾個月，使你感到噁心，落髮變禿），你該問的第一件事是，化療對疾病的自然發展有什麼影響。如果化療後，身體可望康復，你可能會準備好忍受不舒服的療程。相反的，如果存活率的改善微乎其微，你可能會覺得不值得吃那些苦。

　　在許多領域中，結果都很重要。反對死刑的理由之一是，即使審判是「公平」的（無論那在任何司法中意味著什麼），還是有一些眾所周知的案例，是在執行處決後才發現那個人是無辜的。另外，也有一些很好的例子顯示，「公平」的司法程序值得商榷。如果被告已遭處決，那很抱歉，已經沒有轉圜餘地了。所以說，結果與過程一樣重要。

　　在前言中，我提到世界衛生組織的「健康的社會決定因素委員會」，我們在報告的封面上宣稱：「社會不正義正大規模地殘害人民。」在我寫的英國報告中，為了不嚇到任何人，避免社會正義聽起來像社會主義，我們用了「公平」（fairness）這個詞，並把那份報告稱為《公平社會、健康生活》。此後，歐洲不同國家的同行告訴我，「公平」聽起來像英國人打板球。所以，我打算把「公平」和「社會正義」（social justice）這兩個詞當成同義詞來使用。

　　有關正義與健康的道德辯論，以往常繞著醫療照護的取得打轉。[2]肯定健康深受社會決定因素的影響，則是把道德辯論的焦點轉向社會的正義體制，以便獲得更好的健康。沈恩曾寫道，所有的道德社會系統都需要一些事情的平等，但問題是，究竟要追求什麼的平等呢？[3]哲學家對於「什麼」確實意見分歧。

　　僭越地說，我覺得我們可以幫助哲學家。在第一章中，我說我們可以使用健康及健康不公平來衡量社會表現得如何。這裡，我沿用這個方式，來探索以什麼方式追求社會正義，最有可能增加健康公平。

如果自由論者（或亞里斯多德主義者、或康德主義者）說他是對的，我會問他，用什麼方法可以減少健康不公平。我們一定可以找到一個所有人都認同的目標。

為了解決這點，我想看那些我研究及撰寫過的人的現實生活——他們因社會條件較差而健康不佳，也就是說，他們如果在比較有利的社會條件下成長與生活，健康應該可以更好。

社會正義，以及可避免的健康不平等＝不公平

健康不平等的三個例子

第一章看到了吉塔與吉米。這裡複習一下：吉塔在印度阿默達巴德市的街頭賣蔬果。她沒受過正式教育，住在「非正式的居所」（簡易棚屋）。兩個孩子陪她一起在街上賣菜，大女兒可以幫她顧攤子。為了做生意，她去借月利率20%的短期貸款，以便向批發市場的中盤商採購蔬菜。她的丈夫是移工，住在另一個邦，每個月會寄一些盧比回來。吉塔只能勉強達到損益兩平，但14歲的女兒到了適婚年齡，她沒把賺來的錢拿去還債，而是拿去幫女兒買嫁妝及準備婚宴。眼看著她積欠的利息支出不斷增加，一些社工覺得她這種「不負責任」的金錢浪費方式實在令人髮指。

吉米生於格拉斯哥市的卡爾頓，求學時常惹是生非，是警察頭痛的不良少年。後來他去當學徒，但半途而廢。他一向不務正業，沒有像樣的工作，但短期會接一些臨時的粗活。他就像周邊的次文化一樣，一有錢就拿去買酒與毒品。他的平日飲食（如果那稱得上飲食的話）就是酒吧裡的食物、速食、酒類。他連續交了幾個女友，交往時間都不長，因為他有酒醉施暴的問題。他參加許多幫派暴力活動，所以警方都知道他這號人物。

　　瑞秋是英國文官制度中的一名行政官。她高中畢業後，由於那所高中覺得上大學並非理所當然的發展，所以她在英國文官制度中找到一份基層工作。她擔任公職25年，慢慢地從文書助理，升為文書官，再升為低階行政官。她的收入比國民收入的中位數稍高一些，她的退休金約是收入的一半。她離婚了，一個人住，每年見女兒兩三次。公營房屋 (council housing) 出售時，她買下公寓，現在幾乎快還清房貸了。由於她獨居，不大需要大費周章地張羅三餐。

　　瑞秋不算窮，但覺得自己的生活不太寬裕，有點貧乏，覺得錢不夠用。當她和先生都有中等收入時，他們可以外出做更多的事情。她看到同事出國享樂，自己卻沒有錢出國花用。如今一人獨居，她強裝出很獨立自主的樣子，但老實講，她覺得很孤單。

　　吉塔、吉米、瑞秋的共通點在於，他們的健康狀況都不如周遭那些社經條件較好的人。他們三人都處於健康不平等的劣勢。我認為導正這種健康不平等是一種社會正義。

　　政治哲學家對於何謂「社會正義」，可能各有不同的看法，難以協調。如果他們之間的分歧無論如何都無法解決，我並不期待去發明一個答案。我的思考方式是從醫生的角度出發，我關心健康問題以及可避免的健康不平等 (亦即健康不公平)。所以，我想知道，以哪種方式追求社會正義，可為大家提供一套架構，以了解健康不公平及促進行動。

　　我把邁可‧桑德爾 (Michael Sandel) 教授視為指引，雖然他不知情。[4]他在哈佛大學開哲學課，幾乎場場爆滿。我在我任教的大學裡聽過他演講，知道他大受歡迎的原因。他以清晰易懂的蘇格拉底式對話，與聽眾一起檢視日常問題與爭議，藉此得出政治哲學的原則。他並沒有為我提供社會正義與健康的答案，但他為那些問題提供了一個思考的架構。

　　桑德爾認為追求社會正義有三種方法：

1. 福祉最大化
2. 促進自由
3. 獎勵美德

這套架構闡明了社會正義與健康問題的原因。我們來看如何應用每一種方法來處理可避免的健康不平等。

福祉最大化

卓越的哲學家傑瑞米・邊沁（Jeremy Bentham）是效益主義的創始者，他的遺體經過處理後，如今展示在我任教的倫敦大學學院的主樓迴廊上（遺體穿著他的衣服，頂著一顆蠟像頭）。簡言之，他主張為最多人追求最大的福祉，而福祉是以效益來衡量，把痛苦與快樂加以量化。我對健康的關注更勝於快樂，所以套用效益主義的原則時，變成：為最多人追求最佳的健康狀況。

直接加總每個人的效益或健康，有一個很大的優點：王子與乞丐都一視同仁。由於我關注的焦點是健康，所以相同效益是指：生病的王子與健康的乞丐加起來的社會健康水準，等於健康的王子與生病的乞丐加起來的社會健康水準。可以預期，健康的王子與生病的乞丐是比較常見的。

如果我們拿健康與其他值得追求的東西相比呢？經濟學家常以金錢作為通用的衡量標準。某次我和一位芝加哥的經濟學家在會議上的交流就是一例。經濟學家說：「如果你想知道人們多重視電視機，就看他們願意花多少錢買一台。人命也是如此，你看人們為了多活一年願意花多少錢，就知道一年生命的價值了。」

我有股衝動想要引用奧斯卡・王爾德（Oscar Wilde）對憤世嫉俗者的定義（「憤世嫉俗的人知道所有東西的價格，但不知道任何東西

的價值」)，也想針對經濟學家這種出奇簡單的方法論提出一些質疑，但我耐住了衝動，反問他人命與電視機的不可通約共量性。他被我一激，不禁反駁：「人命與電視機有什麼差別？你也答不出來，不是嗎？」

我思考了這個有趣的問題。當然，我們的學生之所以想去非洲，是為了去那裡改善電視機所處的糟透困境。女性電視機持續遭到暴力虐待是不可接受的。我們可以設定千禧電視目標 (Millennium Television Goals)，那比千禧發展目標 (Millennium Development Goals) 更容易達成。我不禁提出下面的問題，打斷了我們之間的短暫沉默：「為了多活一年，如果窮人願意支付的錢比富人少，那是否表示窮人的生命比較不值錢？」他回應：「那當然。」我問道：「難道孟加拉人的生命都不值錢嗎？」他說：「應該是吧。」好吧，至少他講得很白了。

大約那個時候，我在《金融時報》(Financial Times) 上讀到一則標題：〈經濟學家來自火星，歐洲人來自水星〉。我應該補充一句「不是所有經濟學家都是那樣」。

有人說，那種經濟計算無處不在，我根本無法視而不見。例如，導入乳房篩檢之類的健康新方案是好主意嗎？把因此延長的壽命換算成金錢加總起來，再和乳房篩檢方案的成本相比，就可以算出社會從乳房篩檢獲得多少效益。

對於這種效益主義的計算方式，我有兩個問題。第一個問題是，它衡量人命與電視機的方式是一樣的。以同樣的方式衡量一切東西，表面上看起來很有吸引力。在資金有限下，我們應該把資金拿來遏制全球暖化，還是拿來推動乳房篩檢方案呢？把結果換算成金額，再跟成本比較，就可以做決策了。

問題是，你根本不能那樣算。這種把不同的效益換算成金額的方法是有問題的。底下讓你選擇，你會選哪一個：把你的乳癌死亡率降低20%(亦即篩檢的好處)，或是讓極地的冰蓋融化得比較慢？這種

問題本質上很難回答，你以金額來衡量兩者時，表面上很有吸引力，卻無法解決問題。很多人針對這個議題寫了很多文章。[5]我不願在我參與的健康不平等報告中，把延長的壽命換算成金錢。

第二個問題使我更加不安，那是分配問題。想想印度阿默達巴德市的吉塔。假設我們是某個團隊的成員，這個團隊到阿默達巴德市的兩個社群推動兩歲幼童的營養方案。那個方案實施後，翌年兩個社群的幼童平均都長高了六公分。這兩個社群獲得的效益一樣，他們在追求福祉最大化方面是相同的。

差別在於，第一個社群中，所有的兒童實際上長高了五到七公分，所以平均是六公分。第二個社群中，有一群孩子來自赤貧家庭（類似吉塔和其他的賣菜攤販），他們遭到方案的排擠，並未加入營養方案，他們占總數的三分之一，一年平均身高只長了兩公分。其他三分之二參與方案的孩童，平均長高了八公分，所以整個社群平均是成長六公分。如果單純加總最多人的最大福祉，這兩個社群是一樣的，兒童的身高都是平均一年成長六公分。我們應該就此打住嗎？哪個社群的狀況比較好：是那個有三分之二的孩童成長很快、另三分之一大幅落後的社群呢？還是另一個所有兒童都以差不多的速率長高的社群？我不會因此推論這兩個社群是一樣的。

這個討論的結果，可能要看所有的兒童是否受到同等重視而定。例如，如果你覺得那些大幅落後的兒童沒有那麼重要，你會覺得那個三分之二的孩童平均長高八公分的社群顯然做得比較好。

某些人的生命比較不值錢嗎？

凱文·墨菲是芝加哥大學一位備受敬重的經濟學家，在經濟學界廣受推崇，獲獎無數。他與羅伯·托佩爾（Robert Topel）使用「支付意願法」來計算人命的價值。[6]就像電視機一樣，他們問參試者願意為了多活一年付出多少錢？「支付意願法」的原則讓我覺得非常不安，尤

其他們用不同職業的薪酬水準來推斷「顯露的偏好」更是詭異。他們的方法顯示，下面三種情況下，人命的社會價值比較高：

1.　終身收入越高
2.　越少生病
3.　年齡越接近發病年齡

我從這個方法看到，他們覺得年長、富有、健康的人命，比貧窮、年輕、生病的人命更有價值。如果我相信那種理論，那我又何必關心貧窮、生病的印度兒童呢？根據那個理論，他們的生命一文不值。如果你相信那種理論，就別再浪費時間讀這本書了。

我受邀去參加加州聖莫尼卡的蘭德公司（RAND Corporation）所舉行的會議，我去那裡與一群經濟學家討論人命的價值衡量。會議一開始，有人先提出墨菲與托佩爾的論文。隨後換我發言時，我一開口就說，最近我與一位印度的史學家共進午餐。我告訴他，芝加哥的研究指出，他不重視自己的生命，因為他為了多活一年所願意支付的金錢，比美國人少了很多。因此，等於他並不怎麼重視自己的生命。

現場一些芝加哥經濟學家的表情好像在說：我們確實這樣想，但我們還是希望你不要講得那麼白。我告訴他們，那位印度史學家告訴我，印度村民願意放棄兩天的食物，讓家人接種天花疫苗，所以他們非常重視自己的生命。但是，老兄，那換算成多少美元？你沒有換算成美元啊！那位印度史學家想表達的重點很根本。在人民沒錢的地方，用金錢來衡量價值是錯的。不過，在人民有錢的地方，用金錢來衡量價值可能也是錯的。我與一位經濟學家討論這個問題（據我所知，他非常疼愛女兒），我讓他看我女兒剛傳來的簡訊：「爸，生日快樂。你最棒了。愛你。」我問他，那則簡訊值多少錢。他一時哽咽，無法回答。

如果你用人命的價值來決定分配，你會把錢花在結果換算成金額最高的地方。關心窮人、病人、年輕人比較沒有效率。如果社會正義

要求我們關注年輕人、病人和窮人，我必須為此付出代價。經濟學家會算出價格，然後問我，以這種缺乏效率的方式來用錢是否值得。

說我對這種算法感到不安，還算是輕描淡寫。我根本覺得這種算法難以置信。在會議上，我向大家展示白廳的死亡率圖——層級越低（包括像瑞秋那樣的低階公務員），壽命越短。我知道，像瑞秋的上司那種高階公務員，領的退休金比瑞秋多，但如果瑞秋和上司都出現腎衰竭，他們兩人接受洗腎及腎移植的權利是相等的。經濟學家一聽，群起激烈辯駁。他們一開始先提出墨菲與托佩爾的論點：高階公務員的生命比較有價值。另一位經濟學家表示，高階公務員對社會的貢獻比較大，所以醫治他、放任低階公務員死去，社會將會更好。還有一位經濟學家說，我們可以給瑞秋一點補助金，讓她不要接受治療。那筆補助金不多，因為如果我們真的有錢，直接拿來治療她就好了。那樣做等於是在賄賂某人接受緩慢又難受的死亡，而不是治療他。

醫療照護的供給總是比我們希望的還少，所以選擇是必要的。瑞秋可能不像上司那樣「配得上」高薪，但她和上司一樣有權接受慢性腎臟病的治療。

女性雖然比較長壽，但罹患的疾病通常比男性多，而且常遇到同工不同酬的現象（與男性的工作內容一樣，但薪酬較低），所以她們的財富不及男性。這是否意味著我們應該優先治療男性，而不是女性，因為女性健康較差、比較窮？我不會投票給任何提出這種主張的政府。遺憾的是，這種性別歧視在全球一些地方太常見了。社會不正義殘害人民，效益主義的計算並未算到或導正這點。

身在富國的「我們」是否虧欠身在貧國的「他們」，因為他們的貧窮導致其生命一文不值？我從不認為這個問題的答案很簡單。在本書中，我闡述，如果全球一起正視影響健康與健康公平性的社會決定因素，我們**能做**什麼。我覺得，那種「越貧窮，生命越不值錢」的觀點並未回答「**該做**什麼」的問題。

如果效益主義是指追求最多人的最大福祉，它與那些考慮到分配的其他行動原則是相互衝突的。我與愛爾蘭衛生部長的一次談話，使我深刻了解到這點。她直言，她贊成把有限的資源用在貧困者身上。她說：

「我想把錢花在可以創造出最大效益的地方。」

我回應：「那樣的話，你應該把錢花在中產階級身上。」

她聽了很震驚。

我繼續說：「證據顯示，社經地位較高的人，治療後的癌症生存率，比社經地位低的人高。如果你的資源有限（哪個人不是呢），那就把它花在可獲得最多健康效益的地方，亦即中產階級的身上。那就符合為最多人追求最大福祉的原則了。」（我覺得她應該無法容忍我說，經濟學家說以歐元衡量的話，拯救富人比拯救窮人對社會更有價值。）

「但那不是我從政想做的事。」她說：「我之所以從政，就是想要幫助窮人與弱勢。」

「啊，那表示你支持效率原則以外，也支持公平原則。我會投票支持你。」

顯然，她和我都認為，公平原則比單純追求最多人的最大福祉更重要。我這麼說，彷彿這是不言而喻的選擇，其實不然。如果你是瑞秋的上司，你不會想要聽到，即使你的社會地位較高，你的慢性腎臟病不會先獲得治療，因為可憐的瑞秋比你優先，儘管她獲得的效益可能不如你。

如果要在瑞秋與其上司之間選一個來治療，我不會根據他們的收入或資歷來挑選。在蘭德公司那場評估生命價值的會議上，我說，加拿大人證明了，讓富人購買的醫療照護比窮人可獲得的醫療照護還多是錯的。此話一出，又進一步激怒了在場的經濟學家，他們開始對我大叫：「難道你要等每個人都買得起賓士轎車，才讓任何人買賓士嗎？！」

我們在第三部分探討報酬時會談到，我不認為每個人的收入都應該一樣(我們應該獎勵某種美德，儘管那樣做可能有問題)，但我也不認為汽車與醫療照護是可以相提並論的。富人有較多的錢可以花用，只要在社會接受的限度內，那都無所謂。但這**不**表示，他們理當比那些沒錢的人獲得更好的醫療照護。

要解決這種困境並不容易，這也是為什麼稀缺資源的分配會引起如此激烈的爭論。不過，我在本書中提議的許多行動，比較沒那麼棘手。例如，世界各地，弱勢孩童得到的學前教育與照護總是比其他孩童少，接受優質教育的機會也比較少。把學前教育與照護水準提高到最富者所享有的標準，是完全可行的。我將在談兒童早期發展的那章說明，這樣做甚至有很好的經濟理由。難道會有人認真地主張，給所有的孩子最好的人生起點在道德上是錯的嗎？

促進自由

在民主政治中，很難找到認為「自由是壞事」的人，也理當如此。除了少數獨裁主義者以外，多數人都贊成自由。我想過寫一篇文章來證明「自由是好事」，但後來想到牛津已故的哲學家傑拉德・柯亨(G. A. Cohen)寫道，牛津與哈佛不同，牛津選擇最深層的規範信念是在哲學之前。對非哲學家來說，那表示他們是從根深柢固的信念開始，之後才推理思考，而不是透過理性思考得出信念。所以，民主政治是好事。如果我必須說明原因，我會說：因為民主的核心比其他形式的政體有更多的自由。那麼問題出在哪裡呢？任何以促進自由為目標的社會正義作法，當然都必須是正確的。

挑戰在於，從兩極化的政治辯論中拯救「自由」。政治右派認為個體自由比國家管控重要。經濟學家米爾頓・傅利曼(Milton Friedman)在影響深遠的著作中主張自由市場以及免於國家干預的自由，他把那

本書命名為《選擇的自由》(*Free to Choose*)。弗里德里希‧海耶克 (Friedrich von Hayek) 對類似的觀點增添比較負面的視角，他把著作命名為《通向奴役之路》(*The Road to Serfdom*)。國家一旦介入經濟決策，個人的自由就會受到侵蝕，我們便走上了通向奴役之路。新自由主義尋找知識界的代言人時，這兩人成了最佳推手。

　　自由論者主張，國家的權力應該僅限於避免人民遭到暴力與詐欺，以及執行合約；其他權力都是對自由的侵蝕，不可容忍；政府的權力越小越好。羅伯‧諾齊克 (Robert Nozick) 在著作《無政府、國家與烏托邦》(*Anarchy, State, and Utopia*) 清楚地闡述了這個論點。

　　吉米、吉塔、瑞秋享有什麼自由？表面上，你可能認為格拉斯哥的吉米在改變個人處境上享有最多自由。他可以不再鬼混，戒毒戒酒，停止虐待女友，金盆洗手，離開幫派，振作起來，找個工作，好好幹活。然而，表面下，吉米不單是地痞流氓，他的生平還有更多的細節。那些資訊是以偵查總警司約翰‧卡諾坎 (John Carnochan) 提供的個案史為基礎。卡諾坎在 2013 年以前一直擔任格拉斯哥市警局兇殺組的組長。吉米從來不知道父親是誰，他的母親連續換了幾個男性伴侶，他們大都會虐打吉米。他與母親大約每 18 個月就會搬家。吉米開始上學時，已經有行為問題，難以集中注意力，容易攻擊其他孩子與老師。他年紀稍長後，開始出現不法行為，後來因一系列毒品相關的盜竊及暴力行為，成為警察的頭痛人物。在不同時期，精神病學家曾診斷他有人格障礙、焦慮、憂鬱、反社會傾向。吉米的那些特徵與坐牢的男性很像。超過 70% 的坐牢男性有兩種或更多的心理問題[7]──比一般大眾的比例高出 14 倍。[8]

　　底下，我試著去理解自由主義者的想法。吉米沒坐牢時，他是自由的。他可以選擇過比較貧困的生活，選擇讓警方逮捕他。即使他在幫派鬥爭中存活下來，沒有死於酗酒相關的疾病或毒品中毒，他也可

能在54歲時死於心臟病。國家的角色應該只侷限於,當他因犯罪被捕時,把他關起來。對此,我想反問:讓企業負責人享有數百萬元年薪的自由,和吉米斷斷續續過著憂鬱、暴力、吸毒、酗酒生活的自由,是相同的嗎?或許吉米得知他的悲慘處境是自由論者所謂的「自由」時,他可能會感到安慰。

自由論者可能會問,如果這就是吉米選擇的生活方式呢?對此,我想反問:有人會「選擇」失業,和朋友鬧翻,被女友甩掉,經常處於生氣、憂鬱或酒醉狀態嗎?

卡爾・馬克思 (Karl Marx) 說:「人類創造自己的歷史,但他們不是隨心所欲地創造歷史,也不是在自己選擇的情境下創造歷史,而是在已經存在、過去流傳下來的環境中創造歷史。」[9] 我覺得你不需要是馬克思主義者,才了解吉米是環境的產物。說吉米擁有改變生活的自由,等於忽略了他早年所處的可怕環境在他身上留下的印記。切記,我說的是一般狀況。有些人也是在吉米那種環境下成長,但憑著自身與社會的努力,發展得很好。

我在探討「兒童早期發展」那章會提到,證據顯示,國家提供的服務(諸如家庭護理合作計畫)有助於吉米的童年早期發展。如此一來,社交、情感、行為、認知問題的減少,將使孩童在學校更有機會蓬勃發展。在校表現更好,意味著將來更有機會找到體面的工作及獲得合理的收入。如此一來,我就會主張,吉米在做人生選擇時,享有更多的自由。如果在這個時點,他選擇在格拉斯哥過著遊手好閒的生活,而不是追求比較傳統的路線,那就是他自己的選擇了。

格拉斯哥的警察卡諾坎說:「1974年我開始當警察時,我想任何人都想不到,有一天會有一個警察站在會議的講台上,面對滿場的助產士,暢談擁抱孩子對防止暴力的重要。」[10] 卡諾坎表示,能夠選擇的話,他會希望轄區內有較多的家訪護士,而不是警察,以防止暴力。

那吉塔呢？她生活在阿默達巴德市的貧民窟，怎麼可能會有自由呢？在貧困中打滾的自由，看見孩子瀕臨饑餓的自由，缺乏教育與前景的自由——這些都不是許多人想要的自由。

不過，自由確實提供我們一種不錯的方式，讓我們思考吉塔的生活。那可能不是自由主義者所指的自由，而是「成為她想要的樣子、做她重視的事情」的自由。那種自由不是像自由主義者主張的那樣，可以靠消除社會行動來實現。那種自由需要社會行動。我們來探索這種另類的「自由」概念。

吉塔、吉米、瑞秋的生活有一個共通的關鍵特質：他們都處於「消權」狀態，缺乏基本的自由。這輩子發生在他們身上的事情，幾乎都是他們難以掌控的。相較於吉塔、吉米、瑞秋，我們有機會塑造自己的生活，從這點可以看出我們享有相對的社會優勢。我覺得「消權」有三個面向：(1)物質面：如果你無法餵養孩子，你就無法賦權。(2)心理社會面：掌控自己的生活。(3)政治面：擁有發言權。

我的健康公平模型是建構在以下的基礎上：創造可能賦權的社會與環境條件。如果吉塔能取得基本的必需品，她的生活就能改變。

賦權的第二個面向「心理社會面」是掌控自己的生活，而且對於自己的社會地位不感到羞恥。在社會環境影響健康的機制中，對生活幾乎無法掌控是最重要的因素。瑞秋大半輩子的職涯是處在公務員體系的底層，她擁有維持健康的物質條件，那是吉塔和其他貧民窟的居民幾乎無法想像的。瑞秋所缺乏的，是對生活的掌控，無論是在工作上，還是在家裡。我對「缺乏掌控」的關注，是源自第二次英國白廳研究的實務經驗。[11]那些幾乎無法掌控工作環境的人（包括他們做的事情、做的時間、共事對象等等），罹患心臟病、精神病、請病假的風險較高。[12]我們也問了一個簡單的問題，以了解他們對家庭生活的掌控狀況。那些說他們幾乎無法掌控家庭生活的人，罹患心臟病及憂鬱症的風險較高，這在女性身上又比男性身上更明顯。[13]

　　「基本自由」是鼓舞人心的經濟學家兼哲學家沈恩提出的概念。他強調，每個人都應該擁有「過自己重視的生活」的自由。[14] 做自己的自由及做事情的自由很重要。沈恩就像多數當代的哲學家一樣，非常推崇自由派的政治哲學元老羅爾斯。但他與羅爾斯分歧的地方非常明顯，那個分歧是源自於沈恩並沒有在尋找構成良好社會的理想體制安排。他想從社會安排對現實生活的影響來評估那些社會安排 —— 人們是否擁有「過自己選擇的生活」的自由。[15] 這種方式與我的方式 (以健康為核心) 產生了共鳴。我說，如果哲學家對於「什麼構成社會正義」這個問題，無法化解他們的理論歧見，我當然也解決不了。我想用社會安排對健康公平的影響，作為社會正義的標準。賦權 (意指一個人有權選擇他重視的生活) 將會改變吉塔、吉米、瑞秋的生活，並改善他們的健康。至於我們如何實現賦權 (有意義的自由)，後面的章節會闡述。

　　沈恩對人權的看法是，他覺得人權體現了重要的自由，人權架構有助於推動那些影響「健康的社會決定因素」的行動。英國哲學家奧諾拉・奧尼爾 (Onora O'Neill) 提醒我們，光是聲稱自己有權利還不夠。任何權利的取得，有其對應的義務。[16] 換句話說，如果我宣稱享有良好健康是每個人的權利，那表示他們有權享有「健康的社會決定因素」：學前教育、良好教育、住房、體面的工作、社會保障。獲得那些權利是誰的責任？這是個很好的問題。我們不能直接說父母有責任為孩子提供好的學校。我之所以把證據彙集在一起，是為了顯示我們需要做什麼。在一個民主國家，我們想對這些證據做什麼以及怎麼做，是由所有人決定的。

機會的平等？

　　在本章一開始，我寫道：那些想娶杜蘭朵公主的追求者，因為不擅長解謎，連性命都不保；小約翰想要巧克力冰淇淋，但不得不勉強

接受香草冰淇淋；我身為醫生，既關心公平的流程，也關心公平的結果。吉塔、吉米、瑞秋都身處在健康不平等的弱勢那一端，那種健康不平等是可以避免的——也就是說，那是不公平的結果。

　　目前為止我所說的，可能聽起來都很合理：不是只有身為醫生的我相信這點，多數關心自身健康的人也是如此。但實際上，我所說的並沒有聽起來那麼合理。左右派政治人物及支持他們的民眾，可能都認同機會平等，但很多人還是聲稱結果一點也不平等。如果「結果平等」需要做到收入平等、教育平等、生活條件平等，對許多人來說，所謂的結果平等還很遙遠。

　　羅爾斯知道機會平等是一種妄想，因為每個人的基本起始條件截然不同。機會深受權力、教育、資源不平等的影響，那些都是社會決定的，那與類似中樂透的基因差異所衍生的不平等是非常不同的。在羅爾斯的概念架構下，為了達到機會平等，正義的社會應該保證每個公民都獲得基本社會財（basic social goods）或社會基本必需品（primary social goods），包括基本的自由、機會、權力與職務特權、收入與財富，以及自尊的社會基礎。對羅爾斯來說，公平是以公平的程序為基礎，那些社會財應該以公平的程序來分配。決定正義的是那個流程，而不是最終的分配。

　　羅爾斯承認，他分配基本社會財的原則並不會消除不平等。不過，他很關心最弱勢者的命運。因此，他的「差異原則」主張，保證所有人都擁有相同自由的同時，只有在最弱勢者的狀況盡可能獲得改善，其他基本社會財的分配不平等才能存在。

　　沈恩對羅爾斯的一個批評是，他太關注過程了，對結果的關注不夠。假設在阿默達巴德市，有一個新的教育方案是為貧民窟的所有孩童設計的。出生後就營養不良、體弱多病的孩子，從這個教育機會獲得的效益，或許不如蓬勃成長的孩子。體弱多病的孩子因健康不佳，使他比較沒有機會把那個教育方案轉化為更好的教育。對沈恩來說，

正確地分配基本社會財，並無法保證獲得做自己的自由及做事情的自由。社會財的公平分配若沒有考慮到健康、技能、需求、脆弱性的差異，那是不夠的。

注意，沈恩認為，健康不佳使人難以把機會轉化為有意義的結果（例如更多的教育成就）。我認同這樣的觀點，但我也認為，更多的教育成就、更好的職業機會、更好的整體條件，將改變吉塔、吉米、瑞秋的生活，並促成更好的健康。

羅爾斯主義的信徒及其他人還需要處理一個棘手問題。至少從亞當·斯密（Adam Smith）開始，經濟學家就主張，讓一些人分得較多的經濟利益，可以使整塊餅變得更大。換句話說，解放富有的生產者，讓他們自由，不要牽制他們。雖然他們因此受益最多，但底層人民多多少少也能跟著受惠──這就是所謂的「涓滴經濟學／下滲經濟學」（trickle-down economics）。我聽到利己主義在鼓吹這種觀點。考慮到羅爾斯的差別原則（他說，只有最弱勢者的狀況盡可能獲得改善，更大的不平等才是比較公平的），他究竟是主張什麼？他是指，如果底層獲得的改善比其他方案多，即使健康不平等較大，那還是比較公平的嗎？

畢竟，那很接近最近幾十年來許多國家的狀況。全民健康都改善了，但社經地位較高的人，健康改善得較多。每個人的健康都改善了，應該是大家最樂見的社會成就，但是把每個人的健康都拉到最富者的水準，藉此消除健康梯度，應該也是大家最樂見的社會成就。

所以我覺得，羅爾斯主張的機會公平分配，即使考慮到他的差異原則，也無法為健康的公平分配提供架構。沈恩的概念「過自己重視的生活」的自由，比較能為健康的公平分配提供架構。

在福祉最大化及促進自由之後，桑德爾提到追求社會正義的第三種方法是：

獎勵美德

> 如果你想要知道上帝怎麼看待金錢，只要看祂把錢分給哪些人就知
> 道了。
>
> ——桃樂西・帕克（Dorothy Parker）

1896年，現代奧運會的發起人皮耶・德・古柏坦男爵（Pierre de Coubertin）說：「生活中最重要的事情不是勝利，而是奮鬥；最根本的事情，不是征服，而是拚搏。」這句話常被引用成：「重要的不是勝利，而是參與。」

不過，看起來並非如此。比賽獎勵的是贏家，參與很重要嗎？參與確實很值得，但獲勝呢？我們覺得，贏家理當獲得獎勵。英國人記得連續四次奪得奧運金牌的帆船賽選手，以及連續五次奪得奧運金牌的划槳手。維持那樣優異的表現長達12到16年……我們覺得那些加諸在他們身上的名聲、金錢、榮譽都是他們應得的。這也難怪每個國家的因應方式都很像：讚美優秀的贏家，而不是尊重那些勇敢面對失敗的輸家。

銀行家與其他人也跟運動員很像：贏家通吃合理嗎？你問那些高薪的銀行從業者或避險基金的經理，為什麼他們收入那麼高。你聽到的回應通常是：「因為我們值得。」我們怎麼知道你值得那個價碼？「因為這就是我們得到的酬勞。」這種邏輯並非完美無缺。簡言之，就是「一個願打，一個願挨」。一件東西值多少錢？有人肯付多少錢，它就值多少錢。

在低收入的那一端，同樣的循環論證也適用。低收入是價值低的象徵。一個人的價值越高，收入越高。2013年在英國的諾丁漢（Nottingham），一家咖啡連鎖店刊登求才廣告以填補八個咖啡師的職缺，結果有1,701人去應徵，儘管時薪不到「維生工資」。根據「價格等於價值」的邏輯，應徵者應該知道他們不值得獲得足夠的收入以便

過健康的生活，否則他們就不會去應徵了。又或者，那可能和經濟大衰退、諾丁漢的高失業率、缺乏其他就業機會有關？

這個例子令我感到不安的，不單只是那個論點的邏輯。許多國家的收入與財富不平等的程度持續惡化也令我擔憂。其中，美國與英國特別明顯。這種不平等至少在三方面可能對健康產生深遠的影響。

首先，如果有些人擁有的「太多」，其他人可能擁有的太少。如果避險基金的經理人、銀行從業者、最頂層的1%獲得「獎勵」，意味著那些活在華爾街或倫敦金融城陰影下的人只有微薄的收入，無法過健康的生活，那表示系統已經出問題了。據估計，2010年到2012年間，美國幾乎所有的收入增長（95%）都流向收入最高的1%。[17]與此同時，24%的人口是處於貧窮狀態——根據經濟合作暨發展組織（OECD）對貧窮的定義，貧窮是指稅後及轉移**後**，收入不到中位數的60%。[18]相較之下，收入不平等程度小很多的丹麥與挪威，按照同樣的定義，僅13%的人口處於貧窮狀態。即使生活在富國，有些人依然沒有足夠的錢過健康的生活——我們稱之為「健康生活的最低收入」（Minimum Income for Healthy Living）。

第二，如果太多錢流到社會頂層，地方與中央政府可能沒有多少錢可用於學前教育、學校、改善鄰里社群的服務與設施——兩個世代以後，重演1958年J. K. 蓋布瑞斯（J. K. Galbraith）所謂的「個人富足與公共貧窮」（private affluence and public squalor）。[19]

第三，收入與財富的嚴重不平等有害社會凝聚力。漸漸的，富人與其他人開始隔開了：街坊、學校、娛樂、健身中心、假期等等都隔開了。缺乏社會凝聚力可能有害健康，增加犯罪。[20]以前常說，對通用汽車（General Motors）有益的事，對美國也有益。也許過去是如此，但現在很難主張對「剝奪資產的私募基金」、「快速致富的避險基金」、「聯合賣空者」，以及領導那些公司的億萬富豪有益的事，也對美國有益。[21]我們會更深入探討，社區與整個社會如何影響健康公平性。

　　基於這三個原因，我們應該關心收入分配。如果你是市場基本教義派，現在你可能會感到恐懼，或因為我不是經濟學家而忽視我。我懂什麼呢？我知道市場是很神聖的機制，它根據價值來分配收入。市場是絕對可靠的，這裡我想說的是，如果「可避免的健康不平等」是結果，那就表示市場失靈了。

　　常有人問我：我們聽過你談到權力、金錢、資源的不公平會造成健康不公平，但為什麼政府似乎聽不見呢？又或者，如果他們聽見了，為什麼還會有那些權力、金錢、資源的不公平導致健康受損呢？

收入不平等有充分的理由嗎？

　　「最有利於健康公平的收入分配」以及「可用其他方式證明合理的收入分配」之間，可能有明顯的衝突。根據功績或美德來分配獎勵，可遠溯及亞里斯多德。那種作法忽視了它可能對人們的生活及其健康產生的影響。但是，我們如何判斷美德呢？

　　哲學家史都華·罕普夏（Stuart Hampshire）認為，社會資源的公正分配可能獎勵個人的美德與卓越表現，也符合我們想要的那種社會。但他又寫道：「善的概念、社會生活的理想、個人美德與卓越表現的願景極其多元，差異很多，端看個人的想像與記憶，以及保存下來的城市與國家的歷史而定。」[22] 如果美好生活的構想及人們理當獲得的生活是「極其多元，差異很多」，所謂的「公正分配」就不是只有一個答案。罕普夏又進一步區分兩種「不公正」之惡（evil）。第一種，東西分配的不公正，需要先以論據來揭發及證明它是邪惡的，才能感覺到它的邪惡（evil）。對於什麼才是配置東西的正確方法，那需要一個公平的協商與辯論流程才能達到共識。結果將隨著時間與文化的不同而異。

　　罕普夏繼續說：「另一方面，任何有正常反應的人，都可以立即感受到赤貧、疾病與身體傷痛、喪親等險惡（evil）。」我認為這種區別很實用。「公正分配」這個問題並沒有解答，需要協商，也應當協商，

理性論證可能有幫助。但是,「可避免的健康不平等」這種邪惡,應該獲得更多立即的關注與關切。在一定程度上,東西分配不均(包括收入)會導致健康不平等,這是應當關注的議題。而這兩個問題——什麼是公正分配,以及什麼樣的分配有害健康——的共通點在於相對不平等的問題,以及不公平的觀感。

如果我們把金錢視為「我們多重視某人貢獻」的指標,那麼,我們覺得明星籃球員與足球員是這個世界上最棒的,打零工的B級片演員比數學教授更有價值。護士呢?護士的價值約是銀行從業者的兩百分之一。失業的單身母親呢?一文不值。

蔑視彰顯出一個人最糟的一面。在美國,州長米特·羅姆尼(Mitt Romney)指出,該州有47%靠州政府補助維生的人,永遠不會投票給他,彷彿某種程度上依賴該州補助就是一種次等人的象徵。在英國,有些政客把人民分成努力者與乞討者。乞討者的定義並不嚴格,但似乎包含那些領取各種福利的人。我們看到造成高失業率的政客,大剌剌地直言失業是一種生活方式的選擇。有人可能認為,100年前,蕭伯納的過人機智(如本章開頭引述)可能犀利地批評了「什麼都不配的窮光蛋」那種說法。我反對那種措辭,原因不只出於道德,也出於事實。例如,在英國,多數生活貧困的人,家中至少有一個人在工作。[23]事實上,在低收入的工作家庭中,有四分之三的成人是有工作的。對多數窮人來說,問題不在於他們「什麼都不配」,而是工資太低了。

有人說市場精確地代表價值,所以頂層1%的人擁有最高收入是合理的——那是一種自私自利的錯覺。在雅各·哈克(Jacob Hacker)與保羅·皮爾森(Paul Pierson)合著的《贏者通吃的政治》(*Winner-Take-All Politics*)中,他們提出一個令人信服的說法:收入不平等的程度,跟骯髒的政治比較有關,跟市場與獎勵美德的邏輯比較無關。[24]

那麼,收入的公平分配是什麼樣子呢?那要看大家認為怎樣才叫公平。2009年,英國社會態度研究(British Social Attitudes Survey)訪問

一群有代表性的取樣人口，問他們覺得各行各業的收入是多少，以及他們認為自己的收入應該有多少。[25]研究結果顯示，受訪者認為大企業老闆的收入是欠缺技能的工廠工人的15倍。他們認為大老闆的年收入**應該**是100,000英鎊，工廠工人是16,000英鎊——前者是後者的6倍。

我從這個簡單的調查中得出三個有趣的結論。第一，説到收入，大家並**不是**平等主義者。合理猜測，普羅大眾認為，技能、培訓、責任都應該獲得獎勵。或許，稀缺性也應該獲得獎勵。想要吸引其他地方也需要的人才，可能需要提供更高的薪資。

第二，大眾覺得收入不平等太嚴重了。事實上，英國社會態度研究顯示，1983年起，超過七成的人口認為收入差距太大了。

第三，他們不知道收入不平等有多大。最高薪資與最低薪資的真實比例，比較接近340倍，而不是15倍。我從來沒想過以民調的方式來了解，大家覺得自己的薪資應該是多少，並藉此設定薪資。不過，大家顯然認為收入分配非常不公平。從這個研究可以得出以下的結論：在民主制度中，多數人認為「美德」理當獲得獎勵，但要有限度。

威爾·賀頓（Will Hutton）在《他們與我們》（*Them and Us*）中探索了這個領域。[26]他檢閱了有趣的證據，那些證據顯示，演化使我們先天對不公平很敏感。我們樂見有人因成就而獲得獎勵，但討厭看到不公平的獎勵。生物學與心理學的證據，以及英國的人民態度都顯示，我們不僅覺得收入不平等沒關係，我們甚至認為，只要那樣做是公平的，那就是正確的。不過，我們很難主張，有人的收入少於過健康生活所需的最低工資時，那樣的收入分配是公平的。

他們什麼都不配，是咎由自取

窮人的不幸是自己造成的嗎？

蕭伯納筆下的清潔工亞瑟·杜立德宣稱，他之所以是什麼都不配的窮光蛋，是他自己的選擇，但這樣説之前，他又抱怨這樣沒有尊

嚴：「那對一個人來說意味著什麼？」蕭伯納的意圖很明顯：人之所以窮困，不是自己選擇的。然而，即使窮困不是自己選擇的，他們的決定會不會是導致他們貧窮及健康不佳的原因？

以阿默達巴德市的吉塔為例，從她的過往來看，我們很難說她的貧窮是自己選擇的，她是缺乏物質條件及變好的機會而窮困，或許有多達10億個像她那樣的男女也是如此。

格拉斯哥的吉米則不同。相較於格拉斯哥的多數人，他確實缺乏物質條件，但前面提過，他的物質條件已經比吉塔好多了。他的貧困和他的選擇比較有關。其實，考慮到悲慘家庭史帶給他的心理創傷，那應該可能是「選擇」。他的背景使社會流動（在社會階梯上爬升）變得不太可能。

低階公務員瑞秋並不窮，但她的社會階級較低，限制了她的選擇。相較於地位較高的女性，瑞秋更有可能肥胖、抽煙，更不可能運動，社交關係較少。[27]女兒還小時，瑞秋身為單親媽媽，也比較不可能念書給女兒聽，或抱她並陪她玩耍，[28]因為她必須兼顧工作、母職、育兒，還要勉強維持生計。這些「選擇」對瑞秋的健康有害，也限制了女兒的機會。

哈佛大學的經濟學家森迪爾·穆蘭納珊（Sendhil Mullainathan）與普林斯頓的心理學家埃爾達·夏菲爾（Eldar Shafir）研究世界上那些類似瑞秋、吉米，甚至吉塔的人，他們問道，為什麼窮人會做出看起來對自己不利的決定？[29]他們歸納證據後指出，窮人使用的預防保健較少，即使醫療費用有保險給付，他們也沒有按照醫生的囑咐服藥，不太關注子女，財務管理不當。在低收入國家中，即使除草可以增加農地的產量，他們也比較不可能除草。我要補充的是，這不僅是窮人與其他人的差別，證據顯示，採取預防行為或遵從醫囑服藥也是有社會梯度的。

窮人的有些決定看起來好像在扯自己後腿，因此有些人認為是窮人的不負責任導致他們的不幸及健康不佳。不過，穆蘭納珊與夏菲爾

認為，事實正好相反，不是糟糕的決策導致他們貧窮，而是貧窮導致糟糕的決定。他們的著作《匱乏經濟學》(Scarcity)彙集了一些證據，證明匱乏會縮小一個人的工作記憶(套用電腦比喻)。挨餓的人開始關注食物，而忽略了其他擔憂；時間匱乏的人只關注截止期限的壓力，而忽略了長期規畫；窮人關注短期的生存，而不是比較策略性的決策。

在許多實驗中，他們證明貧窮會使人變得比較沒有洞見，減少前瞻性的計畫，削弱自主感。貧窮對認知功能的影響，相當於一夜不眠的效果。他們的實驗與研究顯示，這種認知功能的下降不是永久狀態——隨著貧困惡化，它會變糟；隨著貧困紓解，它會好轉。

匱乏效應的寓意是，窮人不僅需要錢——他們確實需要錢——他們也需要心靈的安全感，讓更廣泛的心智功能得以蓬勃發展。例如，瑞秋以單親媽媽的身分扶養女兒時，政府可以給她育兒補貼，那樣不僅可以幫她減少經濟負擔，也可以在她兼顧單親媽媽的任務與財務時，幫她紓解認知負擔。在低收入國家，就業與收入不穩。提供短期低利貸款有助於減輕難以承受的心理負擔。

前面談到政治哲學，是為了幫大家了解社會正義與健康之間的關聯。效益主義推崇簡單的累加原則，但那是行不通的，因為我們需要考慮分配。

只要我們承認，我們需要創造出一套條件，讓人掌控生活，並擁有有意義的自由，其實有一種追求自由最大化的社會正義作法比較接近我的觀點。那種追求自由的方法承認，健康及影響健康的社會因素都是人權。如何落實那些人權，是後續章節的內容。

獎勵美德是決定資源配置的重要原則。我關心的是，這些分配決定對人們生活的影響，進而對健康不公平的影響。

意識型態與證據

如果每個人對於社會正義的意義有共識，也覺得美好社會只有一個概念，政治哲學家就必須去想點別的來研究了。他們之所以一直很忙，是因為他們就像羅普夏說的，沒有共識，看法分歧。自由論者不會只根據理性論證就改信康德哲學，反之亦然。儘管這些論述很有啟發性，但我們面對這些論述時，只是在跟意識型態打交道罷了。

有人可能覺得，在科學中，意識型態必須面對確鑿的事實，意識型態的辯論會自然消失，取而代之的是證據的辯論。然而，很多時候，事實並非如此。前面提到，我在蘭德公司的會議上與效益主義的經濟學家辯論。他們的觀點令我反感，他們為人命算出金錢價值，只把醫療照護分配給最有價值的人，我佩服這套論點的連貫性，但完全無法認同，我覺得那就像賄賂窮人去死一樣。我猜，他們之中沒有一個人因為聽了我的觀點而改變想法。我現在猜測，他們可能認為我對人類苦難的關注，導致論述籠統，令人難以忍受，感性凌駕理性。其實，我們只是原則（意識型態）相互衝突，其中一個衝突是效率vs.公平。

後面我會提到，討論總體經濟政策時，經濟學家之間也有很大的意見分歧。有些人信奉經濟緊縮與凱因斯主義，對自己的立場充滿宗教狂熱。我不是經濟學家，我認為，分歧應該靠資料來化解，但實務上並非如此。普林斯頓大學以自由派凱因斯主義者自居的經濟學家艾倫・布林德（Alan Blinder）引用芝加哥經濟學家約翰・科克倫（John Cochrane）的話說：「1960年代以來，就沒人教研究生凱因斯經濟學了。凱因斯主義的概念有如童話，已經證明是錯的。」布林德評論這個說法：「第一句顯然有誤，第二句簡直荒謬。」布林德接著指出，這種對凱因斯論點的蔑視是意識型態的。但是話又說回來，儘管意識型態與證據之間相互影響很大，經濟證據還是很重要。[30]

後面討論兒童早期發展時，我會再談到「先天 vs. 後天」這個存在已久的爭論。這裡，我覺得想法與證據即使無法完全改變意識型態的立場，也有助於滲透它們。環境決定論者不會認錯並轉變成基因決定論者，反之亦然。但證據很重要。

經濟學家與公衛人士也是意見相左。最近，我提出一種辨識經濟學家的方法：如果一個人看到健康的社會梯度，並認為健康導致社經地位，而不是社會環境導致健康，他就是經濟學家。[31] 這種測試就像所有的篩檢測試一樣，有偽陽性與偽陰性，但經濟學家的典型出發點是，一個人的健康，決定什麼事情會發生在他身上。公衛人士的出發點是，一個人身上發生的事情會影響他的健康。經濟學家分析同一年出生的人時，發現童年健康影響成年社經地位的證據。公衛人士分析同樣的資料時，發現童年社經環境影響成人健康的證據。雙方都各自推論，他們發現的因果關係比較重要。

我指出這種偏見時，一位經濟學家對我很不滿。他說，任何明智的人都會推論那種因果關係是雙向的——亦即財富會影響健康，健康也會影響財富。他說，我不太相信健康不佳會導致社會地位低落——他說的沒錯，我確實不太相信，但我之所以不相信，不是因為它不會發生。例如，健康不佳可能使人無法工作。尤其在缺乏安全網的情況下（第九章探討的類型），無法工作當然就沒有收入。不過，在我看來，有壓倒性的證據顯示，社會條件影響了健康及健康公平性，那個影響貫穿了整個生命歷程。我擔心的是，許多經濟學家喜歡強調「健康影響財富」這個因果關係(我稱之為「反向因果關係」)，而忽略了本書討論的「健康的社會決定因素」。這不是我自己的偏見，而是實際觀察到的現象。每次我演講完，幾乎都有人問我，有沒有想過我說的一切都是錯的，因為健康不佳造成社會地位低落。那樣問我的人都是經濟學家。

這種意見分歧不單只是客氣的學術爭辯，或只是耍耍嘴皮子而已。這兩種立場的政策意涵十分不同。如果主要的因果方向是健康影

響財富，恰當的干預方式是控制疾病，以改善個體的社經財富，或根除疾病以改善整個國家的經濟。但是，如果因果關係是我推斷的那樣，健康不平等的主因在於人們出生、成長、生活、工作、變老（亦即健康的社會決定因素）的環境，那麼減少健康不平等的行動必須針對那些環境，以及針對那些影響環境的根本要素：經濟、社會政策、治理。

我們發布《公平社會、健康生活》（亦即英國健康不平等的「馬穆報告」）時，學術期刊《社會科學與醫學》（*Social Science and Medicine*）邀請八位評論者對這份報告提出看法。[32]

其中六份評論幾乎都不懷疑我們有充足的證據可以採取行動，儘管所有人都像我們一樣，希望看到更強大的證據基礎。有些評論者認為我們過於強調收入，有些認為我們說得太少。有些人認為我們的政治意味濃厚，有些人認為我們政治意味還不夠。這些意見我都可以接受。你想要聽取評論，本來就會聽到這些。那些評論對議題的討論都有助益。

至於另兩位評論者呢？他們是經濟學家。不出所料，他們的出發點是，一個人的健康決定什麼事情會發生在他身上。馬穆報告的出發點是一個人身上發生的事情，在其一生中會有累積效應，日益影響其健康。

流行病學的文獻中，針對這個反向因果問題已經做了廣泛的檢驗，爭論存在已久。我在《地位症候群》一書中詳盡地探討了這個問題，[33]最後的結論是：社會因果關係有強大且確鑿的證據，也就是說，社會狀況影響健康。《社會科學與醫學》的辯論出現時，我正巧在讀狄更斯的《艱難時世》（*Hard Times*）。狄更斯對住房的論述如下：「在焦炭城（Coketown）最艱苦的工作場所……大自然被磚牆隔絕在外，就像致命的廢氣與煤氣被磚牆封死在裡面一樣。」他也提到焦炭城糟糕的工作條件。

難道我們應該假設，那些暗黑髒污的工廠及通風不良的地方，不是造成可怕疾病及壽命縮短的原因，而是工廠刻意雇用及吸引病人，以及那些個人背景容易罹病的人剛好都搬到當地居住嗎？後來居住及工作條件的改善（因此減輕了維多利亞時代的貧困）與健康的改善只是相關，沒有因果關係嗎？醫療保健改善了健康狀況，同時居住條件也變好了，所以一位知識馬虎的公衛專家錯把居住條件與工作條件的改善當成健康改善的原因嗎？

如果這一系列假設的支持者暫時放下心防後，相信空氣污染、擁擠的居住空間、糟糕的工作條件、營養不良是導致維多利亞時代健康不佳的原因，為什麼他們一開始會推斷生活與工作條件不是導致21世紀健康不好的原因呢？

當然，評論者之間的意見分歧不止和證據有關，也跟意識型態有關。格拉斯哥大學的校長安東·馬斯凱特里（Anton Muscatelli）是資深的經濟學家，我與他交談時，我說，你可以解釋為什麼我們公衛界的人會強調「財富影響健康」的因果關係。我們想要改善健康，而且證據顯示，改善社會條件是實現這個目標的重要方法。我問道，為什麼經濟學家會抱持相反的立場，他們難道不想改善社會嗎？馬斯凱特里教授回應：「經濟學家接受的教育是：健康是影響財富的因素，而不是反過來，因為這樣在他們的方程式中比較容易建模。」聽起來也不是多崇高的意識型態。

我能說的是，不是所有的經濟學家都抱持相同的觀點。沈恩是「健康的社會決定因素委員會」的成員，東尼·阿特金森爵士（Tony Atkinson）是「馬穆報告」的委員，他們都在不同的報告結論上署名了。吉姆·史密斯（Jim Smith）的研究顯示健康如何影響收入，但他也巧妙地證明了教育對健康的強大影響，以至於收入從模型中消失了。

證據的爭辯中有多種意識型態之爭，但這並未減少我對證據的重視。本書中所有的結論與建議都是以證據為基礎。然而，我會直言，

我確實有意識型態：可避免的健康不平等是不公正的。我們需要最好的證據來幫我們採取行動，把社會變得更公正，並減少健康不公平。

註 釋

1　John Rawls, *A Theory of Justice* (Harvard: Harvard University Press, 1971).

2　Norman Daniels, *Just Health Care* (London and New York: Cambridge University Press, 1985).

3　Amartya Sen, *Inequality Reexamined* (Oxford: Oxford University Press, 1992).

4　Michael Sandel, *Justice: What's the Right Thing to Do?* (New York: Farrar, Straus and Giroux, 2010).

5　UCL Institute of Health Equity, *Local Action on Health Inequalities: Understanding the Economics of Investments in the Social Determinants of Health* (London: Public Health Equity, 2014).

6　Kevin M. Murphy and Robert H. Topel, "The Value of Health and Longevity," *Journal of Political Economy* 114, no. 5 (2006): 871–904.

7　Nicola Singleton, Howard Meltzer, and Rebecca Gatward, *Psychiatric Morbidity among Prisoners* (London: ONS, 1999).

8　Mental health statistics, "Prisons," Mental Health Foundation, December 23, 2014. Available from: http://www.mentalhealth.org.uk/help-information/mental-health-statistics/prisons/.

9　Karl Marx, *The 18th Brumaire of Louis Bonaparte* (Rockville: Wildside Press, 2008 [1851]).

10　Violence Reduction Unit, "Retirement of DCS John Carnochan 2013," April 14, 2014. Available from: http://www.actiononviolence.co.uk/content/retirement-dcs-john-carnochan-0.

11　M. G. Marmot, G. D. Smith, S. Stansfeld, C. Patel, F. North, J. Head et al., "Health Inequalities Among British Civil Servants: The Whitehall II Study," *Lancet* 337, no. 8754 (1991): 1387–1393.

12　Ibid.; H. Bosma, M. G. Marmot, H. Hemingway, A. C. Nicholson, E. Brunner, S. A. Stansfeld, "Low Job Control and Risk of Coronary Heart Disease in Whitehall II (prospective cohort) Study," *British Medical Journal* 314, no.7080 (1997): 558–565.

13　Marmot et al. "Health Inequalities"; Bosma et al. "Low Job Control."

14　Sen, *Development as Freedom*.

15　Amartya Sen, *The Idea of Justice* (London: Allen Lane, 2009).

16 Onora O' Neill, "Reith Lectures: A Question of Trust 2002," BBC. Accessed April 14, 2014. Available from: http://www.bbc.co.uk/radio4/reith2002/.

17 E. Saez, "Striking it Richer: The Evolution of Top Incomes in the United States," Econometrics Laboratory working paper (Updated with 2012 preliminary estimates, 2013). Accessed April 14, 2014. Available from: http://elsa.berkeley.edu/~saez/saez-UStopincomes-2012.pdf.

18 OECD, "OECD Stat Extracts: Income Distribution and Poverty — Poverty rate after taxes and transfers, poverty line 60%," *OECD Stat*, 2013. Accessed April 14, 2014. Available from: https://stats.oecd.org/Index.aspx?DataSetCode=IDD.

19 J. K. Galbraith, *The Affluent Society* (New York: Houghton Mifflin Company, 1998).

20 R. G. Wilkinson, K. Pickett, *The Spirit Level: Why More Equal Societies Almost Always Do Better* (London: Allen Lane, 2009).

21 M. Lewis, *The Big Short: Inside the Doomsday Machine* (London: Allen Lane, 2011).

22 S. Hampshire, *Justice Is Conflict* (Princeton NJ: Princeton University Press, 2000).

23 T. MacInnes, H. Aldridge, S. Bushe, P. Kenway, and A. Tinson, *Monitoring Poverty and Social Exclusion 2013* (York: Joseph Rowntree Foundation, 2013).

24 J. Hacker and P. Pierson, *Winner-Take-All Politics* (New York: Simon and Schuster, 2010).

25 A. Park, J. Curtice, K. Thomson, M. Phillips, and E. Clery, *British Social Attitudes: The 25th Report* (Los Angeles, London: SAGE, 2009)

26 W. Hutton, *Them and Us: Changing Britain — Why we need a fairer society* (London: Abacus, 2011).

27 R. Bell, A. Britton, E. Brunner, T. Chandola, J. Ferrie, M. Harris, et al., *Work, Stress and Health: The Whitehall II Study* (London: International Centre for Health and Society/Department of Epidemiology, 2004); Bosma et al., "Low Job Control"; Marmot et al., "Health inequalities."

28 Y. Kelly, A. Sacker, B. E. Del, M. Francesconi, and M. Marmot, "What Role for the Home Learning Environment and Parenting in Reducing the Socioeconomic Gradient in Child Development? Findings from the Millennium Cohort Study," *ArchDisChild* 96, no.9 (2011): 832–837.

29 S. Mullainathan and E. Shafir, *Scarcity: Why Having Too Little Means So Much* (New York: Times Books, 2013).

30 A. S. Blinder, "What's the Matter with Economics?" *The New York Review of Books,* December 18, 2014.

31 M. Marmot, "A Continued Affair with Sscience and Judgements," *International Journal of Epidemiology* 38 (2009): 908–910.

32 Various, "Fair Society, Healthy Lives Reviews," *Social Science & Medicine* 71, no.7 (2010).

33 M. Marmot, *Status Syndrome: How Your Social Standing Directly Affects Your Health and Life Expectancy* (London: Bloomsbury, 2004).

4　起始點的公平

於是，我們繼續挺進，如逆水行舟，而浪潮不斷地把我們推入過往。

—— 史考特·費茲傑羅 (F. Scott Fitzgerald)，
《大亨小傳》(*The Great Gatsby*)

在阿道斯·赫胥黎 (Aldous Huxley) 的反烏托邦小說《美麗新世界》(*Brave New World*) 中有五個階級：阿爾法族 (Alpha) 和貝塔族 (Beta) 可以正常發展，伽瑪族 (Gamma)、德爾塔族 (Delta)、愛普西隆族 (Epsilon) 則被施打了化學物，以限制其智力與身體的發展。如此一來，便打造出一個等級分明的社會，智力功能與身體發育都與階級有關。

那很諷刺，不是嗎？與現實生活無關。當然，我們絕對不會容忍那種狀況發生：把人們分成不同的階層，然後讓底層的生活變得更困難，卻幫頂層充分發揮潛力。如果我們在水中或食物中發現一種化學物質正在損害世界各地兒童的發育與大腦，導致他們的智力發展及情緒掌控力受損，我們會呼籲大家立即採取行動，移除那種化學物質，讓所有孩子成長茁壯，而不是只有阿爾法族與貝塔族受惠。

然而，我們或許在無意間容忍了那種狀況。那個污染是貧窮，或者更廣泛地說，是社會階層中的較低等級，它限制了兒童的智力與社會發展。我們應該會想要移除它，彷彿那是毒素似的，這樣一來，兒

童就可以發展潛能，每個社會階層的兒童都能成長茁壯，不只是頂層而已。

　　早年發生在兒童身上的事情，對他們的人生機會有深遠的影響，進而影響他們成年的健康。這裡的核心是賦權，培養享有基本自由的能力，那些自由可以為人生帶來意義。兒童早期的經歷對這個發展有決定性的影響。兒童早期的發展有一部分是受到親子教養或他人關愛的品質所影響，而親子教養與他人關愛又受到教養環境的影響。

　　也許你腦中會浮現這樣的想法：即使消除貧窮或社會弱勢這類毒素，有些孩子的智力與社會發展依然勝過其他孩子。那是當然的，所以我使用「發揮潛力」及「蓬勃發展」這兩個詞。即使移除社會弱勢的破壞力，個體在靈活度、下棋、數學、創意、運動潛力、社交方面的發展依然會有差異。蓬勃發展的方式很多，多元化萬歲！最近有一些書探討了這個問題。[1]我不會說這種多元化是不公正的，頂多只是語帶嘲諷地說老天不公平。如果兒童在多年的境遇而被剝奪了蓬勃發展的機會，那才是真的不公平。

　　在兒童生存的革命中，有很多值得慶祝的事情。第一章提過，儘管社會中仍有許多不平等，世界各地的兒童死亡率持續下降。本章的主題是探討一個更大的悲劇：相對於每個沒必要死亡的兒童，有25個或更多的兒童活了下來，卻沒有發展潛能。[2]

　　本章會提到，父母生養孩子的社會環境，對孩子的發展品質有很大的影響。那些活下來且發展潛能的兒童，會變成更健康的成人，從而減少健康不平等。這個提倡社會行動的理由令人信服。

　　但有些人不這麼想。歐洲某國的衛生部長告訴我，「健康的社會決定因素」整個概念是錯的。政府、醫護人員或世界衛生組織無權干預社會，健康是個人的責任。

　　我回應：「你也許可以責怪成人因不用心而淪為窮人，或責怪他們吃廉價食物，窮到沒錢上健身房或皮拉提斯課，是拿健康冒險的無

恥行為。有人說這是不負責任，或說他們是不配享福的窮人，但不要責怪孩子！孩子無法選擇父母，他們也沒有選擇出生在貧困之家。」

主張成人應該為自己的不幸負責是一回事，因孩子的父母而譴責孩子又是另一回事了，那是採取一種相當原始的源自聖經的方法：「父母吃了酸葡萄，孩子的牙酸倒了。」[3]無論你覺得為人父母者多該遭到指責，我們都應該確保孩子的健康與福祉，甚至不分政治立場。有一次，我有點興奮過頭了，向美國醫學會的同行宣稱：「管你是共和黨人還是民主黨人，我一點也不在乎，我在乎的是孩子。美國有政客宣稱他不關心孩子的嗎？」沒想到對方竟然說：「你會很訝異。」

本章將用證據顯示，社會梯度上的位置會影響親子教養方式，那會進一步影響兒童的認知、社會、情感、身體的發展。而這些發展與成年後的身心健康不公平有關。我們會提出一個因果模型，這個模型至少還缺兩塊。第一，為什麼「社會梯度上的位置會影響親子教養方式」，那是哪些因素造成的。第二，這些社會因素及心理社會因素如何影響身體機能。社會因素又是如何潛移默化的？[4]

但首先，我們來看看為什麼童年經歷很重要。童年經歷不僅會影響成年的健康，也會影響犯罪。接著，我們探究兒童早期發展中出現社會梯度的原因，看起始點的公平如何與日後的健康公平密切相關。

童年經歷影響成年的健康……以及犯罪

兩位加拿大人弗雷澤·穆斯塔德 (Fraser Mustard) 和克萊德·赫茲曼 (Clyde Hertzman) 竭盡所能地強調，兒童出生、成長、發育的環境，與成人健康與健康不平等的相關性。穆斯塔德頗具魅力，是心血管專家，他的研究促成大家肯定阿司匹靈可預防心血管疾病。他是麥克馬斯特大學 (McMaster University) 的創新醫學教育家，也是加拿大先進研究院 (Canadian Institute for Advanced Research，前身是 CIAR，

如今是CIFAR）的創始院長。他在CIAR的使命是匯集最優秀的人才，不分專業領域，讓他們致力研究某個特定主題。他讓醫學科學家與經濟學家、教育家、心理學家、社會學家一起追求人口健康。

1986年左右，穆斯塔德來到我在倫敦大學學院的研究室，因為他想聽聽英國公務員的白廳研究。那時白廳第二次研究才剛展開，研究對象是35至55歲的男女公務員。穆斯塔德說，白廳研究顯示心血管疾病及其他疾病致死的社會梯度，那使他確信影響健康的社會因素很重要。我只是想做好科學研究，但穆斯塔德想把焦點放在社會梯度的政策意涵上。

我告訴他：「這沒什麼政策意涵。柴契爾夫人已經宣稱，這世上沒有所謂的社會。衛生部也已經裁定，健康不平等不是討論議題。這一切都表示，我做的是純科學研究，沒有政策意涵。」穆斯塔德向我保證，這在加拿大有政策意涵。

接著他問我，是否考慮過童年生活對成人健康的社會梯度有何影響。我試著解釋，我研究的是公務員。他們已經定型了，沒有童年。有證據顯示，童年經歷塑造了兒童發展，甚至大腦發育，並改變成年生活的健康，這些證據完全說服了穆斯塔德。他說，公務員與其他人都是帶著童年早期烙印在他們身上的經歷，長大成人。結果，我也被他說服了。如今有大量證據證明了這點，所以我寫了這一章。

赫茲曼是麥克馬斯特大學的年輕醫生，在穆斯塔德的慧眼發掘下，成為明日之星，可惜英年早逝，得年59歲。他注意到童年生活的重要，不僅綜合了科學研究，也在社區中推動早期兒童發展措施及改善方案。[5]我邀請赫茲曼為WHO的「健康的社會決定因素委員會」針對兒童早期發展建立知識網絡。赫茲曼的啟發貫穿了委員會的最終報告《在一個世代內敉平階級落差》的相關章節及這一章。

赫茲曼與其合作者克里斯‧鮑爾（Chris Power）找出了童年經歷影響成年健康的幾種方式。我們可以把那些方式分成兩類。第一類是整

個生命歷程中優勢與劣勢的累積。兒童早期發展不良導致學業欠佳，那表示成年後的工作地位較低、收入較少、居住環境較差——這些都會損害健康。童年的起始點不僅影響未來發展，而且優勢與劣勢也會累積。第二類是童年事件對日後健康的影響，人生中一度發生的事件，對日後健康的不利影響——潛時效應 (latency effect)。[6]

一輩子累積的劣勢可能導致健康不佳及犯罪

美國馬里蘭州的巴爾的摩市有顯著的不平等。一個年輕人 (我們姑且稱他為樂祥) 在巴爾的摩市的厄普頓 / 德魯伊高地 (Upton / Druid Heights) 長大，那裡屬於內城貧民區。另一個年輕人鮑比在大羅蘭園 / 白楊 (Greater Roland Park / Poplar) 長大。厄普頓 / 德魯伊的預期壽命是63歲，大羅蘭園是83歲。這差距與我們目前在格拉斯哥看到的一樣大。

樂祥和厄普頓 / 德魯伊的半數人一樣，來自單親家庭。2010年他家的家庭收入是17,000美元，是該區收入的中位數。在學校，他和40%的同班同學一樣，三年級閱讀課的成績達不到「熟練」的程度。高中時，那區有一半以上的人一年至少曠課20天，他也是其一。樂祥完成了高中學業，但是他就像那區90%的人一樣，沒有繼續讀大學。他求學期間，是母親最擔心他的階段，同齡的人似乎都遭到逮捕了。事實上，在厄普頓 / 德魯伊，每年都有三分之一10歲到17歲的年輕人因某種「青少年問題」被捕。每年三分之一意味著，樂祥滿17歲時，幾乎不可能沒有犯罪紀錄，那對未來有很大影響。在厄普頓 / 德魯伊，從2005到2009年，每10,000名居民就發生100起非致命的槍擊事件，以及近40起兇殺案。

你可以為大羅蘭園的鮑比寫一份對比的寫照。鮑比在雙親家庭中成長，他住的那區僅7%的居民不在雙親家庭中成長。當地的家庭收入中位數是90,000美元。鮑比在三年級的閱讀課中達到「熟練或高階」

水準，該區有97%的人都是如此。當地有8%的人讀高中時每年至少曠課20天，鮑比不在其中。當地擁有大學學歷的人多達四分之三，鮑比也是其一。說到青少年被捕，任何地方都沒有豁免權，但大羅蘭園的數字是五十分之一，不像厄普頓/德魯伊是高達三分之一。另一個與厄普頓/德魯伊的鮮明對比是：2005到2009年，大羅蘭園沒有發生非致命的槍擊事件，每萬人中只發生四起兇殺案，這個比例是厄普頓/德魯伊的十分之一。

我從英國的角度來看這個例子時，不禁評論，要是美國的槍枝無法隨意取得，非致命的槍擊事件及兇殺案應該都會少很多。貧困導致犯罪，但只要槍枝取得不是那麼容易，你對鄰居的暴力行為至少不會導致有人中彈。值得提醒的是，鄰里間的生活經歷差異不只體現在犯罪上，樂祥與其他像他一樣來自貧困地區的人，預期壽命比來自高級大羅蘭園的人短了20歲。

我沒有提到一個事實：厄普頓/德魯伊的居民幾乎都是黑人，大羅蘭園的居民幾乎清一色是白人。影響健康及犯罪的因素，並非膚色的黑白，而是人生歷程中累積的劣勢。從「原因的原因」這個角度來看，在美國，優勢與劣勢跟種族密切相關，那主要是因為普遍存在的制度性歧視。

2011年夏天重創倫敦的暴動，讓我們清楚看到犯罪與健康不佳之間的關聯。前一年，我提到托特納姆(Tottenham)有一區名叫「托特納姆綠地」(Tottenham Green)，那裡的男性預期壽命是倫敦最短的，比肯辛頓–切爾西(Kensington and Chelsea)的女王門區(Queens Gate Ward)的預期壽命短了18年。暴動從托特納姆爆發，而不是從肯辛頓—切爾西爆發，並不令人意外。

誠如巴爾的摩所示，健康不佳的地理分布與犯罪的地理分布之間有密切的關聯。這並不是說，其中一件事引起另一件事，而是它們有共同的肇因。一家英國報紙指出，在托特納姆的暴動中，一個打劫店

家的人有工作，另一個人把他的福斯汽車 (VW) 停在街角。因此，該報推斷，貧困與城市暴動無關。一位政客說，這純粹是犯罪行為 (this was criminality pure and simple)。我想在此不恰當地套用王爾德的說法，*暴動一點也不單純 (pure)，肇因也絕不簡單 (simple)，但相對的貧困與弱勢確實有影響。《衛報》(Guardian) 報導，在地方法院審理 1,000 的名暴徒中，僅 8.6% 的人有工作或正在接受培訓，也就是說，91.4% 的人無所事事。全英國，尼特族 (NEET，亦即已離開學校，但沒工作，也沒接受工作培訓的人) 的比例約為 10%。你說社會劣勢與參與暴動被捕之間沒有關聯嗎？兩者的關聯高得嚇人：91% 的暴徒是尼特族，非暴徒中的尼特族僅 10%。除了少數例外，有工作或在學的學生並未參與暴動，或者嚴格來說，是在暴動中沒有因犯罪而遭到逮捕。

沒有殺死我們的事情，使我們……更加脆弱。童年事件影響成人健康 —— 潛時效應

童年對成年健康的影響還有另一種方式。大衛·巴克醫生 (David Barker) 的研究證明，胎兒在子宮內及出生第一年的發育，會影響成年後罹患心臟病與糖尿病的風險。[7] 早期營養不良會改變後來的罹病風險。風險會受到後續事件的影響，但早年一段時期的營養不良可能會產生持久的影響。

大衛·巴克這項研究也可以套用在社會與心理的體驗上。我們早就應該知道這點了，但直到 1998 年一項加州的研究才證實這點，那項研究名為「童年負面經驗」(Adverse Childhood Experiences, ACE)。[8] 他們訪問八千多位聖地牙哥的居民，18 歲以前是否經歷過三類童年

---

* 他的說法：The truth is rarely pure and never simple.（真相很少純粹，也絕不簡單。）——譯註

受虐：心理的（經常遭到貶低或咒罵，或擔心身體受到傷害）；身體的；性相關的（以四個問題來詢問是否被迫進行多種行為）。研究人員也問他們是否經歷過四種家庭功能失調：家裡有人酗酒或嗑藥；家裡有人有心理疾病或企圖自殺，母親遭到家暴；家裡有人犯罪。

第一個驚人的發現是，受訪者只要提到他們有其中一項負面經驗，他們很可能也會提到至少一種其他的負面經驗；半數以上的受訪者提到至少兩種其他的負面經驗。負面經驗很容易成群出現。問題是，這些個體成年後發生了什麼。

很多人喜歡引用尼采的名言：「殺不死我們的，會使我們變得更強大。」其實不然，它會導致我們更容易生病。如果我們把那些沒遇過負面經驗的人當成對照組，一個人遇到的負面經驗種類越多，罹患憂鬱症及企圖自殺的風險越高。有四種或更多種童年負面經驗的人，過去一年陷入憂鬱狀態長達兩週或更久的風險是對照組的近五倍，企圖自殺的風險是12倍。

一般來說，童年遇過越多種負面經驗的人，越有可能坦言自己是酗酒者、吸毒者，以及有50個或更多的性伴侶。

我第一次讀到這個研究時，其實很不以為然。我覺得，有心理疾病或成年行為問題的人，或許比較可能「回想起」童年的負面經驗——這種經歷的回憶是出了名的不可靠。換句話說，它與心理疾病之間可能不是因果關係，而是源自心理疾病患者的偏見——他們在成長背景中尋找原因，然後找到童年時可歸咎的事件。但是——這也是反駁我的反對意見的一大論點——負面經驗越多，罹患糖尿病、慢性阻塞性肺疾病（支氣管炎或肺氣腫）、中風與心臟病的風險越高。有身體疾病的人不太可能把糖尿病或心臟病無端歸咎於童年。

ACE研究的一個顯著特徵是，該研究的參試者都參加了聖地牙哥的一種預付健保「健康維護組織」（Health Maintenance Organisation），他們並不窮困。除了有健保以外，94%的人高中畢業，43%的人大學畢業。

　　ACE研究不是一次性的，一項綜合研究檢閱了124次研究，結果證實，童年身體受虐、情感受虐、遭到忽視（他們沒有研究性虐待），與成年罹患心理疾病、自殺企圖、嗑藥、罹患性病、危險性行為有關。[9]該綜合研究的作者推斷，這不單只是簡單的相關，而是有因果關係。

　　虐待與成人心理問題或身體健康不佳之間的關係有級別之分：受虐類型越多，成年健康越差。這表示我們不該只關注特殊的虐待事件，應該更全面地關注兒童早期發展的品質。事實上，更多的證據支持這點。英國有一系列研究是對特定時刻出生的人進行長期追蹤，其中一項研究是鎖定1958年出生的族群，他們從1958年3月第一週出生的全國人口中取樣。研究顯示，底下幾種孩子在33歲的時候，比那些較有優勢的孩子更有可能健康不佳：沒有機會天天聽父母讀書講故事、剛上學時不容易適應、身高成長緩慢（營養不良的徵兆）。這些對成年健康不良的影響，與其他後續階段的影響是獨立無關的。

　　這一切聽起來都像常識，童年經歷很重要。但聽起來合理，不表示那就是真的──就像前面我反駁尼采那句振奮人心的名言一樣。遺傳學家主張，後天的培養沒那麼重要，結果是先天基因決定的──我在本章稍後會再回頭談這點。基因確實很重要，但證據顯示，童年早期發生的事情也會透過前述的因果途徑，對成年生活中的健康與疾病產生強大的影響。童年經歷決定了教育、就業、收入，乃至於成年生活的賦權。童年經歷的長期影響，以及一生中優勢與劣勢的累積，決定了健康不平等。

童年早期發展的不平等─社會梯度很早就開始了

　　比較倫敦西北部（考德威爾〔Caldwell〕）的低收入區與其他地區對於養育幼童的態度，可以看到一些社會經濟的差異。底下是一位小說

家對這種差異的觀點:「考德威爾人認為,只要你沒有真的把孩子扔下樓梯,一切都會否極泰來。非考德威爾人則認為,除非把每件事都做得很完美,否則沒什麼事情是好的。而且,即使每件事都做得很完美,也不能保證什麼。」[10] 我想補充的是,這兩個極端之間存在著社會梯度。證據顯示,兒童身上發生的事情,確實會產生深遠的影響,而且影響會隨著社會環境的不同而異。

知道這些以後,我們來看四個孩子:艾莉克絲、貝絲、克蕾兒、黛比(簡稱分別是A、B、C、D)。她們22個月大時進行測量,A和B的認知表現(類似智力)屬於前面的10%,C與D屬於墊底的10%。如果我們追蹤這四個孩子直到10歲,他們的認知得分可能是多少呢?

圖表4.1是研究結果,那個結果應該會讓我們停下來好好思考。首先我們先來看聰明組A和B:A是在社會經濟地位較高的家庭中成長,她的認知分數在10歲以前一直都很高。B來自社經地位較低的家庭,她的認知分數排名隨著時間經過而迅速下滑。接著我們來看沒那麼聰明的C和D。C在社經地位較高的家庭中成長,她10歲前的認知分數迅速飆漲。D是在社經地位較低的家庭中成長,她的分數一直很低。這四個孩子代表了英國與其他富國的平均狀況。

(第一次衡量〔時間一〕與第二次衡量〔時間二〕之間的曲線收斂,是均值迴歸〔regression to the mean〕的結果,這裡不做討論。)

回頭來看那四個孩子,影響很顯著。假設22個月大時的認知差異都是生理決定的(先天的基因遺傳、子宮內的經歷、營養),也假設22個月後發生的一切改變都與廣義的社會環境有關。看來社會因素凌駕了生理因素!B可能22個月大時很聰明,但她家的社經地位較低,所以她快10歲時,不再那麼聰明。C在22個月大時可能不太聰明,但她只要一直維持下去,分數就會升高,因為她很幸運出生在社經地位較高的家庭。D不僅先天不良,後天也失調。22個月大時認知分數低,家裡的社經地位也低。

圖表4.1 堅持下去，就會恢復正常

認知分數的分布。相對位置

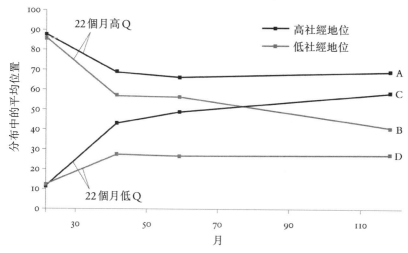

註：Q ＝ 認知分數

資料來源：1970 British Cohort Study

　　我把這個例子簡化了。22個月大的差異不見得都是源自於生理。不是所有與家庭社經地位有關的差異都是社會性的──基因的影響可能比較晚才出現。[11]

　　巴爾的摩的樂祥與格拉斯哥的吉米欠缺了什麼？看起來似乎很多。右派會說他們缺乏良好的親子教養，左派會說那是貧窮造成的。兩派說法都對，錯誤的是，直接推論我們無法做什麼來改變童年早期發展的社會梯度。

　　圖表4.2是我送給左派與右派的禮物。它顯示英國各地地方政府登記五歲時發展「良好」的兒童比例。各地的地方政府是根據貧困程度排名，從最貧窮的1排到最富裕的150。首先，是給左派的禮物。這張圖顯示，越貧困的地區，五歲時發展良好的兒童比例越小。這是呈梯度發展。這張圖傳達的一個訊息是，如果貧困區域的社會經濟狀

圖表 4.2 好的開始？對有些人是好的

孩童五歲時發展良好的比例，2011 年英國各地的地方政府

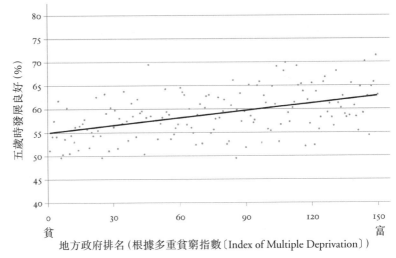

地方政府排名（根據多重貧窮指數〔Index of Multiple Deprivation〕）

資料來源：UCL Institute of Health Equity, "London Health Observatory. Marmot Indicators for Local Authorities: Indicator Data 2012 and Including Data for 2011" (London: London Health Observatory, 2012)

況獲得改善，發展良好的兒童比例會更高。減少貧窮，就可以減少兒童早期發展的不平等。貧窮是重要的影響因素。

　　然而，貧困不是命運。這張圖傳達的第二個訊息是來自那條線周圍的變化。在任何貧困水準上，有些地方政府表現得比其他地方政府好。如果我們能找出那些「好的」區域發生了什麼事，使貧困與童年早期發育不良之間的關係弱化，就有可能獲得很大的進步。

　　圖表 4.2 其實還包含第三條訊息：中位數低於 60%。那表示全英國五歲時發展良好的兒童不到 60%。我們最近的資料顯示（2013年），發展良好的兒童比例是 52%。[12] 在英國這麼進步的國家中，有 40% 以上的兒童發展不良是真的嗎？

　　嗯，那是有可能的。聯合國兒童基金會定期發布一份報告，其結果如圖表 4.3 所示。

　　當聯合國兒童基金會檢查四項衡量兒童福祉的指標時，英國在21個國家中排名第16。我跟我的美國同行開玩笑說，我確實很喜歡造訪美國──那是唯一讓我對自己的國家感覺更好的大國。美國在21個富國中排名墊底。英美在兒童福祉方面的糟糕表現，凸顯出改善整個社會、整個社會階級（或梯度）、而不僅是改善窮人狀況的重要。

　　圖表4.3中也傳達了另一個訊息：排名可以快速改變。在2000年代初期與末期之間，瑞典從第一名滑落到第4名；英國則是從與美國並列第20名升至第16名，但美國一直墊底。排名的改變顯示，政策與實務的改變可以產生比較快的效果。我們在一些地方政府看到，齊力投入的行動可以改變兒童早期發展的排名。

圖表4.3 排名的問題在於一定有人墊底

四項兒童福祉指標（物質、健康、教育、行為與風險）的各國平均排名

排名	2000年代初	排名	2000年代末	排名變化
1	瑞典	1	荷蘭	+2
2	芬蘭	2	挪威	+2
3	荷蘭	3	芬蘭	−1
4=	丹麥	4	瑞典	−3
4=	挪威	5	德國	+2
6	法國	6	丹麥	−2
7	德國	7	比利時	+1
8	比利時	8=	法國	−2
9=	捷克	8=	愛爾蘭	+4
9=	波蘭	8=	瑞士	+3
11	瑞士	11	葡萄牙	+5
12	愛爾蘭	12	波蘭	−3
13	西班牙	13	捷克	−4
14=	加拿大	14=	加拿大	不變
14=	意大利	14=	意大利	不變
16=	希臘	16	**英國**	**+4**
16=	葡萄牙	17	奧地利	+1
18	奧地利	18=	希臘	−2
19	匈牙利	18=	匈牙利	+1
20=	**英國**	**18=**	西班牙	−5
20=	**美國**	**21**	**美國**	**−1**

資料來源：UNICEF, "Innocenti Report Card 11: Child Well-Being in Rich Countries, A Comparative Review" (UNICEF, 2013).

挑 戰

證據清楚顯示心理的重要。這不是說生活的物質條件不重要，而是說那些條件塑造了兒童從父母與其他照護者得到的投入。

我們希望孩子聰明伶俐，擅長語言，學習如何和其他孩子及成人相處，控制情緒，當然也希望他們的身體正常發育。說得更正式一點，我們希望孩子在認知發展、語言發展與運用、社會與情緒發展、身體發育上都能發揮潛能。父母的收入越低，孩子在這些方面都達到健康發展的機會越少。為什麼會這樣呢？我們能做些什麼呢？

有些家長做得比較多

孩子開始求學時，社經背景較差的孩子在語言發展上已經落後了。堪薩斯州有一項引人注目的研究，研究人員在孩子出生後的那四年，在特定時間造訪家庭，並計算孩子聽到多少話，結果相當驚人。家庭的社經地位越高，孩子四歲以前聽到的單字越多。專業人士的孩子比社福救濟家庭的孩子多聽到三千多萬字。[13] 那相當於每天多聽到兩萬字。即使絕對數字誇大了，專業人士的孩子有較好的語言技能並不足為奇。

研究人員探究那些孩子聽到的話語類別後，發現社福救濟家庭的孩子比較常聽到勸阻或令人洩氣的話。那場景不難想像。美國與英國一樣，社會福利幾乎不夠讓人勉強維生。疲累的父母（可能是單親）必須兼顧多項任務，或許感到憂鬱、疲憊不堪，套用《匱乏經濟學》作者的說法，就是「頻寬縮小」，所以他們比較可能責罵孩子，想要控制孩子。

為了測試親子教養對兒童發展的社會梯度有多大影響，在伊凡·凱莉（Yvonne Kelly）的領導下，我們一群在倫敦大學學院任職的人，分析千禧出生世代研究（Millennium Birth Cohort Study）的資料，那是

英國的一項全國研究。我們詢問三歲孩子的母親：與孩子交談及擁抱孩子重要嗎？約20%的母親認為這些活動不重要。我們也問了家長陪孩子閱讀、唱歌、玩耍的情況。結果發現，收入越低的家庭，這些親子教養活動越少。事實上，我們的分析顯示，語言發展中約三分之一的社會梯度，以及社交與情感發展中約一半的社會梯度，可歸因於親子教養差異。

那麼，誰贏了政治爭論？

在這一節的前面，我提到，社會底層兒童發展的得分較差，可以作為一種政治檢測。左派會怪罪貧困，右派會歸咎於親子教養方式。證據顯示，某種程度上，他們說的都對。「好的」親子教養不是呈隨機分布，而是呈現社會梯度——社會階層越低，好的親子教養越少。我們看到這種規律型態時，很難完全責怪個別的父母。當然，要不要讀書給孩子聽、跟孩子對話或陪孩子玩耍是個人選擇。但這些人做出那些選擇的自由，受到其他因素的影響。例如，產婦憂鬱也出現社會梯度，社會階層越低越常見。我不會怪罪憂鬱的女人沒有精力讀書給孩子聽。除了憂鬱以外，如果社會階層較低的父母被苦難、貧困、生活環境狹窄壓得喘不過氣來，陪孩子玩耍可能變成一種遙不可及的奢望。親子教養的本質，是由教養發生的背景決定的。

這是個棘手的狀況。有人告訴我，他聽到一位貧窮婦女抱怨：「那個叫馬穆的男人只因為我窮，就說我是個糟糕的母親。」

這實在很尷尬。我的回應分三個層面，這表示我幾乎一定會輸掉這場大眾爭論（如果能精簡成一小段引述會更好），但我的論述是根據前面提出的證據。首先，良好的親子教養很重要，但那在社會底層不太常見。第二，指責毫無助益。親子教養的環境真的很重要。第三，貧窮不是命運。圖表4.2傳達的訊息是，即使貧窮度相當，有些孩子依然表現優於其他孩子。

　　科學證據顯示，我們有充分的理由從兩個層面進行干預：減少貧困，支持家長的親子教養活動。我們稍後會討論政策意涵。首先，如果父母很重要的話，他們如何面對工作與生活之間的平衡？他們應該每天在家對孩子多說兩萬字，還是應該磨玉米讓家人填飽肚子，在工廠辛苦地工作以維持生計，或是去從事對孩子比較有利的職業？我們很難讓這些選擇聽起來很中立。

兒童早期發展 —— 父母應該在哪裡？

　　母親的肺腑之言為這個問題提供了兩個答案。第一個是來自英國，但它也可以來自任何富裕國家：

> 有些人覺得，全職在家照顧子女的婦女是頭腦簡單、吃不了苦的邋遢黃臉婆。不過，有些人對那些自己照顧孩子但不邋遢的婦女（辣媽）、產後回歸職場的婦女、不工作但雇用保母的婦女、打工兼差並把工作以外的時間都拿來照顧子女的婦女也有偏見。
>
> 我覺得，身為母親，如果你想獲得他人對你時間管理的認可，唯一的方法是：自己照顧子女，同時全職工作，但那必須是一個對社會有益的事業（最好是當志工），而且永遠不能依賴男人的錢，也不能申請福利，但千萬不能有私人收入。[14]

第二個答案是來自印度阿默達巴德市的自雇婦女協會（SEWA）：

> 很多母親說，日間托兒服務帶給她們的直接效益是，她們可以放心去上班。以前，家裡沒人照顧幼兒，煙廠老闆也不准她們帶幼兒上班，所以母親只好待在家裡，放棄賺取工資的機會，只讓丈夫去煙廠工作。一人一天賺的8到10盧比根本不足以應付日常的家庭開銷。這種情況下，這些家庭連食物等基本必需品也買不起，只能勉強度日。

那些母親說，日間托兒服務使她們的收入增加，因為她們終於可以外出工作了。凡諾堤村 (Vanoti) 的一位母親清楚地表達了滿意之情：「首先，以前我們每天只能吃一次厚麵包，現在我們每天可以吃兩次，還有足夠的錢買蔬菜。希望日間托兒服務能繼續存在，它是我與家人的一大靠山。」[15]

當母親很難。無論你是離挨餓只有 10 個盧比，還是在富國為了工作與生活之間的平衡苦苦掙扎，那都不是一件容易的事——你越貧窮，母職越辛苦。SEWA 的經驗清楚顯示，如果貧窮與工作之間只能二選一，對母親來說，工作是比較好的選擇。相較於沒有時間陪伴孩子，能夠養活孩子對她們仍是一種不錯的補償。

在富國，關於母親工作賺錢比較好，還是待在家裡照顧孩子比較好，一直有很大的爭論，也帶給母親不少焦慮。在英國，低收入女性一直面臨一個問題：工作的經濟效益不足以彌補育兒費用，所以工作的經濟動機並不存在。

我把焦點放在母親身上，並不是要貶低父親可能（或應該）扮演的角色，我只是在反映一般的情況。

對理論家來說，事實不見得重要，但知道有沒有證據顯示母親外出工作對幼童不利，可能會有所幫助。「千禧出生世代研究」顧名思義是始於 2000 年。倫敦大學學院的同仁在安妮・麥克蒙 (Anne McMunn) 領導下，注意到有幼子的母親把工作和育兒結合在一起的爭議。他們研究了不同的家庭安排對五歲兒童的社交與情感發展的影響。[16] 對兒童來說，最有利的結果，亦即社交與情感行為方面得分最高的家庭，是雙親同住的雙薪家庭。即使考慮到父母的教育與家庭收入，這個結果依然很明顯。

對孩子來說，最糟糕的情況是父母沒有工作的家庭，尤其是沒有工酬的單親媽媽家庭。那主要是貧窮及產後憂鬱造成的。這是很悲慘

的現象,而且女兒似乎尤其會因為母親沒有工作而受苦。這項研究並未解釋這個令人好奇的現象,但它使人不禁猜測那可能與性別角色有關。我不確定那意味著什麼。

父母工作對孩子來說至少不是壞事,這個發現並不是否認父母與孩子培養關係的重要性。前面提過,培養親子關係很重要,尤其是在孩子剛生下來的那幾個月。帶薪產假(與陪產假)讓父母培養親子關係,同時減少家庭經濟的不利因素。加州大學洛杉磯分校(UCLA)的喬迪・海曼(Jody Heymann)研究了全球帶薪產假的規定。[17]其中美國最引人注目,因為美國完全沒有——我再說一遍,完全沒有——國家保障的帶薪產假。然而,它並非特例:蘇利南(Surinam)與巴布亞新幾內亞也沒有提供國家保障的帶薪產假。但是,其他國家都有。

父母真的重要嗎,還是他們只是旁觀者?

我對焦慮的父母確實有個忠告:讀行為遺傳學的文獻吧。

行為遺傳學家認為,父母如何與孩子相處,或為孩子做什麼,對孩子的認知與行為發展幾乎都沒什麼影響。[18]

如果你相信這點,你讀給孩子聽的書,在他們身上付出所有關愛、溫暖、關注都是徒勞的——那些心力幾乎都沒有影響。這說法似乎與「親子教養以及親子教養發生的地點,對孩子的身體、認知、語言、社交、情感發展有深遠影響」的證據,直接矛盾。有大量的科學文獻顯示親子教養對孩童發展的影響,上面我只稍微提到一部分。

我們如何使上面提到的研究和行為遺傳學家的研究調和呢?有一種答案(不是唯一的答案)是說,雙方間的問題不一樣。我主要關切的是國家之間及社會群體之間的主要差異型態——為什麼就業不穩、非技術勞工的孩子,不太可能表現得比高薪專業人士的孩子更

好。行為遺傳學家提出的問題是,為什麼一個人與另一個人不同:如果你有兩個孩子,為什麼他們如此不同。

當然,這是錯誤的辯論。覺得基因對兒童發展沒有影響,根本是無稽之談。否認環境的重要性,也是對證據視而不見。基因與環境之間的平衡,以及它們如何相互作用,因不同特徵而有所不同。你的身高主要是遺傳決定的——一般來說,父母高大,子女也高大。然而,基因無法解釋,為什麼1858年荷蘭男性的平均身高是163公分,但140年後卻達到184公分。[19]營養改善可以解釋這個現象。換句話說,在多數人都獲得良好營養的環境中,一個人是否比另一人高,主要是由基因決定的。但在環境明顯變化的地方,例如140年來的荷蘭,基因無法告訴我們,為什麼平均身高有如此驚人的成長。

同樣的原則也適用在兒童早期發展上。例如,在雙胞胎研究中,基因變化對於智商和其他的多種特徵很重要。如果環境大致上控制不變——雙胞胎來自同一家庭——除了基因以外,還有什麼呢?雙胞胎研究無法解答下面的問題:比起父母都只有高中學歷的孩子,為什麼父母都有大學學歷的孩子比較可能上大學?基因在這裡可能有影響,但我前面提到的其他因素可能也有影響。

當我們談到各國之間的差異時(如圖表4.3所示,更遑論OECD國家與南亞、非洲、拉丁美洲國家之間的差異了),不太可能以基因變異來解釋兒童早期發育的差異。這些國家差異之所以會出現,是因為兒童成長的環境不同。

社會梯度如何影響身體 —— 生物嵌入

本章一開始,我提出一個因果關係:社會梯度上的位置會影響親子教養方式,那會進一步影響兒童的認知、社交與情感、身體的發展。那又和成年身心健康的社會不平等有關。我說那個因果關係至少

還缺兩塊。第一，為什麼「社會梯度上的位置會影響親子教養方式」，那是哪些因素造成的，我已經試著填補那個空缺。第二，這些社會因素及心理社會因素如何影響身體過程，或者，套用赫茲曼等人的說法，它們是如何潛移默化的？[20] 這兩塊是相連的。藉由了解生物機制，我們可以更了解，環境中究竟是什麼影響兒童發展及未來健康的社會梯度。

研究證明，大腦是人類演化理論的活躍戰場。備受各界肯定的演化心理學家史蒂芬・平克 (Stephen Pinker) 寫了一整本書，批評「大腦是一張白紙，完全由經驗書寫而成」的概念[21]（這裡的大腦其實是指心智，但大腦和心智是一體的，無法獨立存在）。當然，我們看、說、行使執行功能、思考、感受情緒、與人相處的方式，以及這些事情發生的神經通路，對每個人來說都很相似。對人類這個物種來說，每個人的神經連接模式是一樣的。我們與其他靈長類物種的神經連接模式也有一些相同之處。基因決定的連線模式失調可能導致心理疾病。例如，研究自閉症的專家大都認為，自閉症可追溯到某種形式的生物遺傳，不能怪父母。

然而，經驗可以塑造大腦，「塑造」這個字很重要。如果一個孩子很容易分心，另一個孩子專注力驚人（這也是有社會梯度：越貧困的孩子越容易分心），我們發現這可能涉及不同的神經通路就不足為奇了。但是「塑造」意味著大腦結構的改變是經驗的結果。

赫茲曼歸納了對於關鍵時期一個簡明的神經研究。[22] 結論是，發育中的兒童需要在關鍵時期接觸到適當的環境輸入。不這樣做的話，某些神經通路永遠不會發展。

聽覺、視覺、情緒掌控若要正常發育，在出生的最初兩三年需要恰當的輸入。語言、數字、同儕社交技巧則可以晚一點開始發展。你可以在10歲左右才開始學習外語，但你可能無法像提早學習那樣毫無口音。關鍵是環境需要提供恰當的輸入。

　　家庭的社會地位越低，孩子越不可能獲得恰當的輸入。出生前後的營養不良、壓力，以及合適的認知刺激**都很重要**。前面我們談過了認知刺激。壓力會影響母親(隨著社會劣勢增加，這種情況越常見)，那對孩子大腦的功能與結構有明顯的影響。壓力的部分影響在於，它可能限制了父母對孩子的認知刺激，但可能也有其他的影響途徑。

　　赫茲曼與同仁湯姆·博伊斯(Tom Boyce)找出社會劣勢可能透過四個生物系統影響身體。第一，HPA軸(下視丘—腦下垂體—腎上腺軸)是大腦向身體其他部位傳達壓力反應的一種方式(透過調節壓力荷爾蒙皮質醇的釋放)。第二，自主神經系統是人體「戰或逃」機制的重要組成部分。第三，大腦前額葉皮質中記憶、注意力、其他執行功能的發展，是上述認知發展的基礎。第四，涉及大腦其他部分(杏仁核與藍斑核)的社會親和系統，是由血清素和其他的荷爾蒙調節。

　　對於研究社會環境對身心影響的科學家來說，這裡有令人興奮又豐富的研究資料。最好的研究成果之一，是加拿大麥吉爾大學邁克·米尼(Michael Meaney)的研究。他剝開一層又一層難以理解的面紗，讓我們不僅清楚看到環境如何影響大腦與壓力路徑，也看到環境如何改變基因的功能——表觀遺傳學(epigenetics)。[23]

　　母鼠撫育幼鼠的方式，跟人類嬰兒受到的撫育沒有太大不同。母鼠的作法是舐舐幼鼠，為幼鼠梳毛。增加母鼠對幼鼠照護的一種方式是進行處置，讓幼鼠離開母鼠一小段時間。幼鼠又回到母鼠身邊時，母鼠會更頻繁地舐舐幼鼠，幫幼鼠梳毛。研究發現，這種格外用心的舐舐與梳毛可以塑造幼鼠的HPA軸。幼鼠面對壓力時，會分泌皮質醇，但是受過這種格外關注的幼鼠，終其一生分泌的皮質醇較少。整體來說，皮質醇越少，壓力相關的疾病越少。這種制約效應必須在一個非常短暫的關鍵期發生，亦即剛出生後那幾天。過了那段關鍵期，任何額外的母性關懷都沒什麼效果。

之後又變得更有趣了。皮質酮(老鼠的皮質醇)長期過量分泌，會損害那些沒得到母親特別關注的老鼠大腦中的神經元，導致認知能力下降。人不是老鼠，但還是有一些相似之處。隨著時間推移，那些比較少受到母親關注的老鼠，在記憶與其他認知方面退化得較快。

長久以來，我們一直在爭論先天與後天的影響；基因與環境的影響。剛剛我才談過這個問題，但這是錯誤的辯論。後天可以塑造先天，先天也可以影響後天。母鼠舔舐對HPA軸的長期影響，就是環境影響基因的簡明例子。DNA是構成基因的東西。簡言之，基因決定蛋白質的產生，蛋白質幾乎無所不能。母體在關鍵時機所提供的額外關注會修改DNA，從而影響DNA的功能及隨後的蛋白質製造。調節HPA軸功能的DNA區域被改變了(甲基化)，因此改變了它的功能。

未來幾年，這些日益成長的科學文獻一定會迅速暴增。它們可能會讓大家更了解，社會環境如何透過大腦，對發展、身體功能、罹病風險產生長期的影響。

我們對兒童早期發展的問題能做些什麼？

我說圖表4.2是我送給政治左派與右派的禮物。它顯示，改善兒童早期發展有兩種方法：減少貧困；應用前面歸納的知識，來改善某個貧困階層的兒童早期發展。

減少貧困

貧困既不是天意，也不是窮人對自己做了什麼或沒做什麼造成的。一個社會的兒童貧困(child poverty)程度，很大程度上是受到政治控制的，那是政治體制做出的選擇。圖表4.4顯示不同國家在稅前與稅後，以及社會轉移(social transfer)之前與之後的兒童貧困狀況。

兒童貧困是一種相對的衡量指標。對每個國家來說，其分隔線是少於收入中位數的50%。

圖表4.4 財政部長願意的話，可以減少兒童貧困

稅前與社會轉移前（市場收入），
以及稅後與社會轉移後（可支配收入）的兒童貧窮率

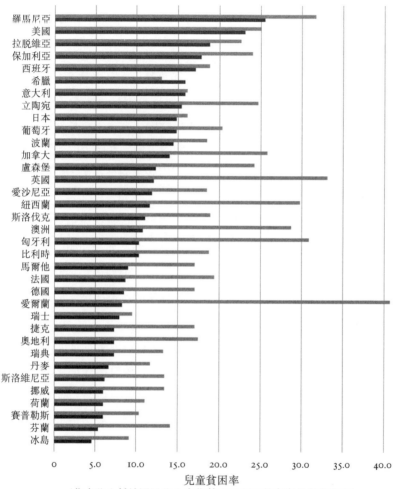

兒童貧困率
（住在收入低於國民收入中位數50%以下的家庭的兒童比率）
■ 稅前與社會轉移之前　　■ 稅後與社會轉移之後

資料來源：UNICEF Innocenti Research Centre. *Measuring Child Poverty: New League Tables of Child Poverty in the World's Rich Countries* (Florence: UNICEF Innocenti Research Centre, 2012)

　　在社會轉移之前，西班牙與法國的兒童貧困率是19%。在稅後及社會轉移之後，西班牙的兒童貧困率降至17%，法國降至9%。在斯洛維尼亞這種不富裕的國家，兒童貧困率甚至低於6%。藉由決定一國的兒童貧困率，財政部長對兒童發展的影響可能比衛生部長還要大。

　　在美國，稅後及社會轉移之後，兒童貧困率比立陶宛還高（美國23%，立陶宛15%），儘管兩國稅前的兒童貧困程度差不多。我因此質問美國的同行：你們生活在正常運作的民主國家，這種兒童貧困率肯定是你們想要的，不然的話，你們應該會做點什麼去改變它。我再次主張這應該超越黨派政治。畢竟，我們談論的是孩子，他們的未來正遭到貧窮的摧殘。

　　我們可以理解，為什麼世界上的政治左派普遍把兒童早期發展不良歸咎於貧窮，而右派則普遍歸咎於親子教養。如果你相信課稅是偷竊，你就無法容忍政府使用稅收來減少貧困。但如果你真的那麼想，你可能不太敢承認，你偏好的稅制正在破壞孩子的生活，因為那種稅制無法減少貧困。

　　兒童早期發育呈現社會梯度，那個證據是毋庸置疑的。在我看來，兒童成長的物質條件，對他們的心智發展有深遠的影響，這樣的證據很有說服力。儘管父母或其他人的確切貢獻有待商榷，但是減少貧困有利於兒童身體、心理、社交與情感發展，這個結論是合理的。

打破貧困與兒童早期發展不良之間的關聯

　　我受邀參訪英國的城市伯明罕，他們有一套計畫來實施我提出的報告《公平社會、健康生活》。伯明罕的貧困程度比全英國的平均水準還糟。如前面討論預期的那樣，該市五歲孩童達到良好發展水準的比例低於英國一般水準。當時是2007年，但是到了2010年，他

們已經縮小落差。在短短三年內,他們就縮小了落差。他們不可能在那麼短的時間內消除貧困,但他們打破了貧困與兒童早期發展之間的關聯。

我問道:「你們做了什麼?」他們專注發展,把良好的兒童早期發展視為優先要務。在訓練有素的人員參與下,他們設計了一些評價良好的方案來改善兒童早期發展,例如家庭護士合作方案(Family Nurse Partnership)、美好歲月教養專案(Incredible Years Parenting Programme)、促進另類思考策略(Promoting Alternative Thinking Strategies, PATHS)、正向親職方案(Triple P Parenting Programme)。[24] 兒童教育機構採用這些方案,並在三年內縮小了落差。父母需要幫助時,提供幫助可以產生很大的影響。我所描述的不是一個嚴格控制的實驗。大家應該小心,不宜過度解讀這個實例。不過,這些資料確實顯示,快速改善是有可能的。

更廣泛地說,為幼兒提供優質服務可以產生巨大的影響。證據顯示,兩歲之後,每週花點時間接觸能增進健康的優質性群體照護對所有的幼童都有好處,也可以幫弱勢家庭的兒童獲得更多。提供優質服務也是一種減少貧困的重要策略,它可以讓父母就業,進而增加家庭收入。理想的服務包括托兒中心的多種用途,例如親子教養、健康、飲食方面的建議與輔導。在英國,托兒中心應該要有更廣泛的社群用途,但通常並非如此。[25]

提供普遍服務以幫助弱勢族群,有助於縮小社會梯度,這個概念已經在法國獲得證實。法國自1880年代起就有學前教育,但1960年代與70年代的入學人數大幅增加,約90%的三歲兒童都接受學前教育了。一項研究發現,所有兒童的認知分數都提高了,但貧困兒童獲益更多,所以後來他們在學校表現中,縮小了他們與富家子弟之間的差距。[26]

機會平等？

在第三章，我問道，在社會上追求機會平等（包括兒童成長及充分發揮潛能的機會）是否足夠？當時我說，身為關心健康公平性的醫生，結果也很重要。

主張機會平等很簡單，但是真正去做就不是那麼簡單了，尤其是在英美等國，因為日益加劇的不平等不僅影響成人，也影響下一代的生活機會。大亨蓋茲比曲線（The Great Gatsby Curve）就是一個有力的例證。2012年，白宮經濟顧問委員會（Council of Economic Advisors）的會長艾倫‧克魯格（Alan Krueger）證明了不平等與跨世代難以翻身的相關性，並稱之為大亨蓋茲比曲線——可能不僅指鉅額財富的累積，也指一個人的過去歷史對當前環境的影響（參見本章開頭的引述）。圖表4.5顯示，收入不平等的加劇，不僅對現在的成年人口不公平，也減少下一代的生活機會——減少了跨世代的公平（亦即代際公平）。

「代際收入彈性」（intergenerational earnings elasticity）畫出父母收入與成年子女收入之間的相似性。這裡稍微解釋一下：如果下一代的收入與父母完全一樣（富有的父母 → 富有的子女，中等收入的父母 → 中等收入的子女，貧困的父母 → 貧困的子女），那個國家的代際收入彈性就很高，但代際社會流動很低。例如，在丹麥，父母的收入與子女的收入之間只有比較小的關係（富爸媽養出富孩子的可能性，只比窮父母養出富孩子的可能性高一點點），社會流動性很大，所以丹麥的代際收入彈性低於0.2。相較之下，美國和英國是介於0.45至0.5之間。父母的富有程度，對你最終會變得多富有，有深遠的影響；貧窮的父母通常養出貧窮的孩子——社會流動性低很多。

那張圖顯示，一國的收入不平等越嚴重，社會流動性越低。換句話說，階梯的級距越大，從一級跨到另一級越難。那條線顯示，芬蘭、丹麥、挪威的代際社會流動較高，世代內的不平等較少。美國與

圖表4.5 不公平不止對父母有害

較高的收入不平等與較低的代際流動性有關

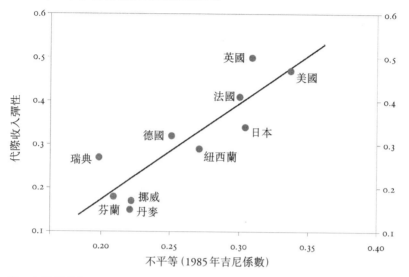

不平等 (1985 年吉尼係數)

註：吉尼係數 (Gini coefficient) 是衡量收入平等的一種指標。0 表示人人收入相同，
1 表示一人擁有一切

資料來源：Corak (2011), OECD, Council of Economic Advisors estimates

英國在較高的另一端。我們可能因此推斷，北歐國家有真正的機會平
等，美國與英國的機會平等少很多。對美國來說，大亨蓋茲比曲線是
美國夢衰落的鐵證。

　　這一章傳達的訊息是，兒童早期發展對隨後的健康及健康公平性
非常重要。兒童早期發展良好是由兒童成長與發展的環境塑造出來
的。一開始就追求公平是有可能的，但那需要從各個層面採取行動，
包括收入不平等和社會流動性的嚴重程度、貧困程度、服務品質、父
母與其他人對子女的關愛等等都要處理。孩子的心智發展是關鍵。如
果他在童年早期有更好的發展，他求學時可以受益更多。我們接下來
要談的就是教育議題。

註 釋

1　M. Gladwell, *Outliers: The Story of Success* (London: Penguin, 2009); D. Epstein, *The Sports Gene: Talent, Practice and the Truth about Success* (London: Yellow Jersey Press, 2013).

2　S. M. Grantham-McGregor, Y. B. Cheung, S. Cueto, P. Glewwe, L. Richter, and B. Strupp, "Development Potential in the First 5 years for Children in Developing Countries," *Lancet* 369, no. 9555 (2007): 60–70.

3　Jer 31:29, *The Holy Bible: Containing the Old and New Testaments* (London: Collins, 2011).

4　C. Hertzman and T. Boyce, "How Experience Gets Under the Skin to Create Gradients in Developmental Health," *Annual Review of Public Health* 31(2010): 329–47; N. E. Adler and J. M. Ostrove, "Socioeconomic Status and Health: What We Know and What We Don't," in *Socioeconomic Status and Health in Industrial Nations,* ed. N. E. Adler, M. Marmot, B. McEwen, and J. Stewart (New York: New York Academy of Sciences, 1999), 896: 3–15.

5　Hertzman and Boyce, "How Experience Gets Under the Skin."

6　C. Power and C. Hertzman, "Social and Biological Pathways Linking Early Life and Adult Disease," *British Medical Bulletin* 53z(1997): 210–221.

7　D. J. Barker, "Fetal Origins of Coronary Heart Disease," *British Medical Journal* 311(1995): 171–4; D. J. P. Barker, "Fetal Nutrition and Cardiovascular Disease in Later Life," *British Medical Bulletin* 53, no.1 (1997): 96–108.

8　V. J. Felitti, R. F. Anda, D. Nordenberg, D. F. Williamson, A. M. Spitz, V. Edwards, et al., "Relationship of Childhood Abuse and Household Dysfunction to Many of the Leading Causes of Death in Adults. The Adverse Childhood Experiences (ACE) Study," *American Journal of Preventive Medicine* 14, no.4 (1998): 245–258.

9　R. E. Norman, M. Byambaa, R. De, A. Butchart, J. Scott and T. Vos, "The Long-term Health Consequences of Child Physical Abuse, Emotional Abuse, and Neglect: A Systematic Review and Meta-analysis," *PLoS Med* 9, no.11(2012): e1001349.

10　Z. Smith, *NW* (London: Hamish Hamilton, 2012): 270–271.

11　R. Plomin, "Genetics and Children's Experiences in the Family," *Journal of Child Psychology and Psychiatry* 36 (1995): 33–67; R. Plomin, *Nature and Nurture: An Introduction to Human Behavioral Genetics* (Pacific Grove, CA: Brooks-Cole, 1990).

12　UCL Institute of Health Equity, Marmot Indicators November 10, 2014. Available from: http://www.instituteofhealthequity.org/projects/marmot-indicators-2014.

13　B. Hart and T. R. Risely, "The Early Catastrophe: The 30 million Word Gap by Age 3," *American Educator* 27, no.1 (2003): 4–9.

14　Z. Williams, "DoStay-at-home Mothers Upset You? You May be a Motherist," *The Guardian*, October 21, 2013.

15　M. Chatterjee, J. Macwan, *Taking Care of Our Children: The Experiences of SEWA Union* (Ahmedabad: Self Employed Women's Association, 1992): 5.

16　A. McMunn, Y. Kelly, N. Cable, and M. Bartley, "Maternal Employment and Child Socio-emotional Behaviour in the UK: Longitudinal Evidence from the UK Millennium Cohort Study," *Journal of Epidemiology and Community Health* 66, no.7 (2012): e19.

17　J. Heymann and K. McNeill, *Changing Children's Chances: New Findings in Child Policy Worldwide* (Cambridge, Mass.: Harvard University Press, 2013).

18　S. Pinker, *The Blank Slate: The Modern Denial of Human Nature* (London: Allen Lane, 2002).

19　Y. Schonbeck, H. Talma, P. van Dommelen, B. Bakker, S. E. Buitendijk, R. A. HiraSing et al., "The World's Tallest Nation has Stopped Growing Taller: The Height of Dutch Children from 1955 to 2009," *Pediatric Research* 73, no.3 (2013): 371–377.

20　Hertzman and Boyce, "How Experience Gets Under the Skin to Create Gradients in Developmental Health," 329–47; Adler and Ostrove, "Socioeconomic Status and Health: What We Know and What We Don't," in *Socioeconomic Status and Health,* 3–15.

21　Pinker, *The Blank Slate.*

22　Hertzman and Boyce, "How Experience Gets Under the Skin."

23　M. J. Meaney, "Maternal Care, Gene Expression, and the Transmission of Individual Differences in Stress Reactivity Across Generations," *Annual Review of Neuroscience* 24 (2001): 1161–1192.

24　UCL Institute of Health Equity, *Good Quality Parenting Programmes and the Home to School Transition* (London: Public Health England, 2014).

25　E. Melhuish, "The Impact of Early Childhood Education and Care on Improved Wellbeing," in *"If You Could Do One Thing…" Nine Local Actions to Reduce Health Inequalities,* ed. British Academy (London, United Kingdom: British Academy, 2014): 33–43; A. Pordes-Bowers, J. Strelitz, J. Allen, and A. Donkin, *An Equal Start: Improving Outcomes in Children's Centres* (London: UCL Institute of Health Equity, 2012).

26　C. Dumas and A. Lefranc, *Early Schooling and Later Outcomes: Evidence from Preschool Extension in France*, Thema Working Papers no. 2010-07 (Pontoise: Université de Cergy, 2010).

5 教育與賦權

我們只想提供讓學生賺更多錢的教育，幾乎沒想過要改善學生的品格。我們說女孩不需要賺錢，那又何必受教育呢？只要這種觀念繼續存在，我們永遠不會知道教育的真正價值。

—— 聖雄甘地（Mahatma Gandhi）

你是孟加拉某個村莊的小女孩，坐在家門外，一邊看著小弟玩泥巴，一邊做白日夢。你家只是一間簡陋的棚屋，但依然是家，父母都外出工作了。這時仙女教母出現了，她問道：「你想要一個更有保障的未來，更好的營養，帶薪的工作，擁有是否結婚及何時結婚的決定權，避免遭到丈夫毆打，控制自己的性愛與生育權，增加孩子活下來及健康成長的機會嗎？哦，對了，你還可以有一個室內廁所，不再像你的母親那樣，承受不得不到戶外解放的尷尬與屈辱。」

你不需要相信精靈的存在，補救現狀的措施就是教育。教育不僅可以提供仙女教母承諾的所有美好事物，還可以強化你的能力，讓你過更有見識的生活，學習文化與社會的價值觀，參與更廣泛的社群，參與影響生活的政治決策，行使自由及主張你的權利。[1]不僅如此，教育還可以很有趣，比10歲或11歲就開始做辛苦卑微的勞動維生，或13歲就嫁給年長的男人有趣多了。

你坐在小屋外，看護著小弟，可能完全不會想到公共財。你可能不會想到，但我們應該想到。教育不僅對個體有益，也對所有人有益。教育程度越高的社會，更有可能越健康。教育可以做到那樣，不分富國或貧國都是如此。

我們發布CSDH的報告《在一個世代內敉平階級落差》時，也提出一份整個人生歷程的推薦清單，一位記者問我：「如果你能向美國總統建議一件事，那是什麼？」

「一件事？……讀我的報告吧。」

這回答可能有點臭屁，但如果我認為我們只需要提出一個建議，我會只提一個建議。話又說回來，如果我必須在所有關於日常生活和社經不平等的建議中挑一個，那應該是教育。以全球來說，那應該是女性的教育。那是為女性賦權的核心。當然，我所說的教育，不僅是指在課堂上度過幾年，而是教育的結果：知識、技能、機會、對生活的掌控、性別平等與社會包容。如果我是狄更斯，我會加上「靈魂的優雅」與「心靈的情感」。

教育之所以如此重要，是因為它涵蓋了本書的許多其他內容。回顧人生歷程，教育的不平等有部分是兒童早期發展不平等造成的。從個人往外看向社會，社會的不平等導致教育的不平等。學校也很重要──激進的思想。良好的教育也會促成仙女教母承諾的所有美好事物。值得重申的是：關注女童教育是為女性賦權的最佳單一貢獻，這樣做一舉改善了國家與社群發展，以及婦女及其子女的健康。

教育有益於兒童生存

幸好，全球各地都普遍重視初等教育的受教權。對任何國家來說，孩童(不分男女)被剝奪上小學的機會，都算是國恥。這個問題正持續獲得解決，如今，重要的是中等及高等教育。圖表5.1是以中低

圖表5.1 受教育或遷居

按母親的教育程度，呈現出國家之間與國家內的嬰兒死亡率的不公平情況

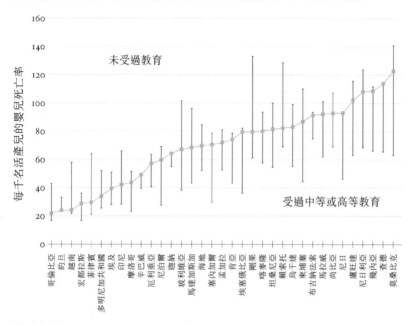

資料來源：Commission on the Social Determinants of Health, *Closing the Gap in a Generation: Health Equity Through Action on the Social Determinants of Health,* Final Report of the Commission on Social Determinants of Health (Geneva: World Health Organization, 2008)

收入國家的資料繪成，該圖顯示母親的中等教育對下一代為生活奮鬥的機會有多大的助益。

　　圖表5.1顯示三件事：第一，中低收入國家之間的嬰兒死亡率差異很大，最高的莫桑比克是每千名活產兒中有一百二十幾人死亡，最低的哥倫比亞是二十幾人死亡。第二，在每個國家，受過中學或更高教育的女性(垂直長條的低端)所生的孩子，比沒受過教育的女性(垂直長條的高端)所生的孩子更有可能存活下來。這張圖沒有顯示國家內的社會梯度，也就是說，受過小學教育的婦女位於中間：她們的嬰兒生存

率，高於沒受過教育的婦女所生的嬰兒，但低於受過中學教育的婦女所生的嬰兒。第三，擁有中等教育，大幅降低了女性在嬰兒死亡率高的貧國生孩子的不利條件。例如，在莫桑比克，受過教育的女性的嬰兒死亡率，比沒受過教育的女性的嬰兒死亡率，更接近哥倫比亞的水準。

第四章討論到兒童早期發展的社會梯度時，那些資料讓我想到兩個策略：減少貧窮，以及打破貧窮與不良結果之間的關聯。這裡的資料也讓我想起兩個策略。莫桑比克比哥倫比亞更窮，減少莫桑比克嬰兒死亡率的一種策略是減少貧窮：改善營養與衛生並提供醫療照護。第二種策略是教育女性。活在一個貧窮度高、嬰兒死亡率也高的國家，承受著很多劣勢，但是受過教育可以減少那些劣勢，而且效益真的很大：在莫桑比克，沒受過教育的女性所面對的嬰兒死亡率是每千人有140人，受過中等教育的女性所面對的嬰兒死亡率是每千人有60人。

既然女性教育可以克服在貧國生育的劣勢，而且潛在效益如此龐大，我們不得不問：是教育本身如此有益，還是與教育有關的因素造成的。當我們研究高收入國家的教育與成人死亡率之間的關聯時，這個問題會再次出現。在嬰兒死亡率中，教育幾乎可以肯定是促成仙女教母那一切美好承諾的原因：更好的營養與衛生條件，母親更懂得如何保護孩子。母親的教育程度，比家庭收入或財富更能預測嬰兒死亡率。

《聯合國人類發展報告》(*United Nations Human Development Report*)的作者對這些研究結果深信不疑，並因此推論，發展政策應該把焦點多放在女性教育上，而不是家庭收入上。[2] 兩個論點出現了重疊：增加家庭收入的一種方法是讓女性受教育；促進教育的一種方法是增加家庭收入。良好的政策，使這一切都變得更有可能發生。

如今，在富國，嬰兒死亡率是每千名活產兒中不到10人死亡。這是第一種策略促成的戲劇性成果：改善社會條件以及所有人獲得醫療照護的機會。但即使在富國，我們也發現高學歷母親的孩子生存率

（每千名活產兒中，死亡2.5人）比低學歷母親的孩子生存率（每千名活產兒中死亡7.5人）高。相較於莫桑比克的60人比140人，雖然差距沒那麼大，但依然重要。

…… 也有益於減少生育

在高收入國家，我們不再擔心，如果所有的嬰兒都能在這個混亂的世界中存活下來，會不會出現人口過剩的問題。法國長期以來一直擔心生育率低於替代率。意大利也是如此，每個婦女平均生育1.4個孩子。我調侃意大利的同行：「意大利是個天主教國家，禁止避孕，如果你沒生孩子，肯定是因為你已經放棄性行為了。」他們向我保證，他們依然喜歡性愛，但意大利女性受過教育，知道如何選擇何時生育及生育的頻率。

低收入國家也是如此。出生率尚未低於替代率，至少現在還沒有，但受過教育的女性已經懂得掌控自己的生育。全球的兒童死亡率出現可喜的下降。嬰兒死亡人數減少，不見得就表示地球人口過剩。生育率（亦即每個婦女生育的數量）一直在下降，尤其是學歷較高的女性。圖表5.2顯示了實際的情況。

我大可顯示100個國家的資料，但這裡只顯示四個國家，因為重點都一樣。學歷較高的女性，生育的孩子較少。在埃塞俄比亞，這點特

圖表5.2 知道何時該拒絕？

按母親學歷來看總生產率（每個婦女的生育數）

國家	未受教育	小學學歷	中等或高等學歷	總體
孟加拉	3.0	2.9	2.5	2.7
印度	3.6	2.6	2.1	2.7
埃塞俄比亞	6.1	5.1	2.0	5.4
尼日利亞	7.3	6.5	4.2	5.7

別引人注目。學歷高的女性有兩個孩子，未受過教育的女性平均有六個孩子以上。

埃塞俄比亞的問題顯示在「總體」那一欄中。埃塞俄比亞全國來看，每個婦女平均生育5.4個孩子——高於只有小學學歷的婦女生育率。為什麼？因為埃塞俄比亞很少女性受過中等教育。沒受過教育或只有小學學歷是常態。如果埃塞俄比亞的所有婦女都受過中學教育，生育率可能更接近於每位婦女生育兩個孩子，而不是超過五個。

撒哈拉以南非洲在1970年到1990年間的生育率增加，正是因為缺乏教育。同期間，世界上其他每個地區的生育率都在下降。關於結構性調整方案，已經有很多人寫過文章。[3]陷入嚴重經濟困境的國家向國際貨幣基金 (IMF) 尋求幫助時，IMF會提出一套準則，要求那個國家做結構性調整。這要求看似中立，但實際上是指國家必須減少公共服務開支，並把產品推向市場。

1980年代，非洲大幅削減公共支出。那些把政府支出視為浪費及經濟失靈的人，可能對此感到滿意。但那種削減也意味著，撒哈拉以南非洲的人均實際教育支出平均下降了近50%。[4]在有些國家，連入學率也下降了；在另一些國家，女童受教育比例的增長開始減緩。

這種「自然實驗」(亦即對結構性調整有利，其他的說法比較尖刻)導致女性消權。教育支出減少，意味著更多女性失去擁有知識、技能、掌控生育自由的機會。教育支出減少對生育的影響，是破壞公共利益的明顯例子：教育不僅可以幫助個別婦女，也對社會有益。1980年代因生育率上升，20年後達到生育年齡的人口數較多，因此人口成長持續的時間會比預期更長，這對已經很窮的國家造成巨大的壓力。

這是怎麼運作的？教育可以透過仙女教母提到多種的方式來降低生育率。學歷高的女性可獲得資訊，可獲得避孕方法與服務，也更有可能成為廣泛經濟體中的經濟參與者。她的丈夫也是如此，那會降低生育更多孩子的動機。他們有工作與事業要追求，不太可能把孩子視

為養兒防老的保障。教育讓女性對自己的性行為及生育握有更多的掌控權。當然，如果教育使更多的嬰兒存活下來，那也會降低想要生更多嬰兒以防萬一的動機。

……也有益於自己的健康

無論是對高素質的人才，還是對那些經濟或政治上不惜孤注一擲的人來說，美國都是一個很有吸引力的地方。它有很多優點，但身體健康不在其中。在第一章中，我提到美國男性與女性的健康狀況特別糟——比該國收入與財富預測的結果還糟。美國國家科學院的一項研究也得出類似的結論，並指出，相較於對等的國家，美國的健康劣勢在最弱勢的美國人身上最為顯著。[5]

美國黑人是美國的弱勢族群之一，另一個弱勢族群是幾乎沒受過教育的人。這兩個群體有一些重疊。美國黑人的預期壽命比白人短，黑人男性的壽命比白人短4.7歲，黑人女性比白人女性短3.3歲。[6]美國的健康統計數據大都是按種族劃分，但我認為膚色與健康的關係不大。所謂健康方面的種族差異，是跟社會弱勢及歧視的程度有關。

如果關於社會弱勢的論點是正確的，我們可能會看到，美國黑人的健康比白人差是因為教育程度較差。這點確實適用在多數的女性身上，在男性的身上比較沒那麼明顯。圖表5.3顯示按教育程度區分的黑人與白人的預期壽命。[7]

黑人女性的健康劣勢，很大程度上與她們的平均學歷低於白人女性有關。至於男性，我們可以用兩種方式來說明那些數據。要麼白人男性從教育中(大學以上學歷)獲得的健康優勢比黑人男性多，不然就是那些幾乎沒受過教育的白人男性出了嚴重的問題。事實上，很可能是後者。過去的20年間，幾乎沒受過教育的白人男性健康惡化了。

圖表5.3 不止看起來比較長

2008年美國男女出生時的預期壽命

受教育年限	白人女性	黑人女性	白人男性	黑人男性
<12	73	73	67	66
12	78	74	72	68
13–15	82	80	79	74
16+	83	81	81	75

資料來源：S. J. Olshansky, T. Antonucci, L. Berkman, R. H. Binstock, A. Boersch-Supan, J. T. Cacioppo, et al., "Differences in Life Expectancy Due to Race and Educational Differences Are Widening, and Many May Not Catch Up," *Health Aff (Millwood)* 31, no.8 (2012):1803–1813.

　　我忍不住再次把大家的注意力拉到社會梯度上。不止教育程度低的人健康不佳（他們確實健康不好），受教育年限與預期壽命之間也有階層關係，連社會頂層也有這種現象。相較於受過16年或更長教育的人，上大學時間較短的人，預期壽命也比較短。

　　說明健康劣勢時，一定要提到社會梯度。我們不僅需要解釋，為什麼在貧國及富國沒受過教育對健康不利，還要解釋為什麼受的教育越多，健康越好。

　　我們也必須解釋，為什麼健康與財富之間的關聯強度有所不同。歐盟委員會請我與倫敦大學學院的同事編寫一份關於歐洲健康（主要是歐盟）的集體報告。圖表5.4就是出自那份歐洲報告，該圖顯示國家內及國家之間的健康不平等有多嚴重。[8]

　　它可以用類似圖表5.1（嬰兒死亡率）的方式來解讀。例如，我們來看愛沙尼亞。25歲男性的預期壽命僅能再活45年，比瑞典少10年。現在來看愛沙尼亞國內的狀況。教育程度最低的25歲男性，預期壽命還有36年；教育程度最高的25歲男性，預期壽命還有53年，後者比前者多了17年。如果套上今天的死亡率，教育程度最低的25歲男性平均只能活到61歲。相較之下，上過大學或其他高等教育的25歲男性，預期會活到78歲。在瑞典，每個人都過得不錯。教育程度最低與最高的人之間，預期壽命的差距約為4年，不像愛沙尼亞多達17年。

圖表5.4 歐洲：不是都一樣

歐洲人25歲的預期壽命

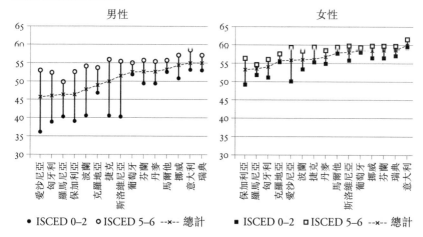

男性　　　　　　　　　　　　女性

• ISCED 0–2　○ ISCED 5–6　--×-- 總計　　　■ ISCED 0–2　□ ISCED 5–6　--×-- 總計

註：ISCED = 國際教育標準分類（International Standard Classification of Education）；
0–2 = 未受教育到中小學教育。5–6 = 大學與研究所教育
資料來源：Eurostat. Life Expectancy by Age, Sex and Educational Attainment (ISCED 1997),
updated July 27, 2012

　　整體來說，預期壽命差距最大的國家是在中歐與東歐。他們是歐
洲地區的貧國，國民收入最低，往往也是平均預期壽命最低的國家，
但我們也看到別的情況 —— 這是我送給那些認為「健康主要由我們的
選擇所決定」的人的另一個禮物。如果你幾乎沒受過什麼教育，最好
是住在瑞典、意大利或挪威，而不是愛沙尼亞、匈牙利或保加利亞。
換句話說，如果你的教育程度很低，你住在哪個國家真的很重要。對
學歷高的人來說，住哪裡就沒那麼重要了。在圖表5.1中，我們看到
貧國的嬰兒死亡率與母親的學歷也有類似的情況。我說這個才叫作
「選擇」，這是刻意嘲諷前述那些人所說的「選擇」。人們無法控制自
己的出生地，對於自己能接受多少教育，也只有些許的掌控力。

　　我得馬上補充一點：壽命長（預期壽命）不見得就是健康。我們
比較歐洲國家時，也看人們是否覺得自己健康不佳，以及他們是否長

期罹病。在這些衡量健康不良的指標中，我們也看到明顯的社會梯度：學歷越低，健康狀況越差。

在本書一開始，我強調，物質匱乏與消權的結合，導致許多國家內部及國家之間出現健康不平等。在社會底層，從國民收入可以看出物質匱乏（貧困）的程度；教育也是不錯的賦權指標。這真的是兩種不同的影響嗎？或者，圖表5.4所示的教育與健康之間的明顯關聯，正是教育程度較低的人比較可能生活貧困的原因？

為了回答這個問題，我們必須思考，在歐洲，貧困意味著什麼。在撒哈拉以南非洲與南非，貧困是指缺乏健康的基本條件：水與衛生、食物與住所。在歐洲，每個人多多少少都有這些東西了，但我們仍然看到明顯的健康不公平現象。為了衡量歐洲的貧困程度，我們採用一個指數，那個指數是根據「是否負擔得起以下東西」建構出來的：

- 支付房租或水電費
- 讓家裡維持足夠的溫暖
- 面對意外的開支
- 每隔一天吃一次肉、魚或對等的蛋白質
- 離家一週的假期
- 汽車
- 洗衣機
- 彩色電視機
- 電話

資料清楚顯示，以上述清單來說，歐洲人越是負擔不起上述項目（亦即物質匱乏度越高），健康越差。[9] 這是一份有趣的清單。在孟加拉，貧困意味著沒有廁所，眼看著小弟因攝取的卡路里太少而成長太慢，或因為不得不喝髒水而感染。在歐洲，貧困意味著沒有假期，沒有汽車或彩色電視，以及不得不在填飽肚子與暖氣之間做選擇。

那教育呢？教育和物質匱乏重疊了：一般來說，教育程度越低，匱乏程度越高。兩者只是重疊，不是衡量相同的個體。物質匱乏與教育是各自和健康的社會梯度有關聯。

因此，即使在富國，仙女教母也可能是正確的。我們可以畫出一張人生歷程圖。兒童早期發展的不平等，導致了教育的不平等。教育結果跟以下的種種有關：你找到的工作類型，你能不能找到工作，你是否有足夠的金錢維持生計，你對抽煙、飲酒、生活方式所做的選擇。而這一切都會影響健康及健康不平等。

……也有益於保護自己

我覺得接下來的數字實在可怕到令人難以想像。人口與健康調查在許多中低收入國家進行時，其中一個問題是問女性：如果妻子拒絕丈夫的求歡，丈夫因此毆打妻子，她覺得那是否可接受。[10] 你猜有多少女性覺得可接受？圖表5.5顯示兩國的答案。

在馬利，有半數多一點的小學學歷女性認為，丈夫可以因此毆打妻子。以前的數據更高。幸好，受過中等教育或高等教育的女性中，認同這樣做的比例不到40%，這至少讓我們看到一線曙光。在埃

圖表5.5 他可以做什麼？！

同意「妻子若拒絕丈夫的求歡，丈夫可毆打妻子」的女性比例

國家	年	總數(%)	未受教育(%)	小學學歷(%)	中學或更高學歷(%)
馬利	2001	73.5	75.8	74.5	51.6
	2006	56.8	59.9	53	37.5
埃塞俄比亞	2000	50.9	56.2	44.8	17.1
	2005	44.3	51	40.4	14.5
	2011	38.6	48.9	32.8	11

資料來源：Demographic and Health Surveys, 2011

塞俄比亞，33%的小學學歷女性認為毆打是可接受的，以換取行使個人的身體自主權，以前的比例是45%。受過中等教育或更高教育的女性中，認同這樣做的比例是11%。我們在每個國家中都看到，教育發揮了影響力。這些數字的一種解讀方式是，缺乏教育使女性更容易受到傷害。掌權者（無論是丈夫、握有主導優勢的種族團體、還是專制政體）掠奪脆弱的弱勢者。教育減少了女性的弱勢。

涉及全球健康時，我們學到的第一課是：要有文化敏感性，尊重「別人」在他們所處的社會有不同的做事方式。這點非常重要，但尊重不能取代婦女的權利。讓一半的人類（男人）有權毆打另一半的人類是錯的。女性掌控自己身體的權利，必須凌駕在文化敏感性之上。即使那是「別人」做事的方式，那表示他們錯了。女性受教育的影響力，清楚地凸顯出這個事實。隨著時間經過，我們看到認同那種錯誤觀念的比例持續下降，那更強化了我的「證據導向的樂觀」。

教育還可進一步幫女性保護自己，幫女性找到帶薪工作。經濟的自給自足可以減少她們遭到親密伴侶暴力對待的機會。

…… 也有益於國家發展

「發展」（development）是一個令人振奮的詞。我們以前常說「開發中國家」與「已開發國家」。那是否意味著已開發國家已經做到了——也就是說，一切已經完成、結束了？以前有人把樂觀主義者定義成：覺得當前的社會組織已盡可能達到最佳狀態的人；把悲觀主義者定義成：擔心那很可能成真的人。多數人可能都希望社會繼續發展，亦即變成更好。即使是那些認為一切都比以前更好的人，以及那些破壞一切的進步人士，他們可能也想要「發展」（他們所謂的「發展」，是回到比較美好的年代，無論那是指什麼時候。我對美好的懷舊歲月無法產生太多熱情）。

聯合國有一整個單位致力於發展：聯合國開發計畫署(UNDP)。我覺得他們的報告非常寶貴。聯合國開發計畫署是由馬赫布卜·烏·哈格(Mahbub ul Haq)開創，受到沈恩的影響，它認為發展不僅涉及經濟增長。它使用「人類發展指數」(Human Development Index, HDI)，那個指數包括國民收入、教育、預期壽命的衡量指標。此外，它是按HDI為國家排名，而不是把世界分成已開發國家及開發中國家。在2013年的報告中，挪威在HDI上排名第一，剛果民主共和國與尼日一起墊底，並排第186名。

健康與教育是大家重視的生活重要組成。本書的一個基本假設是人們重視健康。聯合國採用這個觀點，不是只以國民收入作為衡量發展的唯一指標，那是很棒的作法。

儘管有些人可能會問，地球能夠承受國民收入持續增長、讓永續發展受到威脅嗎，多數人還是認為健康與教育的改善是好事。因此，整體上，HDI的成長是好事，但不平等破壞了這種成長。聯合國開發計畫署2013年的人類發展報告(Human Development Report)顯示，教育不平等與健康不平等對HDI有很大影響，但收入不平等並沒有對HDI產生很大影響。事實上，教育與健康上的更平等，可以抵銷收入不平等加劇對人類發展的影響。

即使採取比較狹隘的方法，把經濟增長視為一種結果，大眾教育對於日本明治時代(1868–1912)的經濟發展，以及近來韓國、台灣、新加坡、香港、中國等地的經濟發展也很重要。[11]

仙女教母可能要注意：改善教育與健康的公平，不僅對一個村莊的小女孩很重要，對整個社會的發展也很重要。改善教育可以讓世界變得更好，而且這是現在進行式，不必把希望寄望在仙女教母的身上。進步的過程必然是磕磕絆絆，那些障礙主要是不平等，但證據是明確的。只要我們改善教育，健康公平性的改善就可能隨之而來。

借鑑芬蘭經驗，以了解及處理不平等

芬蘭的小學生看起來特別清新、健康、積極——其實有點像他們的老師。校長告訴我，赫爾辛基羅素（Ressu）綜合學校的學生不是來自特別有權勢的家庭。他們的學區涵蓋三個族群：學者、藝術家、勞工階級。這位班導師彬彬有禮，博學多聞，對訪客很有耐心，也非常包容，縱然我不是第一個來芬蘭的教育聖殿取經的人。自從國際學生能力評估計畫（PISA）顯示，芬蘭15歲的學生在標準測試中，得分比其他歐洲學生高出許多後，大家就一直很好奇芬蘭是怎麼做到的。PISA是由富裕國家組成的經濟合作暨發展組織（OECD）定期進行的研究。它以標準化測試，對15歲的青少年進行數學、科學、讀寫能力的測驗——只要這類測試能在跨國研究中進行即可。每次公布測試結果時，各國都會仔細檢視自己的國家表現得如何。

英國向來智識過人，許多發明、創意藝術、卓越大學都是出自英國。儘管如此，英國的PISA表現並不理想。在創新與技能方面，美國也非等閒之輩，但為什麼芬蘭在國際標準化測試中表現得如此出色，英美的表現卻那麼糟呢？這是一個很巧妙的自然實驗，因為英國與芬蘭的做事方法截然不同。

目前，英國改善兒童教育的方式是：由相關的政府大臣從中央管控，廢除地方政府對學校的控制，制定全國課綱，安排督學視察學校，以確保每所學校達到標準，並為孩子在校的不同階段應達到的水準設定標準。中央政府將在每個階段進行審查，公布各校的績效排行榜，點名及批評學校，並取消教師的最低資格要求以激發創意。教育及教育標準變得非常政治化。

芬蘭的方式幾乎相反。他們有全國課綱，但老師想教什麼有很大的自主權，學校是受到地方政府的管控，沒有考試來檢查孩子在不同

年齡是否達到相關能力。九年基礎教育結束時，有一次全國考試，但成績不會公布，也不會告知學生，而是由學校用於統計目的，以便了解他們與其他學校相比的狀況。所有的老師都有碩士學位——比這個學歷更低是無法想像的。芬蘭非常推崇教職，民眾也對教職趨之若鶩，教師培訓是以研究為基礎，所以他們鼓勵教師發展出探究式學習法，為學習困難的孩子尋找解決方案。

芬蘭的體系不是以管控教師為基礎，而是以教師與學生共同負責為基礎。不強調全國性考試，不僅顯示他們認為那種考試對優異表現是沒必要的（從芬蘭在PISA拿高分即可見得），也顯示那種考試是過於狹隘的教育方法。芬蘭的興趣在於培養未來公民，讓他們知道如何與不同背景的人共事，獲得音樂與文化教育，學習傳統的芬蘭技能（例如木工與紡織品），以及如何烹飪。

我對招待我的人（校長與教師工會的一位幹部）提出兩個矛盾的假設。一個是學校減少了社會弱勢對學業成績的影響。另一個是學校放大了社會優勢與弱勢的影響，因為家庭背景較好的孩子更容易利用學校提供的東西。芬蘭教師無疑認為，芬蘭的綜合學校減少了社會弱勢對學業成績的影響。有問題的兒童（多達30%）會受到特別的關注。平等是芬蘭教育中最重要的字眼。

我認為，如果學校成績是呈鐘形曲線，他們對問題兒童的特別關注可能減少了學習落後者，但那可能也減少了精英表現，使芬蘭的諾貝爾獎得主減少了。[*]他們完全不認同我的看法，芬蘭的老師不僅致力幫助學習落後的孩子，也鼓勵優秀的孩子挑戰自我，進一步發揮。

---

[*]　感謝海倫娜‧柯若寧（Helena Cronin）惠賜這個說法。

　　芬蘭在教育上的出色表現，有沒有可能與學校不太相關，而是因為他們的人口同質性較高，兒童貧困程度較低？這是典型的學者問題，想要隔離相關的變數。他們溫和地指正我，說我不能把學校的表現和學校所處的社會與文化分開來看。學校受到文化與社會的影響，學校的使命是積極地為社會與文化做出貢獻。

　　我們可以從芬蘭經驗獲得啟發，那些經驗可以套用到全球。

儘管教育中有社經差異，貧窮並非命運！

　　在芬蘭，就像PISA測驗中的其他國家一樣，家庭的社經地位及文化水準越高，15歲孩子在標準測驗中的表現越好。例子如圖表5.6所示。請原諒我再說一次，圖中的所有國家都有社會梯度問題，不是只有貧困家庭的孩子表現不佳而已──社會梯度在澳門及芬蘭最平，在斯洛伐克最陡，英美次之。如果英美和歐洲多數國家想在教育表現上趕上中國與芬蘭，我們**必須**積極縮小教育表現中的社會梯度──有鑑於本章前面所述的內容，這樣的建議是完全合理的。

　　我參加一場會議，那場會議是為了討論在塔村區 (Tower Hamlets) 成長的情況而召開的。塔村區是倫敦東區特別貧窮的區域，我在會議上提出類似上面的結果。塔村區的教育處長質問我：

　　她說：「你的研究結果過時了。」

　　那句話正好擊中我的痛處，她是什麼意思呢？

　　「我們天天告訴自己，貧窮不是命運，我們已經打破了貧窮與學業表現之間的關聯了。」

　　她把他們的結果傳給我看，沒錯，他們確實打破了貧窮與教育成果之間的關聯。PISA的結果也顯示了這點。貧窮，或者更準確地說，PISA的ESCS（社經與文化地位）得分低，並不是命運。雖然每個國家都有社經梯度，許多青年的表現比他們的ESCS背景預測的結果

圖表5.6　為每個人，大家同心協力……迎頭趕上中國

按ESCS（社經與文化地位）四等分所顯示的國內數學結果

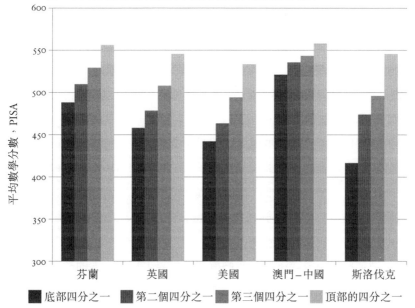

註：ESCS 是 PISA 衡量地位的指標

資料來源：PISA, 2013

更好，有些青年的表現比較差。PISA提到，有些很有韌性的人雖然社經地位處於劣勢，但表現得很好。學校與家庭很重要。塔村區的案例顯示，教師的努力付出可能發揮很大的影響力，使塔村區的學校更像芬蘭的學校。

在錯誤的情況下，劣勢可能變成命運。有一個印度種姓制度的例子，可以說明社經與文化背景如何影響教育結果。這個例子的效果特別明顯，也令人沮喪。一群為世界銀行撰寫公平報告的研究人員做了一項研究，他們給10到12歲的印度兒童一套謎題。[12] 兒童必須在一定時間內解開謎題，解題越多，獎勵越多。有些孩子來自高種姓背景，有些來自低種姓背景。在實驗的第一部分，完全不揭露孩子的種

姓背景。在這種情況下，低種姓與高種姓的孩子在智力測驗上的表現一樣出色。在實驗的下一部分，孩子的種姓背景揭曉了，令人沮喪。在那種情況下，低種姓孩子的表現，明顯比高種姓孩子差：低種姓孩子解開的謎題數，比之前尚未揭曉背景時少了25%。有一種解釋是，這就是一種消權的方式。一旦低種姓孩子知道權威人物知道其背景後，他們就覺得遊戲被操控了。他們不管再怎麼努力、做得再好，都得不到應有的回報。

這個例子傳達出一個明顯的訊息：我們應該創造出一種環境，讓種姓不要變成命運。如此一來，孩子不管背景如何，都會做得更好。有一次我在美國演講，並在演講中提到這些結果。演講完後，一位黑人聽眾來找我，給我一個大大的擁抱。他說：「現在你知道黑人在美國的貧民區成長是什麼感覺了。」

把這些結果放在一起，我們發現，世界上每個地方的教育表現多多少少都有社經梯度，只是陡峭度不同罷了。證據顯示，有三種因素會影響梯度：家庭、更廣泛的社經條件、學校。孩子入學時是否做好準備，可用來預測孩子在校成績的好壞。誠如上一章所示，兒童早期發展（因此攸關入學準備），有部分是受到親子教養的影響。孩子求學期間，家長對孩子可能持續有影響。與社經環境有關的同儕效應也很重要。我們在巴爾的摩看到，在城市中比較貧困的地區，曠課率遠比城市的高級區還高——既然大部分人都曠課，多我一個不多。芬蘭與塔村區的經驗顯示，學校確實有影響力。

……也有益於邁向性別平等

如今芬蘭不僅在小學與中學教育中實現了性別平等（女孩與男孩的參與率皆為100%），而且接受高等教育的女性比男性多。芬蘭並非特例。數字顯示，這種現象在全球有一個門檻，而且它與國民收入之

間有明確的關聯（沒有梯度）。國民收入低於約一萬美元時（依購買力
調整後），接受高等教育的女性比男性少。國民收入一旦超過那個門
檻，在多數國家，繼續接受教育的女性比男性多。所以，性別也不是
命運。

我們在PISA分數中看到這點。研究一再顯示，女孩的語言能力
比較好，男孩的數學能力比較好，但芬蘭並非如此。芬蘭與其他國家
一樣，女孩的閱讀能力比較強，但女孩的數學比男孩好──瑞典與冰
島也是如此。

性別平等仍是世界其他地區面臨的問題。好消息是，在過去40
年間，隨著性別平等的改善，世界各地的初等教育入學率雖有些許波
折，但整體的趨勢是大增的。如圖表5.7所示，過去40年間，中學教
育的入學率也出現大幅增長。

圖表5.7 有些地區受教育的時間較短

各地區中等學校的毛入學率（gross enrollment rate）都呈上升趨勢，
兩性皆然，1970–2009年

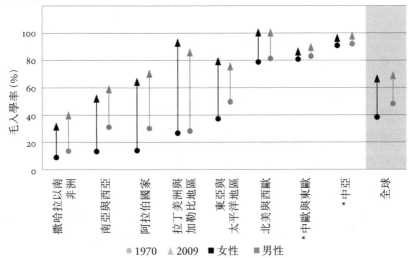

* 1970年中歐與東歐的資料是指1971年。中亞的資料是回溯至1993年。

資料來源：UNESCO, *World Atlas of Gender Equality in Education* (Paris: UNESCO, 2012)

延續前面的好消息，拉丁美洲、東亞與太平洋地區，女孩的入學率也比男孩高。但如圖表5.7所示，性別平等在撒哈拉以南非洲及南亞仍是中學教育的一大問題。我們稍後會看到，這應該是一個很容易解決的問題。簡言之，教育中的性別平等可能反映了社會的性別平等。

如何改善教育？

看起來，能做的事情很多。問題顯而易見。在低收入國家，入學的孩子太少，標準不高，曠課嚴重。在低收入、中收入、高收入的國家，教育表現都有社會梯度。

別從這裡開始

改善教育的最佳干預方式，是從學齡前開始。在整個歐洲，加入正式學前課程的孩子，15歲時的PISA成績較好。提高小學、中學、大學教育的入學率固然重要，但我們不該忘了學前期。我們在上一章已經了解及討論了良好學前教育的原則。想要獲得優質的學前教育，不見得一定要住在富國。例如，肯亞的姆瓦納姆溫達專案（Mwana Mwende）是動員整個社群一起為幼童提供支持、教育與照顧。該專案培訓父母了解兒童及青少年發展、社群發展、參與流程。這個專案是由姆瓦納姆溫達兒童發展中心（Mwana Mwende Child Development Centre）創立，它也提供幼教老師的培訓。

在拉丁美洲，學前教育入學率較高的國家，也是後來學生閱讀力較強的國家。在古巴與哥斯達黎加，三歲到五歲的學前就學率幾乎達到100%。他們的六年級閱讀成績也是拉丁美洲最好的。巴拉圭和多明尼加共和國的學前就學率較低，六年級的閱讀成績也低。阿根廷與秘魯介於中間。我應當避免妄下結論，但我注意到古巴與哥斯達黎加

的人相當健康(出生時的預期壽命超過79歲),多明尼加與巴拉圭的
健康比較糟(約73歲),阿根廷(76歲)與秘魯(74歲)介於中間。

錢很重要,但不是一切

教育帶來金錢,金錢帶來教育。這似乎同時適用於貧國及貧國的
家庭。更精確地說,在低收入國家,國民收入越高,他們在教育上的
支出越多。對低收入國家的低收入家庭來說,他們的收入越高,教
育支出通常也越多。但反過來也成立。一般說來,個人教育會帶來
較高的收入。前面提過,教育已經證明是國家追求經濟增長的一種
方式。

事實證明,要進入這種良性循環是有可能的,許多國家已經這樣
做了。在印度,63%的成人識字。相較之下,在越南與斯里蘭卡——
前者比印度稍窮,後者比印度稍富——超過90%的成人識字。印度
每年的經濟增長高達6%至8%,令富裕世界羨慕不已。不過,如果
教育能夠更普及,那種增長效益可能會進一步擴大。

國家幫助家庭打破「低收入→低教育→低收入」這種惡性循環的
一種方式,是借助外界的幫助。有條件的現金轉移方案,最早是出現
在墨西哥與巴西,那是一種用來減少貧窮**並且**產生長期改變的方法。
這種方案是鎖定貧困家庭,只要他們滿足某些條件(例如帶幼童去營
養健康診所,並讓年齡較大的孩子就學),就可以定期獲得現金補
貼。墨西哥的方案最初稱為「進步」(*Progresa*),後來改稱「機會」
(*Oportunidades*)。截至2004年,該方案已涵蓋500萬個低收入家庭。[13]
現金轉移主要是流向在校兒童,尤其是年齡較大的兒童及女孩。

我造訪墨西哥城外鄉下的一處「機會」專案點。同行一位年輕成
員說,排隊領補貼的都是婦女,個頭矮小,看起來像「印第安人」。
這觀察挺敏銳的。那些人之所以是女性,是因為發錢給女性比發給男
性可靠。女性比較可能把那筆錢拿來養家。她們個子矮小,是因為貧

窮與營養不良有關，營養不良導致她們長不高。她們看起來像「印第安人」，是因為原住民比較可能身陷貧窮。

這些方案確實有用。整體上，參與有條件現金轉移方案的人，更有可能讓孩子求學。[14]那些發放現金的條件，使我們之中的一些人感到不安。設定那些條件，就好像政府對貧窮家庭說：只要你照我們的要求做，我們就給你現金；你必須帶年幼的孩子去診所檢查，讓年齡較大的孩子去求學。最近一項綜合研究檢閱了35項研究所發表的75份報告，那些研究比較無條件現金方案與有條件現金方案的效果。無條件方案確實增加了入學率，但方案設定的條件越多，監測得越多，入學率越好。[15]但是，話又說回來，有些例子顯示，無條件現金轉移及有條件現金轉移對女孩就學的影響一樣大，馬拉威就是一例。[16]

那份報告凸顯出一個明顯、但很重要的要點。讓孩子上學是一回事，教他們東西是另一回事。沒有證據顯示，有條件的現金轉移方案改善了測試成績。這寓意很清楚。你不去上學，就得不到上學的好處，上學固然重要，你也要努力提高教育品質。

提高品質是所有國家關切的重點，無論是低收入、中收入、還是高收入國家。一個國家不必達到富有的境界，也可以有出色的教育表現。中國澳門的PISA優異成績就是一例（如圖表5.6所示），中國上海的PISA成績也一樣出色。

提供良好教育

多年來，我與經濟學家一直有意見分歧，但經濟學家告訴我，相較於經濟學家彼此之間的分歧，我與他們的分歧根本不算什麼。麻省理工學院的經濟學家阿比吉特・班納吉（Abhijit Banerjee）與艾絲特・杜芙若（Esther Duflo）展開一項研究，探索如何減少貧窮。[17]他們使用確鑿的證據來評判經濟學家之間的論點。尤其，有一種觀點認為，從中央或地方政府由上而下提供教育，才能有良好的教育。相反的觀點

則是主張讓市場機制自由運作：人民會要求良好的教育，並願意為良好的教育買單，私營部門可以提供那種教育。

請注意這裡的意識型態。如果有人向芬蘭建議，他們最需要的是，由家長支付學費的私營教育，而不是由稅收資助的公立學校，芬蘭人會(禮貌地，因為他們是芬蘭人)請你離開。芬蘭人的教育成果之所以能在亞洲國家以外名列前茅，是因為他們處理事務的方式。另一方面，誠如班納吉與杜芙若所說的，人們不信任印度政府提供的教育，是因為基於經驗有一些充分的理由。私營部門的教育品質參差不齊，窮人也負擔不起費用。但某些非政府組織所提供的優質教育正在發揮作用。這表示，諸如「公共部門好、私營部門不好」(或相反)之類的對策，眼界都太狹隘了，我們還需要考慮環境因素。

像韓國這樣的國家就是不錯的範例，它顯示教育成果可以出現大幅改善。南韓的教育成果有部分是歸功於他們對教育的大量投資。教育部的預算是1990年的6倍，目前占中央政府支出的20%。在南韓，教書是受人尊敬且競爭激烈的職業，教師的薪水豐厚(世界排名第十)，而且任教15年會得到獎勵。過去50年間，他們的課程也經歷了重大的修改，現在強調個體化、創意、韓國與其他文化的了解。高中畢業率是93%，相較之下，美國的高中畢業率僅77%。

教育是生命歷程中的重要部分，由此可見教育的重要，但這也顯示我們很難把教育對健康的影響獨立抽出來看。目前看來，孩子出生與成長的環境對他們日後在學校發生的事情有深遠的影響。而教育「結果」(技能、知識、掌控生活的能力)將決定成年後的職場生涯與基本生活水準。早年生活及離開學校發生的事情，對健康公平都很重要。

改善教育當然需要好學校，但誠如芬蘭人教我的，教育是在環境中發生的。為了獲得良好的教育結果，我們需要採取行動以減少貧窮與社經不平等，並改善兒童教育發生的情境（家庭與社群）。同時導正社經不平等及改善家庭生活的一種方法是透過工作，這也是下一章的主題。

註 釋

1　J. Drèze and A. Sen, *An Uncertain Glory: India and Its Contradictions* (London: Allen Lane, 2013).

2　UNDP, *Human Development Report 2013 — The Rise of the South: Human Progress in a Diverse World* (New York: United Nations Development Programme, 2013).

3　J. E. Stiglitz, *Globalization and its Discontents* (London: Allen Lane, 2002).

4　UNDP, *Human Development Report 2013*.

5　National Research Council; Institute of Medicine, *U.S. Health in International Perspective: Shorter Lives, Poorer Health*, ed. S. H. Woolf, and L. Aron (Washington, DC: The National Academies Press, 2013).

6　S. L. Murphy, J. Q. Xu, and K. D. Kochanek, "Deaths: Final Data for 2010," *National Vital Statistics Reports* 61, no.4 (2013).

7　S. J. Olshansky, T. Antonucci, L. Berkman, R. H. Binstock, A. Boersch-Supan, J. T. Cacioppo et al., "Differences in Life Expectancy Due to Race and Educational Differences Are Widening, and Many May Not Catch Up," *Health Affairs (Millwood)* 31, no.8 (2012): 1803–1813.

8　Eurostat, "Life Expectancy By Age, Sex and Educational Attainment Level (ISCED1997)," updated July 27, 2012. Available from: http://appsso.eurostat.ec.europa.eu/nui/show.do?dataset=demo_mlexpecedu&lang=en.

9　UCL Institute of Health Equity, *Health Inequalities in the EU – Final Report of a Consortium*. Consortium lead: Sir Michael Marmot (European Commission Directorate-General for Health and Consumers, 2013).

10　Demographic and Health Surveys 2011. Available from: www.measuredhs.com/countries.

11　Dèrze and Sen, *An Uncertain Glory*.

12　K. Hoff and P. Pandey, *Belief Systems and Durable Inequalities: An Experimental Investigation of Indian Caste* (Washington: World Bank, 2004).

13 S. L. Barber and P. J. Gertler, "The Impact of Mexico's Conditional Cash Transfer Programme, Oportunidades, on Birthweight," *Tropical Medicine & International Health (TM & IH)* 13, no.11 (2008): 1405–1414.

14 F. V. Soares, R. P. Ribas, and R. G. Osorio, "Evaluating the Impact of Brazil's Bolsa Família. Cash Transfer Programs in Comparative Perspective," *Latin American Research Review* 45, no.2 (2010): 173–190.

15 S. Baird, F. H. G. Ferreira, B. Ozler, and M. Woolcock, "Relative Effectiveness of Conditional and Unconditional Cash Transfers for Schooling Outcomes in Developing Countries: A Systematic Review," *Campbell Systematic Reviews* 9, no.8 (2013).

16 A. Banerjee and E. Duflo, *Poor Economics: A Radical Rethinking of the Way to Fight Global Poverty* (New York: Public Affairs, 2011).

17 Ibid.

6　為生活而工作

每台沉悶又笨重的機器，都為這天單調乏味的活動擦拭乾淨了，也上了油，開始幹活……史蒂芬在布滿織布機的廠房裡辛苦地工作，裡面的每個人不斷地敲敲打打，剪裁撕拉。

——狄更斯，《艱難時世》(*Hard Times*)

　　艾倫是揀貨員，在一個巨大的倉庫裡工作。你上網下單後，艾倫會去貨架揀貨，把貨物放上手推車，送去給包裝員。包裝員裝箱後，貼上標籤，兩天後你就收到貨品了。就這麼簡單：你點幾下滑鼠下單，他揀貨，另一人包裝商品後，貼標籤。對你來說很方便，但是對艾倫來說就沒那麼方便了。他本來是揀貨員，但扣分累積達到三分而遭到開除。這是我們一起上 BBC 的《廣角鏡》(*Panorama*) 節目時，他告訴我的。*

　　夜班通常一輪是 10.5 小時，中間有兩次 15 分鐘的休息時間和一次 30 分鐘的休息時間——亦即工作 9.5 小時。值班一開始，艾倫會拿到

一個手持電子裝置，那個東西就像是他的控制器與良知，引導他去X排的貨架拿Y號商品，然後放進手推車；接著去P排的貨架拿Q商品……等等。當手推車裡的東西達到約250公斤時，那個電子裝備會引導艾倫去找包裝員。之後，他又推著手推車去裝另一批貨。他的目標是每小時撿110件大件物品（若是小物品，件數更多），約每分鐘兩件。那就是他的工作，每天九個半小時，加上一小時的休息時間。

那個手持電子裝置不僅是他的控制器，也會回傳他正在做什麼，所以公司可以追蹤他的績效是否達標。他跟不上節奏時，會收到警告。要是落後太多，他會被扣半分；落後得太離譜，甚至會扣一分。我問艾倫：「你在那裡工作時，曾經達到目標，並在輪班結束後產生成就感嗎？」他說：「從來沒有。」分分秒秒、日復一日，他總覺得自己不合格。

「你有沒有想過，一旦你習慣了，至少你知道你有穩定的工作？」不，因為有扣分的規定，他總覺得自己隨時有可能丟掉飯碗。

「其他員工怎麼看這份工作呢？」艾倫也不知道。除了上司以外，他幾乎很少跟其他人對話。而上司的任務是提醒他，目標沒有達成。值班時，根本沒時間跟其他人對話。休息時，光是從龐大的倉庫走到茶水間，就要花很久時間。而且，進出都要通過保全檢測，剩下的幾分鐘只能隨便吃吃喝喝，完全沒有時間與任何人閒談。

艾倫告訴我，有一天晚上他配戴計步器上班，當天的記錄顯示他走了11英里（18公里）。他覺得疲憊不堪，腳起水泡，這輩子從來沒那麼累過。某次輪班，他生病沒去，又被扣一分。做艾倫這種工作，雇主必須費心確保員工沒把工作帶回家——所以門口有保全人員。每天艾倫帶回家的是，那個惡毒小玩意兒的嘟嘟聲一直在他的腦中迴盪。

某天，他上班遲到了約三分鐘，結果又被扣分了。他工作了約八週後，累積扣分達到三分，隨即遭到解雇。

聽完艾倫的經歷，我的反應是，他的雇主似乎把我們所知的工作害處都濃縮在一個針筒中，注射到艾倫體內了。那份工作不僅耗體力，也要求很多。他無法掌控工作任務，需要付出許多勞力，但報酬很少，而且工作上無法社交，缺乏工作保障，組織不公，又必須輪班──研究證實這些特質都有損健康（稍後闡述）。艾倫那份工作的唯一「好處」是，他不會久坐不動。如果那些活動不至於造成身體勞累，也不需抬重物，那就沒問題，但事實並非如此。

在1930年代的電影《摩登時代》（*Modern Times*）中，卓別林（Charlie Chaplin）讓無足輕重的小勞工對抗生產線的強大意念，結果犧牲了小勞工。此後，職場上的唯一變化是，我們現在有更多的證據顯示工作在什麼時候、什麼情況下對健康有害。地位高的人不必面臨艾倫與小勞工那種工作條件，其實地位低的人也不見得只有那種工作環境，但那是他們經常面對的情況。惡劣的工作條件是造成健康不平等的主因。

卓別林與艾倫闡明了本書的關鍵主題：權力、金錢、資源的不公平，是導致健康不公平的根本原因。這三種不公平現象在職場上很突出：階級越低，權力越小，金錢越少，身體、心理、社會資源越差，健康因此變糟，工作是消權的溫床。

我們來闡述「消權」這個問題。艾倫的工作不僅充滿了對健康不利的影響，也缺乏我們期待從工作中獲得的效益。我們去工作是為了賺錢，但他的工資不高。工作有助於界定我們的社會地位與身分──我們認為我們是誰，以及社會認為我們是誰。但艾倫說，他覺得自己像機器人，機器人之所以還沒有取代他，是因為他比機器人靈活一些──他的智力與此無關。工作可以提供自我實現及個人成長的機會，但是對艾倫來說，揀貨員這個工作並沒有這些效益。工作是培養社交關係的地方。但是，如果你的目標是每小時揀110件重物，或是多達240件的小物，而你平均只能揀80件，你根本沒有時間社交。工

作與生活需要平衡，但艾倫需要輪班，常累到精疲力竭，那幾乎對工作與生活的平衡毫無助益。

工作是保障與賦權的基礎。沒有工作，我們可能會迷失、不安、受限、陷入貧困。如果你看完艾倫的經歷後覺得，他的情況雖糟，但沒有工作的話，情況會更糟，你很可能是對的。失業有害健康，但我們不該只比較「有工作」與「無工作」的狀況：工作的品質真的很重要。這表示我們不僅需要考慮工作條件，也需要考慮就業狀態——勞動契約的性質與存在。兩者都會影響健康。

艾倫那種工作不是偶然出現的。那是經過規畫，而且要有某種社會條件的配合才有可能出現：幾乎沒有工會(有工會的話，工作條件會更好)；缺乏替代的就業機會(有替代選項的話，勞工會去其他地方)；對利潤錙銖必較；社會對這類工作的容忍，或甚至助長。如果工作與就業可能導致健康不佳，我們也需要檢視「原因的原因」：為什麼工作與就業是這樣。艾倫的工作是否預示著未來的工作分三類：頂層是高薪、高技能的工作；底層是類似機器人的工作、中間的工作日益消失？

我們稍後就來看工作與健康的證據，但首先……

如果你認為艾倫很慘

拉爾塔是清潔員。她的職業，以及印度約100萬名像她一樣的人，是用手從旱廁清除人類的糞便，並把糞便堆放在蘆葦籃中，用頭頂著蘆葦籃到垃圾場去傾倒。你能想像比那更髒的工作嗎？拉爾塔也無法想像。她說：「我毫無尊嚴可言……感覺我就像頭上扛的糞土。」[1]

拉爾塔住在印度拉賈斯坦邦(Rajasthan)的阿爾瓦縣(Alwar)，但她也可能生活在其他邦。印度20世紀建造的多數公廁都是旱廁，主要是因為缺水。這種最沒尊嚴的工作，在賤民(種姓制度中地位最低

的人）家族中流傳了數百年，或者，以拉爾塔的例子來說，她是17歲時因為嫁給賤民，而承襲了這種工作。順道一提，印度的龐大人口中，約六分之一屬於賤民。許多人從事毫無尊嚴的工作。

清潔員必須把手伸入一條通道，以取出人類排泄物。拉爾塔那種工作有雙重問題：除了承受身體與生物風險以外，也毫無尊嚴可言，自我價值受到威脅，工作壓力大得驚人。拉爾塔覺得自己無處可逃，大家都說那是她的命運，但她無法就此認命：「我們的生活毫無幸福可言，人生毫無意義。無時無刻，我們要不是頭頂著糞土，就是心裡想著糞土。」

我聽到蘇拉布國際（Sulabh International）的人描述接下來發生的事情時，覺得廁所帶給我前所未有的啟發。蘇拉布國際是一個為了解決這個問題而成立的非政府組織。拉爾塔無法自己解決問題，但一個組織可以。解決方案分兩部分。蘇拉布國際在村莊安裝了低成本又安全的衛生系統，以公廁取代了旱廁。村民只要支付一點費用，即可使用公廁。如此一來，安裝廁所的單位就可以自負盈虧。1970年以來，蘇拉布國際已經安裝了一百四十多萬個家用廁所，也維護六千五百多個按次收費的公廁。[2] 他們甚至還建立一個國際廁所博物館。

我對人的興趣更勝於廁所。在蘇拉布建造廁所的地區，那些清潔員後來獲得了再培訓的機會。這個結果給了我很大的啟發。在我研究的案例中，他們獲得美容師的培訓。那畫面很棒，他們不再做毫無尊嚴的工作，不再處理我們不願承認的排泄物，而是努力幫女性變得更美，藉此幫他人提升尊嚴，也提升自己的自尊。看到以前的清潔員穿著白色紗麗的優雅照片，令人開心。還有一些清潔員學習做泡菜、食品加工、辦公室的工作，以及獲得做小生意的小額信貸。

拉爾塔的收入從每個月600盧比增至2,000盧比。更重要的是，她說：「我從承受一堆羞辱，變成擁有自尊與自信，我相信人生奇蹟般好轉了。我已別無他求，因為現在的我可以自信地面對世界了。」

　　每次我聽到富國人民哀嘆可怕的工作或生活條件，又找不到明顯出路時，我就會向他們提起拉爾塔及世界各地像她那樣工作毫無尊嚴的人，以及集體行動與願景有改變人們生活的力量。我們檢視工作與健康的證據時，應該謹記，既然集體行動可以改善印度清潔員的工作條件，任何工作條件都有可能改善，無論是在何處。

工作和健康

我們應該感謝一位偉大的意大利人

　　關於工作對健康的影響，我們應該把這方面的知識歸功於貝納迪諾‧拉馬茲尼 (Bernardino Ramazzini)。每次我遇到意大利的同行，我很快就把話題轉到拉馬茲尼上。他們的反應通常是：那是誰？拉馬茲尼是職業醫學之父。他生於意大利北部的卡爾皮 (Carpi)，那裡靠近摩德納 (Modena)。他成為摩德納的醫學教授，1700 年出版了傑作《工人的疾病》(De Morbis Artificum Diatriba)。拉馬茲尼告訴那個年代的醫生，如果他們想了解工人生病的原因，他們必須放下身段，去職場實地觀察：「我有點遲疑，如果我邀他們去廁所，不知道他們會不會受不了。」[3]

　　醫生屬於一種階級，罹患職業病的病人屬於另一種階級。拉馬茲尼因為建議醫生「跨越階級障礙，也許有助於他們學習到什麼」，而招致其他醫生的嘲笑。他說：「我從來沒想過，偶爾走進社會底層的工坊，學習機械藝術的艱澀操作，有損我個人的身分。」[4]他建議醫生與地位較低下的人交談，以了解他們的工作，進而了解他們的健康。大家紛紛質問：和病人交談？接下來又是什麼！

　　我也希望，有了現代的流行病學和毒理學之後，我們現在對工作與健康的了解，比拉馬茲尼那個年代更多了。然而，我不得不承認，

其實我們的了解並沒有比那個年代多太多。拉馬茲尼觀察、做記錄，並把工人的疾病與他們的工作連接起來。他對工作條件的關注，並不表示他忽視了工人生活中其他事情對健康的影響。

權力、金錢、資源的不公平進入職場 ——
不止物理與化學接觸：工作可能損害健康的三種方式

權力、金錢、資源的不公平，是健康不公平的原因 —— 這是我們在CSDH的報告中使用的措辭。只要稍微改編，它就能貼切描述工作如何影響健康。一般來說，社會地位越低，危害越大 —— 因此，工作對健康不公平的影響越大。

拉馬茲尼把大家的注意力拉到工作的物理與化學危害上。遺憾的是，在世上的許多地方，這種危害依然盛行，尤其是農業、礦場、工廠、建築工地，以及服務性勞動中。我們可以說這是實體資源的不公平。隨著後工業化時代工作性質的改變，更令人擔心的是職場權力的不公平 —— 心理社會條件。這是艾倫那個職場的特色，但也普遍存在辦公室及服務性的工作中。第三，工作可以透過金錢的明顯機制影響健康。工作可以讓人變得富有，也可能讓人持續貧窮，以及使更多人處在中間。你擁有的財富絕對值，以及你相對於他人的財富，都會影響健康與健康不平等。拉爾塔身為清潔員的悲劇在於，她同時受制於這三種不公平：權力、金錢、資源的不公平。

實體資源的

我們都很希望，第一類危險 (亦即物理與化學危害) 在職業健康標準較高的高收入國家已經消除了，聽起來很不錯，但事實不然 —— 尤其當我們將人體工學危害也包括在內。底下這封美國人寫給我的電郵就是例證，這裡姑且稱她為艾米麗，她的工作與艾倫的工作很像：

我在倉庫裡多次受傷，但被迫繼續工作，否則就有可能遭到開除⋯⋯
我的朋友和許多其他的人，包括我在內，都提醒過安檢人員，提箱
（亦即揀貨員拿給包裝員的東西）的重量超過安全標準。但我們的提醒
都被當成耳邊風，公司認為我們應該舉起比安全標準重三倍的提箱，
才能達到該有的揀貨速度（每小時的揀貨數量）。我的朋友彎腰去拿推
車最底層的貨物時，突然感到背部有東西折斷了。現在她飽受背部椎
間盤破裂之苦。

一項探索工作條件的全歐洲調查顯示，2005 年，每六名工人之
中，就有一人在工作場所接觸有毒物質，許多人至少間歇性地受到噪
音影響。[5]24% 的受訪者說他們暴露在振動中，45% 說他們在痛苦、
疲憊的狀態下工作，50% 說他們的工作只限於重複的手或手臂移動
（主要是電腦工作）。這些不利條件中，都可以看到明顯的社會梯度。[6]

我們難道沒有處理這種危害的職業標準嗎？底下是艾米麗在同一
封郵件中對這個問題做出的回答：

我有很多朋友仍在那裡工作，因為這一帶幾乎沒什麼工作可做。他們
覺得自己沒有出路，別無選擇，只能繼續忍受惡劣的條件。他們想要
一個工會，希望有人聽到他們的心聲，但是擔心萬一名字曝光了，會
失去工作，或被轉調到更惡劣的工作環境，直到他們再也受不了，自
己辭職。

沒有替代的就業選擇，沒有代表勞工利益的工會，健康與安全規
定不夠或執行不力。改善工作條件的歷史充分顯示：工會與健康安全
法規扮演著關鍵要角。你想看到民航機的機師在開飛機時睡著嗎，或
是醉醺醺地開飛機嗎？我們要求的是完全合理的健康安全法規（誠如
一個可怕的笑話所言：我希望像我父親一樣在睡夢中死去，而不是像
他的乘客那樣驚恐地尖叫）。然而，看報紙的某些版面，大家最討厭

看到的議題就是工會及「健康與安全規定走火入魔」。的確，在70年代的英國，即使工會聘請公關人員，明確要求他們散布負面新聞，他們還是不可能改變實際發生的狀況。在英國，大家只要想起1978至79年的「不滿之冬」（接連的工會罷工導致民眾反感），就不會想要回到以前那個工會領導人肆無忌憚的年代。但這不表示我們就應該放任公司老闆享有肆無忌憚的權力。經營有利可圖的公司，不以犧牲員工的身心健康為代價去追求利潤，是完全可能的，也是可取的。經驗顯示，寄望業主抱著利他的心態是緣木求魚。唯有健康與安全法規以及有效的工會，才能發揮保障員工的效果。

相較於低收入國家與中收入國家的問題，高收入國家難以執行健康安全標準幾乎顯得微不足道。不應以孟加拉一家成衣廠倒塌，導致逾1,100名工人死亡這起慘案，來提醒我們健康安全標準的鬆散。[7] 在全球大部分的地區，多數工人屬於「非正規」就業，所以要落實職業健康標準特別困難。[8] 但不要因此感到絕望。如果拉爾塔的生活可以改善，艾倫和艾米麗的生活也可以改善。

心理社會的

有一種方式可以用來描述艾倫的工作：消權。更具體地說，我會用六種方式來描述它：要求多和自主性低、努力與報酬不成比例、社交孤立、組織不公義、缺乏工作保障、輪班。這幾個特質都增加了罹病風險，合起來有如一杯有毒的雞尾酒。

這些概念，每個都有證據可以佐證。它們改變了我們看待工作壓力的方式。傳統觀念認為，地位高的人所承受的工作要求，增加他們罹患心臟病與其他疾病的風險。傳統觀念不見得都是錯的，但我們不該照單全收，尤其當它要求我們對高薪、高地位的人抱持同情的時候。你找不到幾個位高權重的人寧可放棄權勢，在開放式辦公室過比較平靜的生活。

如果你打算研究工作壓力，你第一個想到的研究對象可能不是英國文官制度。然而，事實證明，英國文官制度其實是研究壓力對健康影響的絕佳實戰地點。幾年前，政府的稅務局(現在是稅務海關總署)受到關注，因為高階稅務官員的自殺率很高。高階稅務官告訴我們，公文格裡放的文件都不是什麼好東西。每天一到公司，第一件事就是看到公文格裡究竟放了多棘手的案子。他們的工作挑戰不是找出逃稅者，而是避免如浪潮般湧入的公文吞噬他們。公文格裡有待處理的文件堆積越高，你越覺得自己永遠沒有浮出水面喘息的一天。他們每天上班就開始處理公文格裡的文件，但下班時，那堆文件可能比一開始處理時還高。放假令他們抑鬱，因為放假回來累積的文件更多，幾乎把他們滅頂了。不止無可避免的工作流程使他們精疲力竭，缺乏自主權也令他們感到無力。不管他們多麼穩紮穩打，多努力工作，他們依然落後得越來越多。

更糟的是，他們做得越好，越令人討厭，自我感覺越糟。沒有公民會感謝他們不遺餘力地指出報稅表上的「錯誤」。高付出、低回報、缺乏自主權對辦公室工作的影響，跟倉庫工作一樣。

我與倫敦大學學院的同事在第二次白廳研究中，有系統地探究了工作壓力的問題。前言提到，我們在第一次白廳研究中看到，心臟病與其他疾病的死亡率有社會梯度──職級越低，死亡率越高，[9]我把它視為「社會梯度中的生與死」。在第二次白廳研究中，我們對倫敦與倫敦周圍的一萬多位男女公務員做研究，也看到類似的梯度。[10]

第二次白廳研究顯示，工作要求多、自主性低、努力與報酬不成比例時，罹患心臟病[11]與心理疾病的風險增加。[12]此外，我們也多問了幾個問題：他們覺得組織對待他們的方式有多公正？我們稱之為「組織正義」。覺得組織缺乏正義的人，罹患心理疾病與身體疾病的機率較高。[13]

　　如果你覺得公務員不是典型的勞工，你可以想想自己的生活。你覺得什麼時候工作或生活壓力最大？你無法掌控的時候。多數人都能應付忙碌的狀態。對有工作的家長來說，尤其是職業婦女，他們可以巧妙地兼顧工作與生活。但是當一切超出負荷時，一個人就無法掌控正在發生的事情。付不出帳單，工作時擔心孩子生病，房東提出無法忽視的要求，家中暖氣故障，伴侶遭到解雇，變得鬱鬱寡歡等等，這一切都給人一種無法掌控的感覺。

　　所謂的「工作壓力模型」（要求多、自主性低），已經有幾個研究檢驗了證據。有21項研究探索數千人在不同條件下工作的狀況。結果顯示，工作要求多、自主性低的人罹患冠狀動脈心臟病的風險，比沒有工作壓力的人高了34%。[14]

　　工作壓力的第二個來源是，努力得不到適當的報酬。對我來說，艾倫的工作最令人沮喪的一部分是，日復一日，報酬微薄——無論是工資、還是自尊、或他人眼中的尊嚴、升遷，或大家能想到任何形式的報酬都寥寥無幾。不是只有產業食物鏈中最底下的一環需要報酬，每個人都需要。我曾與一位諾貝爾獎得主見面，他被譽為全球最卓越的思想家之一，可說是實至名歸。我從他的作品中引用了句子，並指出那句話對思維的影響，他開心地咧嘴而笑。即便是備受肯定的大師，也需要知道他的貢獻獲得了認可。這種肯定賦予生命意義，讓他覺得努力是值得的。

　　我是不是真的認為，當你付出努力，卻沒有人真心地感謝，可能增加患病的風險？這樣講又太過簡化了。努力換取金錢、地位、認可與自尊很重要，缺乏這種回報會讓人覺得壓力很大。事實上，證據顯示，努力與報酬之間的不平衡，與心臟病、精神病、請病假的風險增加有關。[15]同樣的，組織不公與輪班也會增加健康不良的風險。[16]

　　我大可把這一節稱為長程倉庫揀貨員的孤獨……與官僚。工作可以促進我們社交，也可以使我們陷入孤立，或介於那兩者之間的狀

態。社交孤立有害健康,那是跟隨社會梯度而來的另一種屈辱——不僅發生更多不利的事情,各種來源的潛在社會支援也減少了。許多研究顯示,一個人的社會地位越低,他與朋友、同事、鄰居、社群、組織之間的社交關係越少,第二次白廳研究只是其中一例。位於社會梯度的底層,唯一比較頻繁的社交關係類別,是與家人的聯繫。那似乎無法彌補其他領域的社交不足。

我在倫敦大學學院的同事安德魯·史特普托(Andrew Steptoe)與米卡·基維麥基(Mika Kivimaki)檢閱了九項研究,每項研究一開始都是追蹤毫無疾病的人。他們彙整那些資料,發現那些在研究一開始就處於社交孤立或孤獨的男女,在追蹤其間罹患冠心病的機率,比那些不孤獨或不孤立的人高了50%。[17] 我們當然不能把社交孤立歸罪於工作,但工作是人們培養社交關係的一種方式。工作上的孤立,斷絕了排解孤獨的一種方式。

金錢的層面

二次大戰期間,英國經濟學家威廉·貝弗里奇(William Beveridge)發表了一篇標題不太樂觀的報告,名叫《社會保險和相關服務》(*Social Insurance and Allied Services*)。[18] 說這份報告影響了全世界,一點也不誇張。它奠定了英國福利國家的基礎,也影響福利制度在許多國家的發展。貝弗里奇指出缺乏收入的重要性,他稱之為「貧困」(want),並寫道:「貧困只是戰後重建需要解決的五大問題之一,而且某種程度來說,也是最容易解決的。其他四個問題是疾病、無知、悲慘、懶散。」

無論是在低收入、中收入、還是高收入國家,我們依然在處理貝弗里奇所說的五大問題。把貝弗里奇的說法轉譯成現代的擔憂:我們可以說無知是缺乏教育;悲慘是導致低收入國家的嬰兒死亡,或導致富國人民住在寒冷住所的那種貧窮;懶惰是缺乏工作。由於我關心造成健康不平等的原因,我認為,貧困、無知、悲慘、懶惰這四大問題

圖表6.1 工作不再是脫貧方法

就業貧困，英國1996至2012年：現在有工作家庭中的貧困人數，比無業或退休家庭中的貧困人數還多

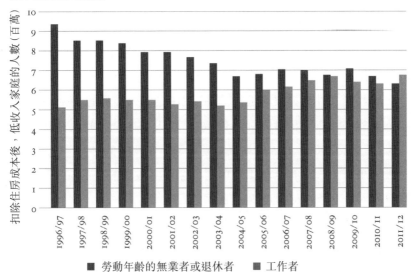

資料來源：英國就業及退休保障部（DWP, 2013）

可能導致第五大問題：疾病。但這些問題是彼此相關的，缺乏教育可能導致失業，失業可能導致貧困。

遺憾的是，如果工作的報酬分配不均，工作可能不是脫貧的方法。例如，圖表6.1顯示英國的趨勢令人擔憂。

貧困的定義是，收入低於健康生活所需的水準。無業家庭中（包括退休人口），陷入貧困的人數已經減少。這是好事，但有工作的人陷入貧困的人數卻增加了。截至2011年12月，多數貧困者是來自有工作的家庭。這就不太妙了。

英國跟其他地方一樣，政客講的陳腔濫調往往成了想法與溝通的障礙。他們對經濟趨勢的簡單描述是，世界分成勤奮家庭（奮鬥者），以及那些依賴各種國家福利的家庭（乞討者）。這種措辭有許多問題，

其中一個是它掩蓋了一個事實：多數不夠錢維生的人，其實是有工作的。[19]事實上，在低收入的勞動家庭中，約四分之三的勞動年齡成人有工作。如果工作是脫貧的途徑，那些家庭就不需要國家的施捨了。所以，問題不是他們沒興趣工作，而是低薪。

在美國，我們也看到類似的情況。圖表6.2顯示全職工作的男女收入變化。[20]

男性與女性根據收入進行分類：P10是收入最低的10%，P90是收入最高的10%（第90個百分位數）。過去25年間，收入最頂層的10%（圖中的P90），收入的增幅相當可觀。起薪越低的人，收入增長越慢。事實上，對有全職工作的男性來說，收入較少的50%男性，實質收入是下降的（亦即經過通膨調整）。

你應該還沒忘記，我不僅關心貧困，也關心社會梯度。所以，中間階層的命運也令人擔憂。美國雖然越來越富有，但好處大都歸屬於最富的10%。正如圖表6.2所示，增加的財富很少分到底下80%的人手中。

圖表6.2 該給予的人反而獲得更少

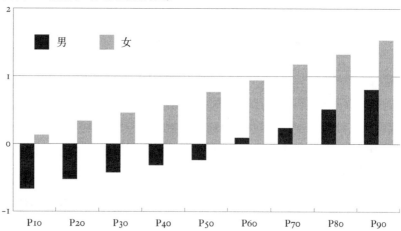

美國全職工作男女的收入按十分位區分的實質收入增長（%），1980至2005年
資料來源：OECD 2008

簡言之，解決勞動年齡人口收入低的辦法有三個：提高貧困勞動人口的收入，讓更多人就業，提高各種因故無法工作者的收入。這些措施都可能減少健康不平等。

在我們從工作場所條件談到就業條件之前，我們應該問一個重要問題：損害健康的，究竟是工作、還是工人？

前兩章談早期生活與教育時，我說，兒童早期發展的品質與教育成就不是基因決定的，而是社會環境的性質決定的。但是，萬一我錯了，是基因決定的呢？如果是基因差異決定哪些人為了有趣的高薪工作而離開學校，哪些人像艾倫那樣陷入工作地獄，哪些人找到穩定的好工作，哪些人根本找不到工作呢？即使這些都是真的，工作與就業還是會影響健康。

決定健康狀況的是工作，而不只是工人。無論你的工作是怎麼找到的──靠有錢父母的人脈，靠自己努力付出，靠老天擲骰子隨機分配，還是靠遺傳稟賦決定的──我們還是有理由質問工作或雇用合約的性質是否影響健康。

不論拉爾塔或艾倫的基因組成是怎樣，只要改善他們的工作條件，他們的健康就比較不會受損。

就業條件與健康

我們剛剛考慮了工作中發生的事情，以及那對健康意味著什麼。所謂的「就業條件」有兩方面跟健康有關：失業與工作不安全感。我們先從失業看起吧。

年輕人已經走上馬德里街頭，他們很憤怒，並自封為「憤怒者」（indignados）。他們生氣是有理由的，社會違背了對他們默許的承諾──只要你成長、上學、學習、準備，之後就會輪到你進入職場、賺錢謀生，做每一代的人以前做過的事情。但是，對他們來說，似乎

不是如此。西班牙15歲到24歲年輕人的失業率是58%。這個數字可能看起來比實際情況還糟,因為有些年輕人可能是「非正式」就業——亦即登記為失業,但在灰色經濟或黑色經濟中工作。即便如此,青年失業仍是一大問題。在希臘,這個數字更高,多達60%的年輕人失業。在意大利,這個比例超過40%。

青年失業問題不是隨機發生的:學歷越高,畢業後就業的可能性越大。因此,我們可以看到生命歷程的運作:兒童早期發展的水準越低,教育程度越差,失業的可能性越大。

全球來看,經濟大衰退對就業造成了極大的衝擊。國際勞工組織(International Labour Organization, ILO)估計,2013年全球有超過兩億人失業。2008年開始的全球經濟衰退,導致原本已經很驚人的失業人數又增加了六千多萬人。[21] 全球跟歐洲一樣,15歲到24歲的年輕人受到特別大的衝擊:年輕人的失業率是年長勞動年齡人口的三倍。一場始於華爾街與倫敦金融城的經濟危機,正在剝奪北非、中東、拉丁美洲與加勒比海部分地區、南歐年輕人的工作。

在其他地方,真正的失業是隱秘的。例如,在印度,逾80%的勞動人口在「非正式」部門工作。即使經濟衰退,他們也不會去失業局登記,因為根本沒有這種單位。他們只能撿垃圾,打掃廁所,勉強做一些卑微的工作。工作的替代方案不是失業救濟金。不努力賺點小錢,他們就只能挨餓。

我不常用誇示法,但我把這種青年失業問題視為公共衛生的定時炸彈。失業有害健康,危害生命。那些一畢業就失業的年輕人,面臨著永遠無法養成工作習慣的風險——他們可能一輩子都淪為邊緣人。糟糕的工作可能有害健康,但失業可能更糟。

1980年代經濟低迷時期,失業率急遽上升,當時有人爭論這是否有害健康。[22] 一些經濟學家認為,生病的人更有可能失業,而不是失業容易讓人生病。這場辯論引發了一些熱議,因為幾乎沒有人主張

政府的政策使人失業。如果失業有損健康、甚至害死人，那等於是說政府政策殺人。英國財政大臣説：「失業率上升及經濟衰退，是我們為了抑制通膨所必須付出的代價。這種代價是值得付出的。」[23] 他不太可能説：「失業率上升以及隨之而來的健康受損，是我們為了抑制通膨所必須付出的代價。這種代價是值得付出的。」即使是財政部部長也不會這麼説，至少不會公開説，因此政府想輕描淡寫失業與健康不良的關聯。

失業人數在三年間從不到一百萬人增至三百多萬人時，聲稱「生病導致失業」很難令人信服。我的同事彼得・戈布萊特 (Peter Goldblatt)、凱斯・莫澤 (Kath Moser)、約翰・福克斯 (John Fox) 是那場辯論的核心人物。最終，是證據解決了爭論。他們追蹤 1971 年英格蘭與威爾斯人口普查中 1% 的樣本，研究結果出現與白廳研究一樣的死亡率社會梯度：社會階層越低 (看職業而定)，死亡風險越高。不過，對各個社會階層來說，1981 年失業者的死亡率比有工作者高了約 20%。[24]

其他研究也證實了失業有害健康，其中有些研究併稱為「東歐的健康、酒精、心理社會因素」(Health, Alcohol and Psychosocial factors in Eastern Europe, HAPIEE)。那是我在倫敦大學學院的同事馬丁・波巴克 (Martin Bobak) 與我在捷克、波蘭、俄羅斯的合作夥伴一起做的，隨後立陶宛也加入了研究。這些研究的目的，是為了探索中歐與東歐那些前共產主義國家的健康狀況為何一直遠遠落後於「西」歐 (籠統稱法)。檢測的假設就寫在標題「HAPIEE」中。我們在前三個國家對近三萬人做了體檢，並開始長期追蹤。經過六年的追蹤調查，我們發現，研究一開始就失業的人，死亡率是就業者的兩倍多。死亡率較高的某些原因是，失業者比就業者更可能酗酒與抽煙。畢竟，他們還有什麼事可做呢？即使考慮到失業者的社經地位較低，以及他們可能有抽煙與飲食不良等明顯特徵，導致他們的死亡風險較高，失業仍使他們的死亡率增加 70%。[25]

失業對心理健康的傷害特別大。一些政治人物認為，失業是一種生活方式的選擇。果真如此的話，那還真是一種奇怪的選擇，因為它會增加憂鬱及自殺的風險。

檢驗失業對健康影響的一種方法，是追蹤就業人員與失業人員並加以比較。另一種比較複雜的方法，是觀察失業率上升時，那個國家的健康狀況有什麼變化。

牛津大學的大衛・史塔克勒（David Stuckler）看了歐洲的資料，發現一國失業率的上升與該國自殺率的上升有關。[26] 對我來說，一個引人注目的發現是，影響的大小取決於一國在社會保障上的開支多寡（包括失業救濟金、積極的勞力市場方案、家庭支援、醫保）。如果沒有社會保障開支，失業率每上升3%，自殺率也會跟著上升3%。東歐國家的社會保障人均支出是37美元，失業率每上升3%，自殺率就跟著上升2%。西歐國家的社會保障人均支出約150美元，自殺率每上升3%，自殺率跟著上升不到1%。

從這種複雜的分析中得到的結論很簡單：失業嚴重損害心理健康，甚至可能導致自殺，但政府政策可以改變這種現象。失業率高又減少社會保障開支是一種有害的組合，這種事情在東歐國家已經發生了，如今南歐國家正被迫面臨這種狀態。

我想澄清一點：我認識的人都不覺得希臘在經濟大衰退之前把財政管理得很好。我看到一個數字顯示，希臘很少私人執業醫生申報的年收入超過一萬歐元。當時我問了一位希臘的醫療同行：「希臘稅務官究竟是腐敗，還是無能？」他回答：「在希臘，這兩者很難區分。」希臘的政府官員要麼做假帳，要麼不記帳，希臘民眾已經習慣大規模逃稅。儘管如此，歐盟委員會（European Commission）、歐洲央行、國際貨幣基金這三巨頭強行對希臘推動的政策，正在損害希臘民眾的健康。

工作不安全感與健康

工作不安全感理當是一件好事，亦即所謂的「勞力市場彈性」（labour market flexibility）。終身雇用？那對個人與公司來說，都太單調乏味了，至少一般普遍的看法是如此。工人缺乏安全感時，會保持警覺，更努力工作。我在某個工作地點看到一幅漫畫寫道：「士氣不振，鞭撻不止。」

我在一場會議上以證據顯示，在西班牙，從事不穩定工作的人，比從事穩定工作的人罹患心理疾病的風險更高。每次我提出這類證據時，總有人問我：「你考慮過因果關係嗎？」他們的言下之意是：有心理疾病的人比較可能去做不穩定的工作。換句話說，他們覺得是心理疾病導致工作不安全感，而不是反過來。

對此，我確實有一個答案，它是來自我代表WHO歐洲地區辦事處所領導的「社會決定因素與健康鴻溝的歐洲報告」（European Review on Social Determinants of Health and the Health Divide）。我們成立了幾個任務小組以審查「健康的社會決定因素」的證據，其中一個任務小組是審查就業與工作條件。這個任務小組彙整了65項有關「工作不安全感」的研究，並以壓倒性的證據顯示，工作不安全感確實有害健康，尤其是心理健康。[27]其中，最有說服力的案例，是由環境、威脅關廠或裁員所帶來的工作不安全感。

導正就業條件以改善就業狀況

公平就業意味著雇主與員工之間的關係公平，那需要符合以下幾個特徵：(1) 不受脅迫；(2) 合約與安全就業條件都有工作保障；(3) 公平收入；(4) 提供工作保護及社會福利，包括讓員工兼顧工作與家庭、享有退休金之類的規定；(5) 工作上的尊重與尊嚴；(6) 職場參與；(7) 充實且不疏離。[28]

你可能質疑，我是活在什麼樣的世界裡？我希望雇主與員工都能互相尊重。在你覺得我在做白日夢之前，讓我們回到印度再舉一個例子證明：即使起始條件很悲慘，改變還是有可能。

在阿默達巴德市，有三萬多名女性的工作是在路上撿紙與撿垃圾。在骯髒的街頭工作，一天搬運多達20公斤的紙張12個小時，可賺5盧比。她們不受法律保護，無法掌控工作環境的衛生狀況，也沒有工作保障。自雇婦女協會把這些女性集合起來，成立了幾個組織，其一是桑達瑞亞清潔合作社（Soundarya Cleaning Cooperative）。這個合作社主動跟客戶、個別家庭、公寓大樓、辦公室、機構（包括學校）洽談合約。現在他們可以掌控工作條件，享有更多的工作保障，工資也比較好：每月賺5,000盧比，而不是每天5盧比。在當地辦婚禮及參與排燈節（Diwali festival），每天需要花300盧比。

讓我重申一次前面討論倉庫揀貨員時所說過的話：改善工作條件的一種方法，是透過勞工組織。以前有段時間，「工會」是受人尊重的標籤，不像現在淪為一些圈子的笑柄。改善工作條件的另一種方法是落實健康與安全法規。

推行創造就業機會的政策、而不是摧毀就業機會的政策
——原因的原因

前面提過，經濟大衰退後全世界出現的失業問題，尤其是年輕人失業的問題，是金融機構那些青年才俊的不負責任行為造成的。他們的貪婪導致經濟崩潰。若你對此感到懷疑，可以閱讀麥可‧路易士（Michael Lewis）的《大賣空》（The Big Short）。[29] 接著，我提到經濟大衰退後實施的緊縮政策導致失業惡化。如果第二種情況是真的，為什麼政府要推行緊縮政策呢？

事實上，經濟學家與政治家面臨經濟大衰退的經濟問題時，似乎

只有兩種立場。一種認為，我們需要減少國債以求經濟增長。另一種認為，我們必須追求經濟增長以減少國債。更進一步來說，擴張性的緊縮主義者認為，實施緊縮政策、減少年度赤字、償還國債可以強化私營部門的信心，恢復經濟增長。凱因斯主義者則認為，需求降低後，家庭與企業不願投資與消費——亦即凱因斯的「節儉悖論」(paradox of thrift)。所以，即使國債很多，政府仍必須介入，花錢刺激經濟——亦即「反週期投資」(counter-cyclical investment)。榮獲諾貝爾經濟學獎的凱因斯主義者保羅‧克魯曼 (Paul Krugman) 把擴張性緊縮主義描述為相信信心仙子 (confidence fairies)。緊縮主義者則是嘲笑凱因斯主義以增加債務來解決國債高築的問題。

在問哪一方正確之前，值得注意的是，振興經濟的觀點，似乎與意識型態的立場有關：緊縮主義者偏向右派，凱因斯主義者偏向左派（雖然凱因斯本人不是左派，他關心的是如何拯救資本主義）。為什麼會這樣呢？有人可能會天真地認為，哪種政策「有效」是一種實務經驗問題。然而，緊縮主義者可能比較懷疑政府的方案，也比較不關心政策的分配效果（傷害窮人）。凱因斯主義者比較容易接受政府政策與實務的重要性，也更關心不平等（或許比凱因斯本人更關心不平等）。由於這種政治立場的差異，大家很難針對證據進行辯論。原本應該是有憑有據的證據辯論，到最後往往演變成毫不掩飾的政治信念之爭，或短期的政治觀點之爭。

非經濟學家很難看透爭論，並做出獨立的判斷。值得一提的是，支持緊縮的學術觀點最近遭到幾次打擊。緊縮派引用了許多論點，其中包括哈佛經濟學家卡門‧萊因哈特 (Carmen Reinhart) 與肯尼斯‧羅格夫 (Kenneth Rogoff) 的看法。他們兩人試圖證明，國家債務攀升到 GDP 的 90% 以上時，經濟增長會減緩。[30] 他們證明了這點，但一位研究生檢查他們的資料時，發現了基本錯誤，導致大家對他們的結論產生很大的懷疑。[31]

國際貨幣基金普遍要求各國政府削減開支，這項要求在全球造成很大的傷害。IMF發布的新數據指出，緊縮政策對於減緩經濟增長的影響，比它過去所想的還大。[32] 在英國，預算責任辦公室 (Office of Budget Responsibility) 表示，他們認同「財政緊縮有害經濟增長」這個大家普遍的假設。儘管緊縮主義的論點受到威脅，但是在整個歐洲與美國，緊縮主義者仍在政治與公關界略勝一籌。

這個爭論還有另一個爭議：經濟政策的成敗，主要是看GDP的增長。但如果我們有更廣泛的考量呢？我們希望經濟與社會政策不止促進經濟增長而已。評估政策時，也應該考慮到政策對人民生活的影響。為此，一種重要的方法是觀察政策對健康的影響。關於上述的爭論，我的論點是：如果緊縮政策導致失業，尤其是年輕人失業，那就應該以明智的投資及積極的勞力市場方案來紓解。

本地就業

在本章稍早，我為年輕人畢業後隨即失業、變成尼特族，感到煩惱。想想那對年輕人的現在與未來，意味著什麼。在前面的章節中，我的結論是，解決重大總體經濟問題的方案，會對就業機會產生重要的影響。這些辯論正在進行時，西班牙或希臘街頭的年輕人該做些什麼呢？

事實證明，地方行動可以發揮影響力。我們來看威爾斯史旺西市 (Swansea) 的兩個例子。

蓋瑞斯與德瑞克是在史旺西市不太富裕的地區成長的典型年輕人，他們都是就讀當地的公立學校。蓋瑞斯不太喜歡上學，常因行為不當而陷入麻煩，偶爾會蹺課，他和老師相互漠視，但他在「中等教育普通證書考試」(General Certificate of Secondary Education, GCSE) 中拿到5個C。這裡稍微解釋一下，英國每個15至16歲的青少年都要參加GCSE考試。政府用來衡量成功的標準是：在GCSE考試中拿到

五個C或更好成績的青少年比例。在全英國，這個比例平均是68%。但是拿五個C不算突出，進入牛津或劍橋大學的平均分數是8個A+與2個A。

所以蓋瑞斯只是一個普通學生，還沒有找到他想主修的學科。因此他16歲就離開學校，而不是進入當地的預科學校去參加「普通教育高級程度證書」(A-levels) 的考試。他本來想找份工作，但不知道去哪裡，也不知道該做什麼。他應徵了幾份工作，但那些工作都是錄取比他更有經驗或資歷更好的人。他18歲時，申請失業救濟金。因此，六個月後，他加入一些短期的培訓課程。但那些培訓課程並未能使他長期就業。到了21歲，蓋瑞斯在過去四年間，大都沒有就業、接受教育或培訓。他想搬出去住，但付不起房租。他試著與女友同居，但行不通。他的女友在超市上班，不想幫蓋瑞斯付房租。於是，他又搬回去和父母同住，但經常與父母爭吵。他領取失業救濟金，並做點毒品交易來補貼那筆收入。蓋瑞斯的故事是尼特族的典型。

德瑞克就讀史旺西市另一所類似的學校，他在GCSE中也是大部分拿C。不過，他參加考試之前，在11年級開始，就被學校認定為可能變成尼特族的人。因此，他得到威爾斯職業協會 (Careers Wales) 和學校所提供的一系列輔導。他還沒畢業，當地政府就提供他一個實習機會，並指派一位顧問來跟他討論將來的選項與機會。學校也幫他減少曠課時數。德瑞克不太喜歡上學，所以顧問不是學校教職員對他也有幫助，他們是在校外見面。德瑞克16歲時離開學校，但持續獲得地方政府的支持，尤其是剛畢業那個暑假。地方政府讓他加入一個為期六個月的培訓專案，培訓是從9月開始，內容包括就業技能的養成，並安排他到當地一家製造公司實習。培訓專案中有一筆員工自由支配的資金，他們從那筆資金中撥款給德瑞克，讓他去添購工具及面試服裝。為期六個月的培訓課程結束時，當地一家公司面試了德瑞克，並提供他為期一年的學徒訓練。現在他在那家公司擔任全職的技術員。

圖表6.3 在史旺西與雷克瑟姆就業

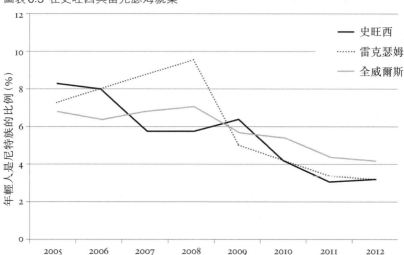

註：尼特族(NEET) = 已離開學校，但沒工作，也沒有接受工作培訓的人

資料來源：UCL Institute of Health Equity, *Reducing the Number of Young People Not in Employment, Education or Training (NEET)* (London: Public Health England, 2014)

德瑞克的經歷是史旺西市及另一個威爾斯小鎮雷克瑟姆(Wrexham)的典型，如圖表6.3所示。

這些城鎮的地方政府以策略性的方式關注問題，與年輕人合作，讓他們取得資訊以及最重要的關懷，因此減少了尼特族。

這衍生了一個意想不到的好處。史旺西的青少年犯罪從每年一千多起，下降到不到四百起。[33]相關性不是因果關係。我們不能說青少年犯罪減少是因為尼特族減少了，但那確實是可能的原因。

失業有害健康，工作很重要。好的工作可為員工賦權，提供權力、金錢、資源——這些都是健康生活的必要條件。工作的「好」特

徵通常有社會梯度：地位越高，權力越大，享有的條件越好。雖然那不是一定的，但高薪的律師與避險基金經理人即使加班時數驚人，至少他們還有高薪可以彌補。湯姆·沃爾夫（Tom Wolfe）把債券交易員稱為「宇宙的主宰」，他們也許壓力很大，但至少對工作有掌控權。[34]

在低收入國家，工作生涯的性質往往很像高收入國家以前經歷過的狄更斯年代。而且，隨著高收入國家把不願做的工作輸往低收入國家，工作問題並未解決，只是轉移了。改善工作條件的解決方案應該套用在全球，但地方行動的例子顯示，工作生活還是有可能轉變的（前述的印度清道夫或威爾斯的年輕失業者就是實例）。

一個令人擔心的趨勢是，工作會越來越分層：學歷好又有技能的人將獲得高薪又賦權的工作；學歷低又沒有技能的人只能做低下的工作。全球競爭可能變成競相沉淪的逐底競爭（race to the bottom）。在跨國公司的眼裡，糟糕的工作條件及廉價勞工使一個國家變得特別有吸引力。凸顯出這個問題，是解決問題的第一步。

第五章提過，教育是核心，因為教育為早期發展及成年的工作世界提供重要的連結。這裡，我也可以這麼說：工作是核心，因為工作為早期發展及超過工作年齡的老年生活提供重要的連結。接下來我們要探討的就是退休後的歲月。

註　釋

1　Sulabh International Social Service Organisation. Lalta Nanda, May 27, 2014. Available from: http://www.sulabhinternational.org/content/lalta-nanda.

2　UNDP, "Case Study: India, Sulabh International: A Movement to Liberate Scavengers by Implementing a Low-Cost, Safe Sanitation System," May 27, 2014. Available from: http://www.sulabhinternational.org/admin/config/media/file-system/Summary%20 of%20the%20Case%20Study-Sulabh%20International-A%20Movement%20to%20 Liberate%20Scavenger s%20by%20Implementing%20a%20Low-Cost%2C%20 Safe%20Sanitation%20System-by%20UNDP.pdf.

3   G. Franco, "Ramazzini and Workers' Health," *Lancet* 354, no.9181 (1999): 858–861.

4   Ibid.

5   Eurofound, *Fifth European Working Conditions Survey* (Luxembourg: Publications Office of the European Union, 2012).

6   Ibid.

7   S. Butler, "Bangladesh Garment Workers Still Vulnerable a Year after Rana Plaza," *The Guardian*, April 24, 2014.

8   International Labour Organisation, *ILO Introductory Report: Global Trends and Challenges on Occupational Safety and Health* (Geneva, Switzerland: International Labour Organization, 2011).

9   M. G. Marmot, G. Rose, M. Shipley, P. J. S. Hamilton, "Employment Grade and Coronary Heart Disease in British Civil Servants," *Journal of Epidemiology and Community Health* 32 (1978): 244–249.

10 M. G. Marmot, G. Davey Smith, S. A. Stansfeld, C. Patel, F. North, J. Head, et al., "Health Inequalities among British Civil Servants: The Whitehall II Study," *Lancet* 337, no.8754 (1991): 1387–1393.

11 H. Bosma, R. Peter, J. Siegrist, and M. G. Marmot, "Two Alternative Job Stress Models and the Risk of Coronary Heart Disease," *American Journal of Public Health* 88 (1998): 68–74; T. Chandola, A. Britton, E. Brunner, H. Hemingway, M. Malik, M. Kumari, et al., "Work Stress and Coronary Heart Disease: What Are the Mechanisms?" *European Heart Journal* 29 (2008): 640–648; T. Chandola, E. Brunner, and M. Marmot, "Chronic Stress at Work and the Metabolic Syndrome: Prospective Study," *British Medical Journal* 332 (2006): 521–525.

12 J. Head, J. E. Ferrie, E. Brunner, M. Marmot, L. Rydstedt, S. Stansfeld et al., *The Potential Impact on Health and Sickness Absence of Management Standards for Work-Related Stress*. Research report to Health and Safety Executive. Health and Safety Executive, 2007.

13 M. Kivimaki, J. E. Ferrie, E. J. Brunner, J. Head, M. J. Shipley, J. Vahtera, et al., "Justice at Work and Reduced Risk of Coronary Heart Disease among Employees: The Whitehall II Study," *ArchInternMed.* 165, no.19 (2005): 2245–2251; M. Kivimaki, J. E. Ferrie, J. Head, M. Shipley, J. Vahtera, and M. G. Marmot, "Organisational Justice and Change in Justice as Predictors of Employee Health: The Whitehall II Study," *Journal of Epidemiology and Community Health* 58, no.11 (2004): 931–937; Head et al., *The Potential Impact*.

14 A. Steptoe and M. Kivimaki, "Stress and Cardiovascular Disease: An Update on Current Knowledge," *Annual Review of Public Health* 34 (2013): 337–354.

15 J. Siegrist, E. Rosskam, and S. Leka, "Report of Task Group 2: Employment and Working Conditions Including Occupation, Unemployment and Migrant Workers," Institute of Health Equity, August 13, 2012. Available from: https://www.instituteof healthequity.org/members/workplans-and-draft-reports.

16 Head et al., *The Potential Impact*; C. L. Bambra, M. M. Whitehead, A. J. Sowden, J. Akers, M. P. Petticrew, "Shifting Schedules: The Health Effects of Reorganizing Shift Work," *American Journal of Preventive Medicine* 34, no.5 (2008): 427–434; M. V. Vyas, A. X. Garg, A. V. Iansavichus, J. Costella, A. Donner, L. E. Laugsand, et al., "Shift Work and Vascular Events: Systematic Review and Meta-analysis," *British Medical Journal* 345 (2012): e4800.

17 Steptoe and Kivimaki, "Stress and Cardiovascular Disease."

18 W. Beveridge, *Social Insurance and Allied Services* (London: HMSO, 1942).

19 T. MacInnes, H. Aldridge, S. Bushe, P. Kenway, A. Tinson, *Monitoring Poverty and Social Exclusion 2013* (York: Joseph Rowntree Foundation, 2013).

20 OECD, *Growing Unequal? Income Distribution and Poverty in OECD Countries* (OECD, 2008).

21 International Labour Organisation, *Global Employment Trends 2014: Risk of a Jobless Recovery?* (Geneva: ILO, 2014).

22 M. Marmot, *Status Syndrome: How Your Social Standing Directly Affects Your Health and Life Expectancy* (London: Bloomsbury, 2004); M. Bartley, "Health and Labour Force Participation: 'Stress,' Selection and the Reproduction Costs of Labour Power," *Journal of Social Policy* 20, no.3 (1991): 327–364.

23 Hansard, HC 6Ser vol. 191 col. 413, May 16, 1991.

24 K. Moser, P. Godblatt, and J. Fox, *Unemployment and Mortality. Longitudinal Study* (London: HMSO, 1990): 81–97.

25 University College London, "The HAPIEE Study," UCL Department of Epidemiology and Public Health, 1999–2005.

26 D. Stuckler, S. Basu, M. Suhrcke, A. Coutts, M. McKee, "The Public Health Effect of Economic Crises and Alternative Policy Responses in Europe: An Empirical Analysis," *Lancet* 374, no. 9686 (2009): 315–323.

27 J. Siegrist, E. Rosskam, and S. Leka, "Report of task group 2."

28 Ibid.

29 M. Lewis, *The Big Short: Inside the Doomsday Machine* (London: Allen Lane, 2011).

30 C. Reinhart, K. Rogoff, "Growth in a Time of Debt," *American Economic Review* 100, no.2 (2010): 473–478.

31 T. Herndon, M. Ash, and R. Pollin, "Does High Public Debt Consistently Stifle Economic Growth? A Critique of Reinhart and Rogoff," Working Paper Series 2013(322), Political Economy Research Institute, April 2013.

32 International Monetary Fund, *World Economic Outlook October 2012: Coping with High Debt and Sluggish Growth* (Washington DC: IMF, 2012).

33 UCL Institute of Health Equity, *Reducing the Number of Young People Not in Employment, Education or Training (NEET)* (London: Public Health England, 2014).

34 T. Wolfe, *The Bonfire of the Vanities* (London: Vintage Books, 1987).

7 老當益壯

弄臣：你要是我的弄臣，我會叫人打你，因為你時候未到就先老了。

李爾：這話怎麼說？

弄臣：你還沒懂得人情世故，就不該老。

——莎士比亞，《李爾王》(King Lear)，第一幕，第五場

老年是個可怕的時期。貧窮、悲慘、社交孤立、智力與體力衰退，沒有社會角色，再加上年老是一種演化事件，這也難怪老年人會罹患各種疾病。年老不僅給自己帶來痛苦，也拖累社會，增加他人的痛苦。

像多數的刻板印象，前面的描述不全然是錯的，只是不充分，而且有誤導性。那段描述並未提到老年生活的豐富多樣性，因為老人生活在不同的國家，也生活在不同的社會環境中。隨著年齡增長而無可避免的衰退，為健康與社會關懷帶來了挑戰。那可以做得很好，也可以做得很糟。哈佛的外科醫生兼作家阿圖・葛文德 (Atul Gawande) 細膩地問道，一種充滿關懷又慈悲的醫療保健系統對此應有什麼恰當的反應呢？我們不該忽視，也不該為了閃躲無可避免的事情而逞強做過度治療，最後徒勞無功。[1]

　　儘管老人的健康與社會關懷很重要，但這不是本章的主題。我想探索的是，年老需要最後一輪護理之前所發生的事。這一章與我的總主題相符，我將探索影響健康及有效運作的條件中有哪些不平等的現象。對有些人來說，年老就是等著變成廢物，但沒有必要那樣。對另一些人來說，這是個人蓬勃發展、為家庭與廣大社會做出貢獻的時候。以下是90歲的巴西婦女瑪麗亞的見證：

2003年巴西通過「老人權利法」（Law for the Rights of Older People〔Estatuto do Idoso〕）以來，我國的老人情況就不同了。即使在「老人政策」通過之後，老人也紛紛拋棄了涼鞋與搖椅，開始過新生活。如今有了法律的支持，我們可以要求自己的權利了。

整體來說，社會看待老人的方式有了改變……現在我們需要的是工作以及街頭上的尊重。街道上的坑洞是老人的大敵，所以預防跌倒的課程非常重要。以前我曾經摔得很慘，甚至臉部掛彩。上完課後，我再也不曾摔倒了。另一件事是公車司機還沒做好準備，公車應該停在路邊，但他們沒有……公司一點都不擔心老人受傷。

現在我們更受尊重了。去看劇或聽音樂會，可以買半票真好。以前，我們無法去，因為太貴了。現在價格實惠，再加上公車卡也是免費的，搭乘城市之間的公車也是免費的。能過這種生活，我覺得很幸運，我知道不是每個人都那麼幸運。

以前我會盡量避免去銀行，把錢放在家裡。我們老年人之所以這樣做，是因為我們無法在銀行內枯等好幾個小時。有時因等得太久，我們只好放棄等候，黯然回家，但現在有老人優先處理窗口了。

我們應該停止分隔老人與年輕人。我們可以互相分享經驗，那很振奮人心。年輕人開始更加理解老年人了。他們知道我們也有唱歌、跳舞、聊天的權利。

還有很多事情要做，但已經進步很多了。[2]

顯然，這位女士被誤導了——她沒有意識到，陷入悲慘、貧困、疾病的老人，理當對慈善團體留給他們的些許善意心存感激。她認為老人應該有足夠的金錢與資源去做一些事情——物質賦權。她希望生活環境能讓她掌控自己的生活並參與其中，無論是修復街道上的坑洞，方便的交通工具，平價的門票，還是尊重與工作——心理社會賦權。她也要求法律上的權利與支持——政治賦權。

她那段清晰的敘述，甚至令我懷疑她是不是位普通的老人，但是話又說回來，這不正是我想傳達的訊息嗎：意識到老人就像其他年紀的人一樣，有能力過得卓越非凡，也可以過得平平凡凡。社會行動將進一步提升那個能力。意識到所有年齡層的權利，可以改善所有人的生活。

貫穿這本書的核心主旨是，社會不公平導致健康不公平。在本章中，我將關注國家之間老人健康的不公平及運作情況，以及國家內社群之間的不公平。我希望藉此解決道德社會面臨的另一個挑戰：老人與社會其他人之間的不平等。年復一年，隨著年齡增長，我越來越難以忍受這種年齡的不平等。巴西的瑪麗亞是我的偶像，她跟小說家、樂隊指揮、滾石樂團（Rolling Stones）、慈善組織負責人、在地志工一樣，在他們人生的最後幾十年使社會變得更好一點。

老人在已開發國家，年輕人在開發中國家？

或許我們該問的是，為什麼像巴西這種中等收入國家會有90歲的瑪麗亞這種人，而不是問為什麼巴西90歲的瑪麗亞會要求那些權利？難道問題不是「開發中國家有很多年輕人，已開發國家有很多老人」嗎？以前確實是如此，但這種情況正迅速改變。

1865年，法國有7%的人口是65歲以上。到了1980年，也就是115年後，這個比例加倍了，變成14%。相較之下，有人預測巴西只

要21年就可以讓那個比例加倍（老人人口占比可從2011年的7%，上升至2032年的14%），南韓也只要18年。[3]我的巴西同行艾利克斯·卡拉奇（Alex Kalache）曾是世界衛生組織日內瓦的老年部門負責人，他表示：「已開發國家未老先富，開發中國家未富先老。」簡言之，富國願意的話，他們有錢讓超過工作年齡的人享有合理的生活水準。這裡的「他們」，當然是指國家。說老人大都想要有合理的生活水準，是很合理的說法。在民主國家，這種意向日益變成一股強大的政治推力。

全球確實正在迅速老化，如圖表7.1所示。到了2020年，老人的比例將會超越孩童。65歲以上的人口比例將高於5歲以下孩童的比例。

圖表7.1 老年的多重樣貌

孩童與老人占全球人口的比例，1950至2050年

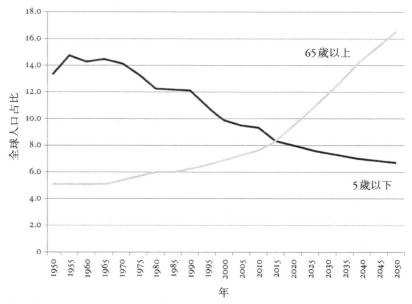

資料來源：United Nations Population Division, *World Population Prospects: The 2012 Revision*, 2013

人口老化是值得歡欣慶祝的事，這主要有兩個原因。第一，人口老化是因為人們不再英年早逝。在低收入國家，兒童活到成年的機率已大幅提升。我覺得這個成就實在很驚人、美好、非凡，它的增長速度可能遠比多數專家預測的還快。簡言之，這是一件值得慶祝的事。

第二個值得慶祝人口老化的理由是，老年也可以是人生中的一段美妙時光——巴西瑪麗亞的見證就是很好的例子。65歲以上的人也可以發揮創意、展現生產力、照護他人、談情說愛、投票、盡公民義務、消費及享受社會提供的東西。他們確實獲得很多福利，但他們也可以貢獻良多。

談到老年，一定會涉及性別，可能也會談到性愛，但這裡我關注的是性別。隨著全球老化，世界上女性人口也變多了。我父親晚年接近90歲的時候，自願搬出他的公寓，住進養老村（每個住戶有各自的住所，但集體供餐）。某天我去養老村和他共進午餐，我看到一位梳著漂亮髮型的白髮婦人扶著助行架緩緩走過。我父親笑著說：她是我最喜歡的人之一。這位老婦人含情脈脈，語帶俏皮地說：「他在這裡有很多最喜歡的人。」的確，在這座養老村裡，男人有很多選擇，因為這裡住著3個男人與45個女人。

女人比男人更堅強。除非受到嚴重的歧視，否則女性應該可以活得更長。因此，如今全球每百位60歲以上的女性，對應84位男性。每百位80歲以上的女性，對應61位男性。這表示，女性在教育、工作、擁有財產、獲得經濟援助與社會地位等方面受到的歧視越大，老年人口的命運越糟。

關注全球健康的不公平時，我們有充分的理由調整視角。我們知道如何預防兒童死亡，而且越來越多的人正在應用那些知識。然而，全球來看，老人死亡將會是更大的問題。聯合國預測，2025到2030年，全球死亡人數中，將有62%是發生在65歲以上的族群。[4]當然，

比起兒童死亡，社會比較容易接受老年死亡。但是在這裡，我關心的
是老年死亡中的不公平現象。

國家之間的壽命不公平

這裡有個問題：你60歲了，想知道未來的存活前景，你覺得下
面哪種情況比較好呢？是你克服了各種危險才活到60歲，因此以堅
強的倖存者自居；還是，你輕鬆地活到60歲，社會上的多數人都是
如此，幾乎無須對抗什麼就能活到60歲。

我可以把選擇描述得更具體一點。在日本，92%的15歲男孩與
96%的15歲女孩預期可活到60歲。相較之下，在俄羅斯，僅66%的
男孩與87%的女孩可活到60歲。60歲以後，誰的存活前景比較好
呢，是日本人，還是俄羅斯人？

日本人的勝算大很多：他們60歲以前比較健康，所以60歲以後
應該可以活得比較久。

圖表7.2顯示一些數據，外加更多例子。我是以健康男性活到60
歲的存活率為基礎來排列。這裡面雖然有例外，但大體上，60歲以
前的存活率越差，60歲以後的預期壽命越短。令人驚訝的是，俄羅
斯男性的健康狀況竟然比印度男性還差，我們將在下一章探討這點。

圖表7.2 60歲以前越健康，60歲以後越健康

	15歲男孩活到60歲的機率(%)	15歲女孩活到60歲的機率(%)	60歲時的預期存活年數(男性)	60歲時的預期存活年數(女性)
日本	92	96	23	29
英國	91	94	22	25
美國	87	92	21	24
巴西	79	89	19	22
印度	76	84	16	18
俄羅斯	66	87	14	20

資料來源：World Health Organization, *World Health Statistics 2014* (Geneva: WHO, 2014)

值得提醒的是，預期壽命差幾年，可能看起來不多，卻很重要。日本女性的預期壽命是全球最長的。平均而言，60歲的日本女性可以再活29年，美國則是24年。89歲與84歲的差別值得大書特書嗎？第　　，如果你已經84歲，並且握有下個月去聽巴布‧狄倫（(Bob Dylan)演唱會的門票，那就很重要。第二，我們算過，從人口統計中移除冠心病的影響，預期壽命僅增加不到四年。如果我說，我們正在消除主要死因，那聽起來充滿革命性——那就是預期壽命增加四年的意涵。增加一年已經很了不起了，值得追求；增加四年更是巨大；至於九年（俄羅斯人和日本人之間的差異），那簡直令人嘆為觀止。

第四章探討過，那些殺不死我們的，是否真的讓我們變得更強大。我說，說到兒童早期經驗的不利影響時，那句話並不是真的。那些沒有殺死我們的，對我們有害。我覺得，這裡也是如此。我們看不到堅強倖存者的效應：一般說來，60歲以前比較不健康的人，60歲以後的預期壽命更短。這有兩種可能的解釋：第一，有些危險會影響每個年齡層，例如飲用不潔的食水或露宿街頭對健康有害，無論你年紀多大。相對剝奪、社會劣勢、不健康的生活型態也是如此。第二，老人的健康受到以前人生歷程所影響。人生的種種經歷會影響晚年的健康與幸福。這並不是說，對今天的老人來說，如果他們的襁褓時期，母親沒有擁抱他們，他們的人生就完了。人生歷程的影響**以及**當下的環境（亦即巴西的瑪麗亞認為很重要的東西），都與晚年的健康不公平有關。

國家內的壽命不公平

這裡有個驚人的發現。你在十幾歲或二十出頭的時候完成學業，你的學歷可以預測你未來40年、50年或更長時間的存活機率。圖表7.3顯示50歲時的預期壽命。在第五章，我們看過類似的圖，那是25歲時的預期壽命。

圖表7.3 學歷有那麼長久的影響嗎？

50歲時的預期壽命

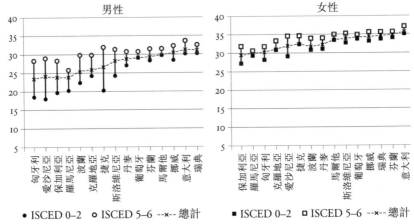

● ISCED 0–2　○ ISCED 5–6　--×--總計　　　■ ISCED 0–2　□ ISCED 5–6　--×--總計

國家是按總人口某個年紀的男女預期壽命排列

ISCED 0–2 = 學前教育、小學教育、國中教育

ISCED 5–6 = 大學與研究所教育

資料來源：Eurostat, "Life Expectancy by Age, Sex and Educational Attainment (ISCED 1997)," Eurostat 2012 [updated July 27, 2012]

　　那些數字是學歷最低者與學歷最高者的預期壽命。學歷中等者的預期壽命處於中等水準，所以這是有梯度的。

　　然而，各國之間有很大的差異，尤其是學歷低的族群ISCED 0–2（ISCED是國際教育標準分類）。所以，匈牙利與愛沙尼亞的健康不公平遠比瑞典、意大利、挪威、馬爾他還嚴重。

　　假設你在匈牙利，試圖用這些數字來說服孩子認真讀書（亦即採用證據導向的親子教養），你們可能出現以下對話：

你：你在學校要認真一點。

孩子：但我玩得很開心，玩樂滋潤了我的靈魂，愉悅了我的心情，我聞著花香，陶醉在春天的碧藍天空下……（看來是個文采洋溢的孩子）。

你：要是上了大學，你會活得更久。

孩子：我年紀還小，為什麼要在意活多久？

你：長壽不僅本身是一件好事，也表示你這輩子享有更好的社會條件。

孩子：如果你那麼在乎我是否長壽，或者過更好的生活，為什麼不讓我出生在瑞典，而是在匈牙利？在瑞典沒受過教育的人活到50歲以後的機率，比匈牙利受過高等教育的人還高。

你：別說了，吃你的小椰菜。

孩子：濫用權威是無賴的終極手段。

你：好吧，我們**確實**在匈牙利，對此我們能做的不多。但是你看圖7.3的數字。切記，我們使用預期壽命不單只是因為它本身很好，也因為那是一個不錯的指標，它顯示我們過得不錯。住在匈牙利確實比瑞典糟，但接受更多的教育可以幫你減少劣勢。瑞典、意大利、挪威這一組與匈牙利、愛沙尼亞、保加利亞那一組之間的差距，對學歷低的人來說影響比較大。所以上大學可以縮小差距。

孩子：嗯，所以，教育在任何地方都很重要，它可以預計壽命長短，也可以像你說的預測一個更美好的人生。但學會「虛擬語氣」又不代表一切，為什麼把文法學好對匈牙利的生活所產生的影響，比對瑞典生活產生的影響更大呢？

你：問得好。教育可能本身就是好的，它讓你學會生活技能，使你更能掌握生活中發生的事情。但除此之外，在多數的國家，學歷越高可以找到更好的工作、獲得更高的收入、享有更好的居住環境。如果社會條件對每個人來說都很好，像瑞典那樣，那麼學歷更高的特殊優勢可能就不是那麼重要了。在匈牙利，學歷優勢比較重要。

孩子：所以，在匈牙利接受更多的教育，就好像穿越波羅的海到了瑞典，但實際上仍留在匈牙利。

你：你終於懂了！

生活品質的不公平

在我們問教育究竟是哪個特質使它的影響如此持久之前，我們除了要考慮壽命長短以外，也應該考慮生活品質。年輕的時候，我們覺得死亡非常遙遠。年輕人用各種有趣又刺激的方式來虐待自己的身體，似乎也不會有什麼副作用。也許巴西的瑪麗亞19歲時只關心在天亮之前她可以連續熱舞幾個小時，或她能連續跳舞幾天。到了90歲，只要公車停得離路邊更近一點，或路上的坑洞填補起來，她的生活就改變了。此外，她還可以享受看劇的優惠票價及朋友的陪伴。

年老時，我們想要「活著」(alive)，但更重要的是，我們也想要「充滿活力」(alive)。如果本章開頭提到的「悲慘老年」刻板印象是真的，多活幾年並不划算。前面提過，如果你現在84歲，84年的壽命與89年的差異就十分顯著了。但是，如果你嚴重失能，多活五年就不像多五年可以打高爾夫球、看歌劇、去奢華旅行那麼有吸引力了。

你問，80歲還打高爾夫球？真的嗎？看起來確實如此。在英國，80歲以上的人中，逾60%的人說自己的健康「不錯」、「很好」或「非常好」。這些數字是來自英國老化縱向研究(English Longitudinal Study of Ageing, ELSA)，該研究追蹤了有代表性的英國人口樣本。我們關注的不止是他們的感受，也觀看他們能做什麼——他們的機能。一個很好的衡量標準是步行速度——一個人的正常步速有多快。一個人行走的速度，與他從事日常活動是否有困難非常相關。在80到84歲之間，近75%的女性及超過80%的男性在步行速度上沒有困難。[5]

英國80歲的人大都還能打高爾夫球，只是真的去打球的人不多，因為有一定的財力才能打高爾夫球。看歌劇及奢華旅遊也是如

此。我是故意挑這幾個活動來講。如果你有錢,你不僅有錢打高爾夫球、聽歌劇、去旅遊,你也更有可能擁有享受這些活動所需的健康與身心機能。老年的健康與機能有明顯的社會梯度。在 ELSA 中,地位高的男女(地位是以財富或學歷來衡量),與年輕15歲地位較低的男女健康狀況一樣。一個學歷最高、75歲的人,和一個學歷最低、60歲的人,他們健康良好的機率是一樣的。在這段中老年時期,「地位高」意味著「不會老得那麼快」。[6]

也許高地位者與低地位者的衰老速度相似,但高地位者的起始水準比較高。我聽說,一位西洋棋大師抱怨,以前他常提前預想九步棋,現在年事已高,只能提前預想五步棋。他過世後,醫學界發現他的大腦有阿茲海默症末期的病理圖像。他注意到自己的認知能力顯著下降,但他依然以多數人夢寐以求的水準運作。關鍵在於,如果你的起始水準很高,即使老化帶來無可避免的傷害,你的機能還是可以維持在一個夠高的水準,讓你不僅可以獨立生活,還可以蓬勃發展。

我的意思並不是說,老年不會有任何改變。但我們除了考慮老年帶來的衰退以外,也應該考慮老年帶來的收穫。[7]年老後,關節變得比較僵硬,步調變慢了——四處走動,從傷病中復元,記住名字等等——但有些事情變好了。例如,知識、經驗、解決問題的合理方案都會隨著年齡增長而變好,這就是所謂的「智慧」,而這些優點也是有社會梯度的。

老年時,減少健康不公平,意味著減少身心機能的不公平,以及死亡率與壽命的不公平。本書的第一幅圖(圖表1.1)顯示,無殘疾預期壽命的健康梯度比預期壽命的健康梯度更陡。社會階級越低,飽受殘疾之苦的時間越長——也就是說,不僅壽命越短,承受的疼痛與不適也越多。幸好,我們知道怎麼改善這種情況。關鍵在於為老人賦權,並肯定他們仍有權在社會上占有一席之地。

實現老年的健康公平

人生大事不是靠體力、活動或身體敏捷完成的，而是靠深思熟慮、品格、意見的表達。對老人來說，他們不僅沒有喪失那些特質，而且一般來說，他們的那些特質甚至變強了。

—— 西塞羅 (Cicero)，《論老年》(On Old Age)

我們可以為世界的人口老化問題而煩惱，認同本章一開始提到的老年刻板印象……但然後呢？然後就什麼也沒做，聽天由命。全球人口**正在**老化，每個人都會變老。我們應該接受這點，並意識到，誠如我剛剛說的，許多國家有不少老人活力旺盛，蓬勃發展，但社會中有明顯的不公平現象。我們面臨的挑戰，就像生命早期階段一樣，應該把每個人的健康與身心機能都拉到跟最頂層的人一樣 —— 藉由提高一般大眾的水準，來減少健康的社會梯度。

想要減少老年的健康不公平，最好的方法無疑是從生命的起點開始。60歲或65歲時，如果你的認知功能比較好、身體機能比較好，又比較健康的話，你的未來會看起來比認知功能、身體機能、健康較差的人更美好。收入、財富或學歷處於頂層的人，比處於底層的人多了15年的美好歲月。

不過，在生命後期，對社會的所有族群來說，可以做的事情很多。聯合國有一些強而有力的證據。有些聯合國的報告經過會員國充滿政治糾葛的批准後，發布時已顯得殘破不堪。幸好，不是所有的聯合國報告都是如此。《二十一世紀的老化：慶祝與挑戰》(Ageing in the Twenty-First Century: A Celebration and a Challenge) 是一份非常扎實的報告，由聯合國人口基金 (UN Population Fund, UNFPA) 和慈善機構「國際助老會」(HelpAge International) 一起發布。[8]那份報告主張，透過充分賦予人權或基本自由，讓人有尊嚴及安全地變老及享受生活。那份報告充滿吸引力，不僅是因為它對實際行動做了很好的分析，也因

為它把尊嚴與自由視為核心，並明確地指出尊嚴與經濟安全之間的關聯。

我為醫學院的一年級學生上課時，我向他們解釋健康生活最低收入（Minimum Income for Healthy Living）的概念。[9]最低收入不僅包括食物與住所的費用，也包括過有尊嚴的生活並在社會上占有一席之地所需的東西。老人需要錢來支付交通費、參與社交活動、買禮物送給孫子。我對那些因為表現優異而進入醫學院就讀的年輕學生說：「你們來倫敦大學學院是為了學習基因組學、蛋白質組學、代謝物組學。但現在台上的教授告訴你，如果你的奶奶沒有錢買禮物送你，她就無法過有尊嚴的生活，那有害她的健康。」學生很喜歡這種說法。

這一段離題了，但請包容我一下。健康生活最低收入的概念，是由傑瑞·莫里斯教授（Jerry Morris）提出的。莫里斯是英國當時所謂「社會醫學」（Social Medicine）的先驅，運動與健康的密切關係就是靠他一手推動的。他證明，雙層巴士上的票務員罹患心臟病的機率比司機低。莫里斯的體格精瘦結實，個頭矮小，精力充沛，他會緊抓著你的手肘，要求你跟他共進午餐。接著，他會跟你分享他的豐富智慧，從生物化學到社會福利政策等等，無所不談。他滿90歲後，針對他一直以來研究的「新」概念發表論文：健康生活的最低收入。2008年，我們發表CSDH的報告《在一個世代內敉平階級落差》後，某個週六下午他打電話到我家說：

「麥可！你的報告轉變了爭論。」

這確實是一種讚揚，但我卻慌了起來。他問我，有沒有引用他的最低收入研究？當時，報告剛好放在我桌子，我迅速翻了一下……啊哈！

「我們在第90頁引用了你的研究。」我說。

「還有第79頁。」傑瑞說。

我們講電話時,他已經98歲了,但他依然做著學者會做的事,詢問:「他們有沒有引用我的研究?」這是一種健康的老化。以上是我對恩師的感謝,離題結束。

《二十一世紀的老化:慶祝與挑戰》指出,全球關於老人最常提到的兩大顧慮是收入保障與健康,兩者是緊密相連的。

前面提過,老人健康的社會梯度是源自生命歷程,起始的時間是在出生之前。然而,我即將提出的證據顯示,老年還是可以做很多事情來改善健康與機能,以減少社會不公平。儘管證據的品質參差不齊,我還是得出了結論。假設有些證據是不正確的,假設讓老年人過有尊嚴及獨立的生活無法改善他們的健康,多活動身體及積極社交也無法減緩認知衰退的速度,我們追求這些目標有造成什麼損害嗎?難道讓老人不用在暖氣與膳食擇其一,讓他們使用公共交通工具,讓他們以折扣價去聽音樂會及看劇,讓環境變得更友善以便看到親友是壞事嗎?我認為這些干預措施可以影響健康公平性。但即使我錯了,即使它們都無法改善健康,它們也可以促進老人的福祉,讓他們更有機會過有尊嚴的生活。這個理由就已經很充分了。

賦權:物質上、心理社會上、政治上

聽聽巴西瑪麗亞的說法吧。我把她的需求描述為賦權:物質的、心理社會的、政治的,而且彼此互相重疊。我認為社交參與是一種心理社會賦權,但有足夠的錢,瑪麗亞就能參與那些沒錢做不到的事。修復街道坑洞是一種物質賦權,但那樣做可以讓她更有信心走出家門。擁有權利是一種政治賦權,但那可能促成其他領域的行動。

透過財富獲得物質賦權

到了退休年齡，再也沒有工作收入，現在要靠什麼生活呢？英國一位貴族階層的名人說他的父母是遊手好閒的富人。他說，有些人的父親更有錢，但沒有人比他的父親更懶散。第一種可能是，世界上有一部分的人可以靠財富的報酬過活，他們其實是收租階級。不過，即使在富國，多數人頂多只有兩項資產：住房與養老金，很多人甚至連這兩項都沒有。因此，即使在高收入國家，對多數人來說，資本收入也不是擺脫老年貧困的途徑。

透過工作獲得物質賦權

第二種可能是，在正式退休年齡後繼續工作，或是等社會調整退休年齡。這裡涉及性別歧視與社經不公平這兩個議題。在第六章，我提到印度清潔員拉爾塔的命運。即使她接受了美容師的培訓，那依然是非正式就業——沒有工作保障又低薪。只要有更年輕的女性出現，她很容易就遭到取代。即使她真的很健康，60歲或65歲之後還可以繼續工作，她可能根本找不到工作可做。

全球來看，女性比男性更有可能從事非正式的工作，學歷較低，在求職時遭到歧視，與男性同工不同酬。她們也更有可能比丈夫長壽，因此獨居，並成為家中重要的照護者。這些因素導致老年貧困更有可能是女性貧困。未來，隨著女性學歷趕上男性，這種情況將會改變，我們也希望性別歧視不再那麼普遍。

假設一個國家說，它要把退休年齡從65歲延到68歲，好讓大家工作更久，避免陷入貧困（或至少避免變得比較窮）。雇主與潛在員工都響應了，那接下來呢？雇主可能想要雇用有技能及學歷的人。潛在員工為了找工作，身體必須夠健康。這兩者都意味著，繼續工作到晚年可能有社經梯度。

英國就是典型的例子。如圖表1.1所示，無殘疾預期壽命有顯著的社會梯度：社經水準越低，無殘疾預期壽命越短。對那些最貧困的人來說，無殘疾預期壽命約為55歲；對那些最富有的人來說，無殘疾預期壽命約為72歲。最富有的人可以幹體力活，但他們可能不想做那種工作。最不富有的人可能想幹體力活，但身體不夠健康，沒辦法做。這不是很好的配對。

工作年限更長是一種可能，也理當是一種可能，但為什麼我們很難引入彈性呢？對一些人來說，在一些享有特權的職業中，停止工作是大家厭惡的事。我有一位朋友是美國一所名校的教授，他告訴我，該校的正教授中，有一半超過七十歲，有些已經八十幾歲了。顯然老人應該讓位給年輕人，畢竟職位就只有那麼多，老人占著不走，年輕人就得不到那些工作。這道理看似顯而易見，卻是錯的。認為老人阻礙了年輕人就業——所謂的「勞動總量固定」（lump of labour）假說——已經證實是一種迷思。[10] 它的破綻在於假設工作數量是固定的。但證據顯示，一般來說，老人在勞力市場的參與度越高，年輕人的就業率**越高**——也就是說，老人的就業機會越多，年輕人的就業機會也越多。沒錯，有些情況下，老人確實應該讓位給年輕人，以便為組織挹注新血，引進新想法等等，但老人該讓位不是因為老人繼續工作的話，年輕人就無法工作。角色可以、也應該隨著年齡而轉變。

那些以工作為樂的人，比如許多學者，非常樂於繼續工作。更廣泛地說，工作性質會影響一個人想要繼續做下去的欲望。在第六章中，我提到，高付出、低報酬的工作，壓力特別大，罹病風險比較高。我的同事約翰尼斯·西格里斯特（Johannes Siegrist）來自杜塞道夫，他提出「努力/獎勵」的概念，並探索這個概念與歐洲各地的退休狀況有什麼關係。他研究了15個歐洲國家，結果發現，工作中的努力和報酬越不平衡，員工越有可能說他們打算退休。[11] 法國試圖提高

退休年齡，結果引發大規模的罷工，導致巴黎陷入停滯。當工作狀況一直很糟糕時，員工不想繼續工作也就不足為奇了。

英國一家大型零售商的軼事證據顯示，年老的員工覺得留在工作崗位上的好處不僅在於收入保障，還可以維繫友誼，增加歷練，為顧客提供一些特殊／額外的東西。[12]

老年就業這個議題很棘手，並不表示它毫無商量的餘地。擺脫老年貧困的一種方式是延後退休。對那些受過教育、有技能從事有趣工作的人來說，我們需要的當然是一些彈性。人們工作到一定的年齡後，隨即陷入沒有工作的谷底，這不僅對他們個人來說不太好，對其他人來說也是一種損失，因為其他人失去了那些退休者所體現的技能、經驗、智慧。讓老人做兼職工作呢？慢慢進入退休狀態呢？這些都應該是選項。不過，實務上這樣做也很棘手，因為我們必須為那些從事辛苦的體力活，而且工作很無聊、甚至更糟的人著想。對艾倫或拉爾塔來說，延後退休真的是好事嗎？他們可能需要錢，但他們不需要屈辱與壓力。如果我們想改變年輕人的工作性質，是因為那些性質有害健康，那麼這個因素更是我們應該改善老人工作條件的原因——為老年人提供條件和彈性，讓他們能夠繼續工作下去。

學者、樂團指揮、小說家可能想永遠工作下去，但多數人並不想工作一輩子。即便是六七十歲才寫出暢銷小說的小說家菲利普·羅斯（Philip Roth），也在八十歲時宣布封筆。在工作結束後，有沒有一點私人財富、養老金，或某些形式的社會保障與家庭支持變得非常重要。

透過養老金獲得物質賦權

> 年收入20英鎊，若年支出是19英鎊19先令6便士，結果是幸福的；
> 但若年支出是20英鎊6便士，則很悲慘。
>
> ——狄更斯《塊肉餘生記》（*David Copperfield*）中的
> 米考伯先生（Mr. Micawber）

　　幾年前在芬蘭，有人告訴我，他們設計社會保障系統時，是根據以下的假設：一般人會工作40年，並在停止工作不久後就死亡。隨著受教育時間的延長，當時進入職場的平均年齡是26歲，退出職場的平均年齡是52歲，所以待在職場的時間一其是26年。然而，60歲時的預期壽命持續增長，所以芬蘭正朝著米考伯先生所說的悲慘結局邁進。

　　人口老化涉及政治選擇。養老金很複雜，那是把勞工提撥的錢以及雇主與政府提撥的錢一起放入某個計畫中。名義上，可能是你為自己未來的退休生活存錢，也可能是今天的勞工供養今天的老人。如果那筆錢被拿去投資，市場績效當然很重要。

　　如果對今天的退休者來說，養老金似乎太少了，社會有三種選擇：延後退休時間，退休者的養老金縮水，提高現有勞工提撥的養老金。可能還有一些更複雜的選擇與貨幣操縱有關，但前述三個選擇就足以說明，社會可以選擇他們想要的管理方式。

　　實際上，社會確實做出了不同的選擇。上一章的圖表6.1顯示，在英國，無工作的貧困家庭數量持續減少，但有工作的貧困家庭數量卻持續增加。圖表7.4顯示富國（OECD國家）所做的選擇。

　　例如，比較愛爾蘭與波蘭。兩國總人口的貧窮率都是15%左右，但在愛爾蘭，老人的貧窮率約30%；在波蘭，老人的貧窮率約5%。波蘭因安排合宜或歷史事件的影響，老人過得比一般大眾好，愛爾蘭則正好相反。瑞典與奧地利的全國貧窮率及老人貧窮率都比較低。顯然，貧窮率越低越好，但如果貧窮的定義是**相對於某個標準**，例如收入中位數的60%，那麼就一定會有人算是窮人。對於何謂貧窮，社會有很大的自由裁量權。

　　圖表7.4涵蓋了一些富裕國家，他們大都有某種完善的社會保障或養老金制度。值得關注的是，在中等收入國家或低收入國家，有可能出現這種制度嗎？答案是肯定的。

　　玻利維亞是拉丁美洲最窮的國家之一。68歲的尼爾達毫無收入來源，她聽說國家有養老金，老人每年可領一筆年金（約217美元）。她住在農村，養老金必須去城市的銀行領取。她正打算長途跋涉去領那筆錢時，有人告訴她，她需要先以身分證登記養老金，才有資格請領，但她沒有身分證。約六分之一的玻利維亞老人，幾乎所有鄉下出生的原住民，都沒有出生證明或身分證。沒有那些證明，他們在政府的系統中就不存在。非政府組織「國際助老會」支援玻利維亞的法律中心，幫人民取得出生證明。對尼爾達來說，她需要先取得出生證明，才能領取養老金，進而轉變生活。養老金遠遠低於該國的平均收入，但足以支應家庭開支與基本藥物。對尼爾達的一些鄰居來說，養老金是一筆救命錢，可拿來投入創造收入的活動，也可以幫孩子做同樣的事情。[13]

圖表7.4 老人比其他民眾更有可能陷入貧窮嗎？不一定。

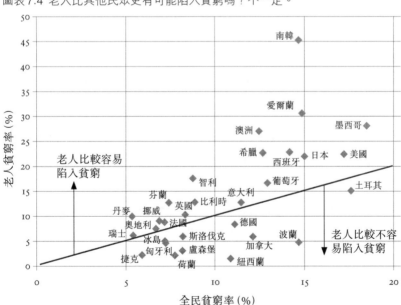

資料來源：OECD Income-Distribution Database; see OECD, *Growing Unequal?* (2008), Tables 5.1 and 5.3

　　玻利維亞不是唯一這樣做的貧國。我們做CSDH研究時，取得從阿根廷到越南等低收入與中收入國家的養老金計畫的證據（包括孟加拉、波札那、尼泊爾、烏拉圭等國）。不過，拉丁美洲的養老金計畫只涵蓋了約65%的人，南亞是20%，撒哈拉以南非洲不到10%。當雇主與員工共同提撥的養老金計畫付之闕如時，就需要由國家提供某種形式的社會計畫。現在有一百多個國家有社會養老金計畫。[14]

　　國家很窮的時候，老人的貧窮度也高。但即使是低收入國家，還是有足夠的先例顯示，養老金制度可以改善老人的生活品質，讓他們賦權。

心理社會 —— 賦權讓他們掌控生活，有尊嚴地過日子

　　關於老人的心理社會賦權，我有兩種方式。第一種是對健康行為或生活方式的影響。第二種是社交參與。我們先從健康行為說起，一位朋友對我說：「我一輩子認真地避免任何形式的身體活動，為什麼到了六十幾歲要改變呢？」他站立時，因大腹便便，很難看到自己的腳趾，更遑論彎腰觸摸腳趾了。但他認為這很像莎士比亞筆下的人類第五時期（fifth age of man）的現代版：「圓鼓鼓的肚子裡塞滿了上等的閹雞。」正好與下一句「充滿智慧格言與現代建議」相得益彰。[15] 我的朋友用字遣詞特別有詩意，信手拈來就是莎翁文采。當他描述他大快朵頤肥滋滋的烤肉及表皮閃著油光的烤番茄時，你會聽到感動流淚。飽和脂肪？盡量上吧。他試過一次綠色蔬菜，但無法理解吃蔬菜的意義何在。他描述自己享用濃郁布丁的說辭，可以使「我怎能將夏日與你比擬？」讀起來像法律信函一樣枯燥。[16]

　　至少我的朋友因社經地位較高，存活率比較大。我認為，以他那個社經地位，他應該好好控制自己的生活，除了繼續保持不抽煙的習慣以外，也應該攝取健康的食物，保持身體健康，飲酒適量。我的朋友跟伍迪・艾倫（Woody Allen）的想法一樣，他們覺得，如果你必須

放棄那些使你想活到100歲的東西才能長命百歲,那活到100歲有什麼意義。不過,在這之前,他還有一個問題。他想知道,既然他從童年到七十幾歲的飲食與運動都對健康毫無助益,現在改變飲食與運動有什麼差別嗎?

這個問題問得很好,這也是整章的前提。如果老人的健康與健康不公平是在年老之前由整個生命歷程發生的事情所決定的,那麼老人做什麼或必須忍受什麼,可能都已經無關緊要了。但我剛剛才主張,老年陷入貧困確實影響很大,他們自身的行為也很重要。

一個強而有力的證據是來自一項歐洲的研究。該研究鎖定11個歐洲國家介於70到90歲的老人。[17]採用地中海式飲食的人——攝取很多橄欖油、豆類、堅果與種子、穀粒、蔬果、魚類、較少肉類與乳製品,適度飲酒——活力充沛,而且15年沒抽煙,似乎對健康很有助益。在為期十幾年的追蹤調查中,相較於那些像我朋友那樣有「錯誤」行為的人,他們的死亡率少了一半以上。他們70歲以前,大部分的時間可能做了或沒做那些錯誤的事情,但這項研究並沒有完全告訴我們當下的行為是否重要。不過,幾乎可以肯定的是,當下有沒有抽煙,確實關係重大。戒煙的人經過一段時間後,就可以看到健康效益。身體活動可能當下也有效益,不僅可以降低死亡率,也有助於認知功能的提升(我們稍後會提到)。

如果只要提出有益的證據就行了,每個人都可以很健康。誠如第二章所述,健康行為是有限制的,這點適用在生命的早期,也適用在老年。老人與其他年齡層一樣,四種行為中的兩種(身體活動與抽煙)就像有些國家的飲食,是有社會梯度的。[18]它們可能促成了健康的社會梯度。所以,心理社會賦權的一種形式是控制行為。

有明顯的證據顯示,認知功能與認知障礙症有關。目前研究人員分為兩個陣營:一派主張「用進廢退」,另一派則抱持相反的意見。兩個陣營都有證據佐證他們的觀點,問題是:如果你停止玩數

獨，認知能力就會下降了嗎？還是你因為認知能力下降，才停止玩數獨？

有些研究探究了這個問題。[19]紐約布朗克斯區的一項研究採訪了一群大體上身體健康、年齡介於75到85歲的人，[20]詢問他們身體活動的模式，以及他們參加六種「認知」活動的頻率：閱讀書報、寫作助興、玩填字遊戲、玩桌遊或打牌、參加有組織的小組討論、演奏樂器。這項研究發現，身體活動無法避免認知能力下降或認知障礙症，但認知活動可以。問題是，哪個是因，哪個是果？是因為罹患認知障礙症，導致認知活動減少呢；還是因為缺乏認知活動，才罹患認知障礙症？研究人員破解這個問題的方式，是在基線上使用認知測試，以便排除「臨床前認知障礙症 (pre-clinical dementia) 導致缺乏活動」這個可能性。參與認知互動有預防痴呆的效果——它與認知衰退較少有關。

其他研究發現，適度的身體活動有助於防止認知下降，這也有考慮到「認知下降發生在缺乏身體活動之前」這個可能性。[21]一項研究是以美國70歲以上的退休護士為研究對象，在檢查認知衰退率之前，先評估九年的身體活動習慣，結果發現，即使只是走路那麼簡單的身體活動，也有助於預防認知衰退。[22]

我沒有提到「哪個是因、哪個是果」的另一面結果，所以我已經展現了我的偏見。維多利亞縱向研究 (Victoria Longitudinal Study) 是針對老人做的縱向研究，它證明活動與認知能力之間的關係是雙向的。[23]當然，社交、認知、身體上比較活躍的人，以後認知能力下降得比較少。但也有明確的證據顯示，反之亦然。認知能力的下降會導致活動參與減少，這其實不令人意外。

這種「用進廢退」的爭論並未結束。不過，話又說回來，認知、社交、身體活動似乎對身心機能都有一**些**保護效果。由於這些活動有社會梯度，它們都會促進健康老化的社會梯度。

在健康行為之後，賦權的第二種方式是社交參與。前面提過，缺少活動可能對大腦與身體都不利。孤獨則會導致情況更糟，但這是可以「治癒」的。

> O先生68歲，因糖尿病截肢，坐輪椅，又是老煙槍，住在高層公寓裡，已經五年足不出戶。新專案「體驗團」(Experience Corps) 招收老年的志願者，讓他們到學校與幼童共度時光。O先生自願加入，每週到校三天以上，每週15個小時。校長告訴我，她看到O先生坐在輪椅上，回到辦公室哭了起來，因為她擔心自己加入這個活動，除了要忙於校務之外，還要照顧那些老人。一個月後，她向我描述下面的場景：三個孩子站在電梯前，圍著O先生和他的輪椅爭吵。她仔細聆聽，發現他們在爭論誰把O先生推進電梯。後來他們解決了問題：一個推輪椅，一個按電梯的按鈕，一個坐在O先生的大腿上。兩個月後，校長要求再招收60名志願者 (目前已有45位，再追加60位)。
>
> ——琳達‧弗瑞德 (Linda Fried)，
> 老年病學家、老年學家、流行病學家

缺少社交可能是致命的。如果O先生可選擇戒煙或更融入社會，兩者的效果差不多：兩者都可能挽救生命，但融入社會對健康的益處更好一些。

一項綜合分析整合了148項研究的結果，這些研究的對象在研究一開始時，平均年齡是64歲。研究發現，在平均7.5年的追蹤研究中，參與社交活動的人，死亡率少了50%。以各種方式融入社會，比結婚或不獨居更有保護效果。[24]

這種保護效果在男性與女性身上是相似的，沒有性別差異，這點很有趣。長久以來，大家都知道已婚者的死亡率低於單身、喪偶或離

婚者。每次有人說，結婚對男人有益、但對女人無益時，總會引起大家哈哈大笑，那原因不難解釋。然而，這個研究顯示，男人與女人以各種方式參與社會與組織時，對兩性都有一樣的保護效果。

O先生是住在巴爾的摩的黑人，即使你不是像他那樣，年老後也可能陷入社交孤立。在英國老化縱向研究 (ELSA) 中，證據清楚顯示，社會頂層並不孤獨，社會底層才孤獨。[25] 一如既往，這是有社會梯度的。該研究是按財富分級：財富越少，越有可能不屬於某種俱樂部或組織，越不參與社交，與朋友的聯繫越少，感覺越孤獨。

社交孤立不止是個人選擇的問題，也受到環境的影響。對老人來說，工作、照護、交通補貼、有利老人居住的城市(移除不利老人的實體障礙)、無犯罪社區、有足夠的金錢參與活動等等，都是減少社交孤立的方法。第八章將探討如何打造健康的社區。

「體驗團」是一種幫老人融入社會的方法，這種方法特別振奮人心，是由上面引述的弗瑞德發明的。[26] 她曾是巴爾的摩的教授，如今是哥倫比亞大學公衛學院的院長。她關心的是像巴爾的摩O先生那樣的人——老人，社交孤立，在社會上沒有任何有用的角色。她與同事能夠解決社交孤立的問題、賦予這些人有用的角色，並同時改善他們的健康與福祉嗎？他們選擇的有用角色，是讓那些老人去陪伴貧困地區的學童。這是一種策略選擇。老人可以透過回饋社會來滿足自己的需求，孩童可以因此受惠。

美國城市的一般看法是，公益活動的志願者大都是高收入的白人女性。體驗團發掘了低收入男女及黑人的熱情。體驗團的對照實驗所產生的初步證據，顯示出不錯的成果：兒童的閱讀成績改善了，行為問題減少了。那些年老志願者的社會融合度與成就感都提高了，智力與體力活動都略有增加。當事人也表示，他們感覺自己「清除了腦中的蜘蛛網」。

政治賦權

　　如果你年紀大了，卻不覺得老呢？英國75歲以上的老人中，逾60%說他們不覺得自己「老了」。[27]這十分有趣。我看到這個數據時，第一個反應是：太好了。事實上，75歲不覺得老是件好事。我的第二個反應是：哦，天哪！我竟然對「老」的含義抱著負面的刻板印象，那就不好了。

　　還有另一個想法。如果「老」這個字眼不是讓你聯想到虛弱、衰老、依賴，而是西塞羅的智慧、伍迪·艾倫的機智、祖父母的逗趣，以及只有祖父母能帶給孫子的關愛呢？如果是這樣想，那我們會哀嘆，75歲以上的人中，僅40%感覺自己老了（覺得自己活潑、機靈、睿智、淘氣、關愛孫子），而不是為60%覺得自己不老而開心。

　　改變「老」的文化意涵，並不是否認無可避免的身心衰退。但誠如前述，社會把「老」定義為60歲或65歲，但許多人的心智與身體要再等15或20年以後，才會展現出「老了」的樣子。如果你的社會地位較差，你的心智與身體會比較快「顯老」；如果你的生活享有較多的特權，顯老的時間比較晚。

　　我不知道文化的改變與法規的改變，哪個會先發生。顯然，在人口老化問題上，我們兩者都需要。這一章我從巴西的瑪麗亞開始談起，她說她的生活因為一項保障其法定應得權利 (entitlements) 的法律而改變了。在民主國家，政府無法再忽視老人權利及他們的其他要求。畢竟，年紀大的選民那麼多。在美國，AARP（過去稱為「美國退休人員協會」）有3,700萬名成員——這是一股不容忽視的力量。

我逐一探討生命歷程的每個階段時，總是主張「**這個**階段」才是真正重要的階段。兒童早期發展為以後的生活奠定了基礎。教育決定一個充滿希望的開始是否轉化成一輩子更好的生活機會，直到老年。工作年齡非常重要，我們工作的時間那麼長，所以工作對我們的健康與福祉有什麼影響，以及工作是否能提供經濟保障，以確保下一代獲得良好的生活機會，也很重要。現在，我又主張，老年是我們真正看見人生全部影響的階段。隨著兒童死亡率的降低，隨著世界的老化，隨著非傳染性疾病主導全球的健康狀況，老年的健康不公平變得越來越重要。證據清楚顯示，整個生命歷程發生的事情都會影響老人的健康與福祉。老人度過生命最後10年、20年或30年的環境，也對其健康與福祉有影響。更廣泛的社會中發生的事情，不僅會影響年輕人，也會影響老人。所以，接下來我們要看的是更廣泛的社會面向，是人們出生、成長、生活、工作、變老時所處的社區。

註 釋

1 A. Gawande, *Being Mortal* (London: Profile Books, 2014).

2 United Nations Population Fund, HelpAge International, *Ageing in the Twenty-First Century: A Celebration and A Challenge* (New York: UNFPA, 2012): 33.

3 K. Kinsella, W. He, and U.S. Census Bureau, *An Aging World: 2008. International Population Reports* (Washington, DC: U.S. Government Printing Office, 2009).

4 United Nations Population Division, *World Population Prospects: The 2012 Revision*, 2013. Accessed June 4, 2014. Available from: http://esa.un.org/unpd/wpp/Excel-Data/mortality.htm.

5 P. Demakakos, R. Cooper, M. Hamer, C. de Oliveira, R. Hardy, E. Breeze, "The Bidirectional Association between Depressive Symptoms and Gait Speed: Evidence from the English Longitudinal Study of Ageing (ELSA)," *PLoS One* 8, no.7 (2013): e68632; S. Studenski, S. Perera, K. Patel, C. Rosano, K. Faulkner, M. Inzitari, et al., "Gait Speed and Survival in Older Adults," *JAMA: the Journal of the American Medical Association* 305, no.1 (2011): 50–58.

6　A. Steptoe, P. Demakakos, and C. de Oliveira, "The Psychological Well-Being, Health and Functioning of Older People in England," in *The Dynamics of Ageing, Evidence from the English Longitudinal Study of Ageing 2002–2010 (Wave 5)*, eds. J. Banks, J. Nazroo, and A. Steptoe (London: Institute for Fiscal Studies, 2012).

7　L. Carstensen and L. Fried, "The Meaning of Old Age," in *Global Population Ageing: Peril or Promise?*, eds. J. Beard, S. Biggs, D. Bloom, L. Fried, P. Hogan, A. Kalache, et al. (Geneva: World Economic Forum, 2012).

8　United Nations Population Fund and HelpAge International, *Ageing in the Twenty-First Century*.

9　J. N. Morris, P. Wilkinson, A. D. Dangour, C. Deeming, and A. Fletcher, "Defining a Minimum Income for Healthy Living (MIHL): Older Age, England," *International Journal of Epidemiology* 36, no.6 (2007): 1300–1307.

10　National Research Council, *Aging and the Macroeconomy. Long-Term Implications of an Older Population* (Washington, DC: The National Academies Press, 2012).

11　J. Siegrist and M. Wahrendorf, "Quality of Work, Health, and Retirement," *Lancet* 374, no.9705 (2009): 1872–1873.

12　B&Q. Age Diversity.

13　Commission on the Social Determinants of Health, *Closing the Gap in a Generation*.

14　United Nations Population Fund and HelpAge International, *Ageing in the Twenty-First Century*.

15　W. Shakespeare, *As You Like It*, act II, scene vii (London: Penguin Books, 2005 [1623]).

16　W. Shakespeare, Sonnet 18.

17　K. T. Knoops, L. C. de Groot, D. Kromhout, A. E. Perrin, O. Moreiras-Varela, A. Menotti, et al., "Mediterranean Diet, Lifestyle Factors, and 10-year Mortality in Elderly European Men and Women: The HALE project," *Journal of the American Medical Association* 292, no.12 (2004): 1433–1439.

18　J. Banks, C. Lessof, J. Nazroo, N. Rogers, M. Stafford, and A. Steptoe, *Financial Circumstances, Health and Well-being of the Older Population in England. The 2008 English Longitudinal Study of Ageing (Wave 4)* (London: Institute for Fiscal Studies, 2010).

19　L. Fratiglioni, S. Paillard-Borg, and B. Winblad, "An Active and Socially Integrated Lifestyle in Late Life Might Protect against Dementia," *The Lancet Neurology* 3, no.6 (2004): 343–353.

20　J. Verghese, R. B. Lipton, M. J. Katz, C. B. Hall, C. A. Derby, G. Kuslansky, et al., "Leisure Activities and the Risk of Dementia in the Elderly," *New England Journal of Medicine* 348, no.25 (2003): 2508–2516.

21 R. D. Abbott, L. R. White, G. W. Ross, K. H. Masaki, J. D. Curb, H. Petrovitch, "Walking and Dementia in Physically Capable Elderly Men," *JAMA: The Journal of the American Medical Association* 292, no.12 (2004): 1447–1453.

22 J. Weuve, J. H. Kang, J. E. Manson, M. M. Breteler, J. H. Ware, and F. Grodstein, "Physical Activity, Including Walking, and Cognitive Function in Older Women," *JAMA: The Journal of the American Medical Association* 292, no.12 (2004): 1454–1461.

23 B. J. Small, R. A. Dixon, J. J. McArdle, K. J. Grimm, "Do Changes in Lifestyle Engagement Moderate Cognitive Decline in Normal Aging? Evidence from the Victoria Longitudinal Study," *Neuropsychology* 26, no.2 (2012): 144–155.

24 J. Holt-Lunstad, T. B. Smith, and J. B. Layton, "Social Relationships and Mortality Risk: A Meta-analytic Review," *PlosMed* 7, no.7 (2010): e1000316.

25 J. Banks, E. Breeze, C. Lessof, and J. Nazroo, *Retirement, Health and Relationships of the Older Population in England: The 2004 English Longitudinal Study of Ageing (Wave 2)* (London: The Institute for Fiscal Studies, 2006).

26 L. Fried, "Making Aging Positive," *The Atlantic*, June 1, 2014. Available from: http://www.theatlantic.com/health/print/2014/06/valuing-the-elderly-improving-public-health/371245/.

27 Banks et al., *Retirement, Health and Relationships.*

8　打造有韌性的社區

這樣的殿堂容不下邪惡。

要是惡靈擁有如此美好的宅院，

美好的事物必定會搶著進駐。

　　　——莎士比亞，《暴風雨》(*The Tempest*)，第一幕，第二場

2011年5月瑪麗上吊自盡。[*]有人在她祖父母家的院子裡發現她的遺體。她的祖父母是住在加拿大卑詩省的原住民保留地(First Nations Reserve)。瑪麗14歲，她也是加拿大的原住民。[1]

她的故事有很多細節，所有的自殺案件都是如此。她在家裡及社區裡遭到身心虐待，可能也遭到性侵。母親的心理狀況不穩，有幻聽現象(聽到有人叫她「擰斷」孩子的頭)。有關當局把這起自殺事件歸因於兒童福利系統失靈，以及沒有人認真看待她的受虐申訴或採取行動。

對於瑪麗這段提前結束的悲慘人生，另一種看法是：儘管她的個人悲劇是獨一無二，但有許多年輕的加拿大原住民經歷類似的悲劇。

---

[*]　瑪麗不是真名，此處基於法律因素，隱去真名。

事實上，卑詩省原住民青年的自殺率，是加拿大全體青少年平均自殺率的五倍。[2] 如果不問為什麼卑詩省有這麼多原住民青年陷入同樣的絕望，我們不可能完全了解為什麼瑪麗看不到出路。

卑詩省維多利亞大學的心理學教授克里斯多夫‧拉隆德(Christopher Lalonde) 說：「媒體報導，原住民社群第一民族中興起青少年自殺潮。但我們研究的社群中，有一半的社群在21年間沒發生過青少年自殺事件。」拉隆德與英屬哥倫比亞大學的名譽教授邁克‧錢德勒(Michael Chandler) 研究1987年到2000年卑詩省的原住民自殺現象。他們發現，儘管該省有約200個原住民社群，但是在他們研究的頭6年，逾90%的自殺事件是發生在12%的社群中。

出現青少年自殺事件的社群與其他社群有什麼不同？錢德勒與拉隆德是從「貧窮」開始探究，他們稱之為「令人筋疲力盡的貧窮」(bone-grinding poverty)。他們指出：「眾所皆知，北美原住民人口是北美大陸上最窮的族群，他們的失業率最高，學歷最低，壽命最短，健康狀況最差。」[3] 貧窮肯定是部分原因，但不是全部。原住民社群都很窮，幾乎無一例外。但一定有某些因素使一些貧困社群比其他社群面臨更高的風險。

拉隆德指出，「能堅守他們的文化歷史，促進共同未來的社群」，自殺率比較低。為了測量，他們從每個社群收集六項指標，以評估文化延續性(cultural continuity)。[†] 這些指標包括參與土地索償；自治方面；社區對教育、警力、消防、公共醫療衛生服務的掌控；「文化」設施的建立。結果很清楚：文化延續性越強且社群對其命運的掌控越大，青少年的自殺率越低。貧窮確實有害，但是套用塔村區一位教師的說法，貧窮並非命運。

[†] 指文化遺澤的代代相傳，包括傳遞的方式。——譯註

有關當局認為，卑詩省的兒童福利系統失靈，未能阻止瑪麗自殺。拉隆德的說法不同：「不要把焦點放在自殺上，我們的目標應該是為年輕人打造一個更健康的社區。」實現那個目標的方法，是為社群賦權（套用我的說法）。套用拉隆德的說法是：要讓社群有能力守住他們的文化，促進他們共同的未來。

加拿大原住民面臨的嚴峻後果，也出現在美洲原住民、[4]澳洲原住民、[5]紐西蘭毛利人的社群中。[6]社交隔離與消權可能致命。

社交隔離不是一種全有或全無的現象。社交隔離與消權的程度可能影響健康的社會梯度——不僅原住民如此，所有的社區都是如此。人們出生、成長、生活、工作、變老的環境，對健康構成物質與社會危害。與此同時，社區面對危險時也可以展現韌性，增強健康。

地方層級發生的事情，可能導致犯罪、酒精相關的死亡、肥胖、車禍、憂鬱症、與空氣和水污染有關的健康問題，以及居住問題。往好處看，地方層級可以透過社會凝聚力及社交參與、安全及減少對犯罪的恐懼、改善交通、提供綠地、散步空間、健康食物的供給、良好服務來改善健康。

不要有「令人筋疲力盡的貧窮」最好。但是，即使面對那種貧窮，社區或多或少可以為健康公平性帶來深遠的影響。即使面對「令人筋疲力盡的貧窮」，仍有一些鼓舞人心的社區發展故事。地方層級的影響可以廣及整個社會梯度及所有年齡層。我想從社會危害與韌性開始談起，然後再談物質危害。

使社區適合社交人居

我區別「社交」與「實體」時有點武斷。好的城市設計可以促進社交互動。平價的公共交通使老老少少都能積極參與社交活動。但是話又說回來，社交比較明顯是不錯的起點。

犯罪是公衛問題……對犯罪的恐懼

在喬治·蓋希文 (Geroge Gershwin) 的《波吉和貝絲》(*Porgy and Bess*) 中,波吉唱道:「有錢人把門上了鎖。」「什麼都沒有」的人,門不需要上鎖。言下之意是,竊賊只會對富人下手。但是,如果你覺得「你沒什麼家當可偷,不需上鎖,竊賊會轉往他處」,那表示你沒讀過美國司法部的資料。[7]那些資料顯示,家庭收入越低,財產犯罪 (property crime) 的風險越高。英國也有類似的情況:一個地區越窮,犯罪率越高。一位公務員諷刺地說:那是整合型政府 (joined-up government)。公共交通太差了,窮人只能搶劫他們居住的地方。

銀行搶匪威利·薩頓 (Willie Sutton) 可能說,他之所以愛搶銀行是因為「錢在那裡」,但美國與英國經常發生財產犯罪的地方,並不是因為錢在那裡。[8]暴力犯罪大致上也是如此:低收入地區的犯罪率較高。竊盜與暴力都會導致人們對犯罪的恐懼。

我們在本章一開始看到,自殺是個體行為,但自殺**率**是社區的屬性。犯罪也是如此,個體遭到攻擊或搶劫,但犯罪率是社區特質。我們看犯罪的一種方式,是看人們對犯罪的恐懼——那是受到實際犯罪率的影響,但可能不會隨著犯罪率迅速改變。[9]

我與同仁梅·史塔佛 (Mai Stafford) 及塔蘭尼·昌達拉 (Tarani Chandola) 在第二次白廳研究中證明了對犯罪的恐懼與健康不佳之間的關聯。那個研究的對象是50歲到70歲之間的公務員。[10]誠如前幾章所述,我們使用公務員的職等來代表他們的社會階級。結果令人震驚,他們對搶劫、盜竊、汽車犯罪、強姦等犯罪的恐懼,有陡峭的社會梯度:也就是說,階級越低,越恐懼。職等低的公務員中,有三分之一擔心搶劫;職等高的公務員中,僅7%擔心搶劫。職等低的公務員中,有三分之一擔心竊盜;職等高的公務員中,僅六分之一擔心竊盜。

對犯罪的恐懼越大,心理健康越糟,身體的整體機能越糟。對犯罪的恐懼,除了直接影響焦慮與壓力以外,似乎也會使人孤立——

他們拜訪朋友、參加社交活動、外出散步或運動的時間較少。這種活動的減少，清楚顯示「對犯罪的恐懼」與「健康不佳」之間的關聯。[11]「對犯罪的恐懼」有社會梯度，這是造成健康社會梯度的部分原因。如果對犯罪的恐懼導致老人社交孤立，他們就成為「對犯罪的恐懼」的間接受害者，而這也會成為他們社區的一個特徵。

處理嚴重的身體傷害

　　威爾斯的首府卡地夫 (Cardiff)，週六晚上很繁忙，尤其是急診室。年輕人，通常是男性，帶著各種傷勢前來就醫。典型的案例是酒吧衝突，以敲碎的啤酒杯作為武器，在喝醉的年輕人臉上與身上劃下傷口。

　　口腔顏面外科醫生強納森・謝菲德 (Jonathan Shepherd) 週六晚上一直在為這些傷痕累累的年輕人縫合傷口，有些人已經不是那麼年輕了，他對此感到不解。套用標準的公衛比喻，他想知道，為什麼沒有人注意這些暴力傷害的肇因。外科醫生的本分是幫病人縫合傷口，而不是「從事」預防與公衛工作。如果我說，最好的醫生是履行臨床職責的同時，也做好公衛工作，那我就展現出我的偏見了。不過，謝菲德正是兼顧臨床職責及公衛工作的典範。

　　謝菲德醫生注意到城市中的暴力並非隨機分布，而是發生在一些暴力熱點。問題是，警方對多數的暴力事件並不知情，所以沒有找出暴力熱點。英國急診室處理的暴力事件中，僅四分之一到三分之一有通報警方。在美國與其他國家，通報警方的比例也很低。暴力的受害者不願報案，因為他們害怕遭到報復，他們可能不知道攻擊者的身分（光是講「酒館裡一個喝醉的傢伙」，很難鎖定目標），也擔心自己的環境遭到密切追查。

　　為了防止暴力傷害，謝菲德創立並領導一個由醫護人員、警察、販酒執照審查當局、教育、交通、急救服務單位所組成的夥伴團體。

關鍵在於，醫院的急診室必須以匿名的方式向警方通報暴力事件。也就是說，要隱藏受害者的身分，但告知地點，以便警方找到暴力熱點。

這可能產生的一個問題是移位。如果警方積極鎖定一個高風險區，暴力事件會不會直接移到他處？答案顯然是「不會」，這很有意思（如果會轉移，就不令人訝異了）。一般人可能以為，如果暴力是社會的屬性，那麼無法在一處製造騷亂的年輕人，應該會去其他地方搗亂。但事實並非如此，也許那些喝醉酒、揮著碎玻璃打架的人不是那樣理性思考的。他們幾乎沒有評估過自己的選擇，沒評估過隨手抓起武器往人臉部劃過的風險與效益，也沒有追求效益最大化。

預防策略的重點，除了派警力加強巡查熱點以外，也包括在高風險地區設置行人專用區，提供深夜的公共交通，以及和那些暴力事件頻生的酒吧合作。這樣做似乎發揮了效用，在四年間，卡地夫因暴力事件就醫的案例減少了42%。[12]

謝菲德與同仁把這套方法推廣到全英格蘭與威爾斯，他們試圖解釋不同地區的暴力傷害率為何差距很大，甚至差異多達三倍。他們發現，比較貧窮且年輕人失業率較高的地區，暴力發生率較高。夏季及舉辦全國重要賽事時，暴力發生率也比較高。此外，啤酒的價格也是影響因素：啤酒價格較高的地區，暴力傷害較少。[13]這個因素看起來很單純，但千真萬確。我們在第二章看過：提高酒類的價格，飲酒量就會下降。我一直批評經濟行為的理性選擇理論過於簡單（我還沒說它過度簡化），但如果提高啤酒的價格可以減少暴力行為，那樣做可以使社區變成更適合居住的地方。

打擊黑幫

涉及幫派的暴力傷害，可能大都來自於他們之間的鬥毆。這或許不大可能，但有人可能會說，就讓他們自相殘殺吧。對此，我有兩個

反對意見，一個是實務上，另一個是道德上。實務上，其他人可能會捲入其中。犯罪猖獗的社區使人對犯罪產生恐懼，也可能波及無辜。

　　第二，是出於道德上的異議。幫助病人與傷者是醫生的信念及行醫的核心。醫生不會、也不該對人做出道德判斷，並根據那些判斷來決定要不要治療。我在第三章提過，即使人們對自己的疾病應該「負責」，醫生也會治療他們。即使傷者是因為自願參與暴力而受傷，醫生還是會治療他。

　　黑幫暴力很普遍。在美墨邊境，過去七年左右，販毒集團間的衝突已造成數千人喪生。在美墨接壤的美國邊境地區，約有6,700家有執照的槍枝販售業者。在墨西哥的邊境地區，只有一家合法的槍枝零售商。從墨西哥犯罪活動中搜出的槍枝，約有70%來自美國。[14] 解決這個問題可能是減少幫派暴力的一種方式。

　　巴西貧民窟的幫派暴力，使當地的棚屋區成為全球謀殺率最高的地區。哥倫比亞的毒品暴力活動更是傳奇。

　　美國在發展打擊黑幫犯罪的方法上，一直處於領先地位。[15] 格拉斯哥改編了美國的方法：警察把犯罪的幫派成員帶到一場會議上，把他們當成一個團體、而非個體看待。警察告訴他們，如果團體中的任何成員（包括沒參加會議的成員）在會議結束後犯罪，警方會逮捕整個團體，而不是個體。警方明確表示：我們知道你們是誰，你們要是繼續犯罪，我們就會嚴厲打擊！你可以想像一下，警方以濃濃的格拉斯哥口音摺下那句話。這種連坐威脅也有助於幫派監督彼此的行為。

　　一位受害者的母親參與了那場會議，她談到自己得知兒子在幫派暴力中遭到刺傷是什麼感覺，以及那件事對她的意義，她的娓娓道來令人動容；一名急救醫生描述他治療受傷的幫派成員；一位社群成員描述幫派對當地社群的破壞。接下來是小組討論，一位年輕人在小組討論中憤怒地說：「我已經和他們打了好幾年了（指著對立幫派的成員），我想知道為什麼！」

警告是懲罰，給予獎勵才是關鍵。培養技能及接受就業培訓，提供了另一種未來的願景。在這方面，公共部門與私營部門的潛在雇主合作非常重要。他們提供幫派成員「一站式服務」的電話號碼，在那裡，他們可以獲得教育、醫療、就業諮詢、社會服務。他們報名加入計畫後，有關單位會評估他們的需求，安排他們去上相關課程（例如憤怒管理與衝突解決），或是接受就業技能的培訓。執行這個計畫的警察單位是「社區減少暴力倡議」（Community Initiative to Reduce Violence, CIRV），他們指出，參與計畫的幫派成員約400位，他們的暴力活動減少了近50%。[16]這些計畫需要資金，但好處不僅是短期減少暴力而已，潛在的長期收益也很大。

打造社會永續的社區與韌性

善用社區團體

撰寫「健康不平等的英國報告」時，我對利物浦的社區團體演講。[17]他們聽完後，離開去討論他們聽到的內容，並帶回一些質疑，我摘要如下：

1. 我們不希望外面的專家來告訴我們該做什麼。我們的目標應該由**我們的**價值觀決定。
2. 我們也不希望專家來告訴我們該衡量什麼。我們根據價值觀設定的目標，應該會決定我們該如何衡量成功。
3. 旅程與目的地一樣重要。我們怎樣到達目的地很重要，我們想到哪裡也很重要。
4. 我們原本以為問題在於計畫的品質不佳，但現在我們覺得問題在於社會的本質。然而，我們仍然可以做很多事情。

「我們不希望外面的專家來告訴我們該做什麼」這句話讓我有點不太舒服。我剛從倫敦趕搭早班的火車過來，我是房間裡唯一的外部專家，他們肯定是在講我。利物浦人還真和善，他們馬上擺出一副不甘示弱的樣子。

我也不甘示弱地回應：「所以干預計畫是不是本地人自己設計的，比計畫是否有效還重要嗎？畢竟，我只會推薦證據顯示可能奏效的方案。」

這下子我們陷入僵局了。

「好吧。」他們說：「那你告訴我們什麼方案證實有效，但我們會以自己的方式來做。」

我覺得這是不錯的原則。社群應該要有掌控權，但要打造社會永續的社區，先知道哪些方案在其他地方有效。這裡有兩個議題：防止壞事發生，以及培養從逆境中重新振作的能力。我們可以稱後者為「社區韌性」（community resilience）——那是社會可永續發展社區的一種屬性。

這些利物浦的社區團體滔滔不絕地描述賦權（亦即社群在培養韌性時握有掌控權）。他們也指出，儘管他們面臨的問題（尤其是健康不公平）可歸因於更廣泛的社會，但在社群層面上，可以做很多事情來減少這些不平等的現象。

西雅圖有一個頗受好評的社區干預例子：關愛社區（Communities that Care）。他們合理地假設，動員社區的最好時機是在孩子上學的時候，並提出一份證實可行的干預措施。那套方法的核心是由社區人士組成一個聯盟，與家庭和學校合作。干預可以在整個學年中進行。最近在美國七個州進行的一項評估，是鎖定10歲到14歲的青少年。結果顯示，參加過干預計畫的青少年，在12年級的時候嗑藥、抽煙、喝酒的可能性低了很多，也比較不可能參與犯罪行為與暴力活動。[18]

西雅圖更早之前有一項研究是追蹤年輕人直到33歲。該研究顯示，有社群參與的「西雅圖社會發展專案」（Seattle Social Development

Project) 幫年輕人培養他們與學校及社區的關係。長期下來，除了減少嗑藥、喝酒、抽煙以外，也比較少人有多重性伴侶，比較多人採用避孕措施，比較少人參與犯罪，心理疾病的發病率也減少了。[19]

有人可能會反駁說，西雅圖不是美國最亂的地方，「關愛社區」方案是在中型城市進行，而不是在最貧窮與犯罪猖獗的地方。然而，這些方案依然顯示，讓社區參與培養年輕人的合宜行為是可行的，這裡有概念驗證 (proof of concept)。其實，把方案套用在大城市更難，但是為了成功，值得努力。

有一個不同的面向令我擔心。如果像巴爾的摩那樣，收入的嚴重不平等及相關的社會條件導致結果的不平等，努力讓社區變得更有韌性真的明智嗎？這很像我在第四章提出的論點──有兩種方法可以減少兒童早期發展的不公平：減少經濟與社會的貧困程度；實施已經證明有效的方案。我們需要雙管齊下：減少與貧困及排擠有關的危險，**同時**也要提高韌性。

善用意想不到的夥伴

有一次我去造訪利物浦的消防局。默西賽德郡消防救援局 (Merseyside Fire and Rescue Service) 的一位消防隊長說：

> 我們都是男子漢，我們在撲滅一場有人喪生的火災後總是說：那實在死得很無辜，他們其實可以做點什麼以防止那種死亡。接著我們又說：為什麼是「他們」？也許「我們」應該做點什麼來防止火災中的傷亡。我們花6%的時間滅火，其餘的時間都在做準備之類的。
> 於是，我們進入居民的家中──每個人都喜歡消防員，他們很歡迎我們──跟他們聊聊安裝煙霧警報器的事情。但居民對我們說：煙霧警報器！那我漏水的屋頂怎麼辦？我們告訴他們，如何請市政委員會來協助修理屋頂。事實上，我們這些魁梧的男子漢變成了社工。

我們建議大家不要在床上抽煙。接著，我們心想：既然都來了，為什麼不勸他們戒煙呢？

我們與利物浦足球俱樂部（Liverpool Football Club）合作，鼓勵孩子遠離街頭，開始運動。我們發卡給老人，讓他們免費使用我們的健身房。我們邀請孩子來消防局，讓他們種蔬菜。這樣做總比在街上搗亂好。

現在我常受邀到全國各地與消防員對談。有消防隊的車子來火車站接送是一件很有趣的事，可惜他們不是開真正的消防車來接我，那願望尚未實現。現在我可以對醫生及其他公衛人士說：「這就是消防員為了改善貧困社區的健康所做的事情，你們正在做什麼呢？」

這裡想強調的一點是，改善社區成員的生活可能有助於健康公平，不是只有那些法定職責包括醫療健康的人才能積極這樣做。在我們的《公平社會、健康生活》中，我們強調比例恰當的普世主義：採用通用方案，讓付出的努力與需要成正比。不僅「中產階級」社群可以從社群行動中獲益，在弱勢社群中投入的努力越多，他們也可能獲益越多。

包括澳洲的每個人

> 如果你來幫我，你是在浪費你的時間。但如果你來，是因為你的解放與我的解放息息相關，那就讓我們一起努力吧。
>
> ——昆士蘭原住民維權團體，1970年代

我在澳洲北領地（Northern Territory）的首府達爾文市（Darwin）與兩位原住民男子共進午餐，他們是原住民醫療服務（Aboriginal Medical Service）的領導者。他們說：我們一直在用你的報告。

那真是一大成果。我知道吹噓不太得體，但我實在很高興。

　　為了說明達爾文市的狀況，請想想澳洲。雪梨有經典的歌劇院與海港大橋，舉辦過一屆全球矚目的奧運會。澳洲在聯合國開發計畫署（UNDP）的人類發展指數中排名第二，僅次於挪威。那個指數是結合預期壽命、教育與識字率、國民收入。[20]

　　現在，從雪梨橫越三千多公里的土地，來到達爾文市。達爾文市位於澳洲最北端的北領地，是個邊境城市，因附近的採礦及一些旅遊業而變得比較富裕，但除此之外，它與雪梨及墨爾本的林蔭大道有如天壤之別。達爾文市沒有那麼多原住民，但四周散布著許多原住民社群。我造訪了甘巴蘭亞（Gunbalanya），那是位於西阿納姆地（West Arnhem Land）一個人口約1,200人的「大型」原住民城鎮。當地的語言是昆溫庫傑語（Kunwinkju）和英語。為了抵達當地，你必須穿越東鱷河（以當地多得驚人的鱷魚命名）。而且雨季的時候，你無法從達爾文走公路抵達當地。我對當地有兩個第一印象：風景美不勝收，以及勉強湊合的第三世界風格便利商店，使當地感覺更像新幾內亞，而不是擁有歌劇院及墨爾本板球場的澳洲。

　　澳洲在人類發展指數上排名第二，但……如果把澳洲原住民拉出來變成一個獨立國家，他們是排在第122名（總共187個國家）。[21]幾年前，澳洲是排名第4，澳洲原住民是排名第104。[22]所以，變得更不平等了嗎？在確定研究方法是否改變以前，我不會妄下結論。

　　這裡有很大的健康問題。2010年到2012年間，北領地原住民男性的預期壽命是63.4歲，女性是68.7歲——比非原住民的男性與女性短了14.4年。[23]預期壽命的差距顯示，在原住民與其他澳洲人之間，他們出生、成長、生活、工作、老化的環境——亦即健康的社會決定因素——有顯著的差異。

　　澳洲原住民大都生活在「令人筋疲力盡的貧窮」中，這是無庸置疑的。然而，他們的健康問題並不像那些人類發展指數排名位於後半部的國家。我們知道第三世界的貧窮對健康的影響：嬰兒死亡。獅子

山的嬰兒死亡率是每千名活產兒中有117人死亡。冰島是嬰兒死亡率最低的國家，每千名活產兒中死亡兩人。所以全球的嬰兒死亡率是介於2人到117人之間。澳洲原住民的嬰兒死亡率是每千名活產兒中有9.6人死亡，看起來比較接近冰島，而不是獅子山。沒錯，非原住民澳洲人的嬰兒死亡率是4.3人，比原住民少很多。[24]但是導致預期壽命差距超過14歲的疾病，主要是發生在25歲至64歲之間。那些疾病就是我們前面看到那些有社會梯度的疾病：心臟病、糖尿病、呼吸系統疾病、癌症，以及事故與暴力。

而且差異很大。澳洲男性原住民與女性原住民死於冠心病的機率，分別是非原住民男性與女性的6倍與11倍。[25]糖尿病的差距更是令人擔憂，男性原住民死於糖尿病的機率，是非原住民男性的19倍；女性是27倍。

因此，我們不能把原住民貧窮視為第三世界那種貧窮，而是因為消權、社群受創，以及那些導致卑詩省原住民青少年自殺的環境。診斷問題比較簡單，處理問題就不是那麼容易了。

我們從診斷開始看起。底下這個鄉村小鎮比甘巴蘭亞（稍後再回頭來談）更具代表性，一位原住民領袖形容如下：

> 痛苦與恐懼的尖叫聲劃破了夜空。孩子們在漆黑的街道上漫步，害怕回家，因為家裡有性侵犯等著他們。父母收錢讓孩子受到虐待。
>
> 在新南威爾斯州西北部的幾個小鎮上，原住民的生活充斥著絕望、酗酒、吸毒、家暴、兒童犯罪──你能想到的，我們都有。[26]

在澳洲，原住民人口占總人口的2.5%，卻占監獄人口的30%。在北領地，原住民人口占總人口的30%，卻占監獄人口的83%。[27]那些高得驚人的監獄人口中，有些是來自高犯罪率，有些是來自司法體系中的歧視。

從甘巴蘭亞或新南威爾斯省落後的鄉村小鎮，到利物浦或巴爾的摩的距離很遠。但切記，使你在貧窮的英國或美國社區中喪命的疾病、事故與暴力活動，與害死澳洲原住民的那些是一樣的。無論是哪裡的疾病與暴力活動，起因很可能是一樣的。所以，原則上，補救措施也應該很相似。在健康不平等的英國報告《公平社會、健康生活》中，我們強調六個面向。那六個面向既可解釋健康的社會梯度，也可以作為解決方案。[28] 它們是：

- 兒童早期發展
- 教育與終身學習
- 就業與工作條件
- 健康生活的最低收入
- 健康與永續社群
- 預防的社會決定因素

權力、金錢、資源的不公平是根本因素。

導致澳洲原住民健康極差的原因，與導致利物浦、倫敦、巴爾的摩的健康出現社會梯度的原因是一樣的，只是程度不同。一旦有社會梯度，就表示某些人或族群處於底層，這就是澳洲原住民的情況：兒童遭到嚴重忽視及家暴，教育水準低落，失業與惡劣的工作條件，沒什麼錢，缺乏足夠的住房，抽煙與飲酒頻繁，不良飲食。這些都是我們在 CSDH 英國報告中強調的梯度肇因。在遭到社會排擠的原住民社群中，我們看到這些現象達到令人不寒而慄的程度。

這些問題根深柢固，存在已久。即使懷疑這些情況是否可能改變，也情有可原。現在你應該知道，我不可能向絕望低頭。教育印證了這點。

得知達爾文市的原住民採用我的報告，令我非常喜悅，但無論我再怎麼喜悅，那都無法彌補我對先前歷史感到的加倍羞愧。1966年

查利・鉑金斯 (Charlie Perkins) 從雪梨大學畢業，[29] 他是首位大學畢業的澳洲原住民。該大學創立於1850年，等了116年才有第一個澳洲原住民從該校畢業。我感到羞愧，是因為我花了20年的年輕歲月，在雪梨求學及讀醫學院。儘管我拿英國護照，我還是覺得自己與這件事有牽連。

我感到加倍羞愧，是因為當時 (1966年) 我正好在雪梨大學讀醫學院，我對於當時的我沒有對這件事情感到憤怒而羞愧。當時我在想什麼呢？或者，更正確的問法是：當時我沒在想什麼？無論當時的人 (包括我) 在想什麼，情況已迅速改變了。25年後的1991年，據估計有超過3,600位澳洲原住民的畢業生，到了2006年，這個數字已增至兩萬多人。[30]

1998年，從醫學院畢業的原住民有20位。最近的統計顯示150位，現在每年北領地都有12個左右的原住民就讀醫學院。所以問題雖大，但進展可能很快。如果原住民能夠排除種種困難，成為醫生、教師、管理者，他們也可以成為榜樣。這不是那麼簡單，我與一位原住民醫生一起旅行時，他告訴我，憤怒的年輕人認為他背叛了他們，因為他與白人交談，還加入白人的委員會。

不過，年輕人的憤怒確實說明了一個問題。改善社會狀況需要全國行動，坎培拉、墨爾本或雪梨制定的解決方案大都注定失敗。問題在於，對原住民來說，怎樣才算成功：是拋棄傳統文化，成為木匠、護士、銀行職員、老師嗎？還是以傳統方式過著狩獵採集的生活？顯然，沒有人認為酗酒、失業、虐童、糖尿病、腎病、早逝算是成功。

我們從本章開頭的加拿大卑詩省個案學到，還有另一種方法。文化延續性及社群掌控自己的未來很重要。成為教師或護士，同時維護文化遺產的重要元素是有可能的。

我們再次穿過甘巴蘭亞的東鱷河，那裡正在進行一項實驗，試圖把這些見解付諸實踐。目前看來，要判斷成效還言之過早，但有一些

不錯的跡象。澳洲有29個偏遠的原住民社群，甘巴蘭亞是其一，當地的原住民社群深入參與一個當地的發展計畫。[31]

甘巴蘭亞的學校令人印象深刻，如今變成西阿納姆學院（West Arnhem College）的一部分。西阿納姆學院合併了甘巴蘭亞和賈比魯（Jabiru）的幾所學校。西阿納姆學院有一個名為「強力啟動光明未來」（Strong Start Bright Future）的專案，專案名稱聽起來很恰當。我見到了校董約翰、長期擔任甘巴蘭亞學校校長的原住民艾絲特，以及西阿納姆學院的聯合校長蘇（白人）。艾絲特指出，2010年西阿納姆學院成立之前，那裡的情況是：曠課率高、畢業率低、畢業生找不到工作，情況悲慘。

現在換了新體制，艾絲特在學校面臨全新的工作計畫。這種轉變一點也不容易，也許轉變導致他們兵荒馬亂，但我造訪時，已經看不到亂象，一切都顯得很和諧。值得注意的是，政府說，他們會保證每位完成12年級教育的學生都找到工作。

由於原住民的傳統文化與在現代社會中謀求立足之地的培訓有所衝突，為了解決這種衝突，校方推行「彈性學年」。到了需要跟家人去打獵及釣魚的傳統時節，學生可以離開學校。學校不會責怪家長（因為責怪徒勞無益），而是調整及改變學期時間表，好讓學生跟隨家人出門狩獵。

新體制有效嗎？現在下結論還太早。但學院內及周遭都瀰漫著一種樂觀的精神。這次情況將會變好，讓我們抱持期待吧。

在紐西蘭

毛利會堂（Marae）是毛利人的聚會場所。我造訪了下哈特（Lower Hutt）的前進毛利會堂（Kokiri Marae Health and Social Services Centre）。下哈特是威靈頓城外的一個破舊地區。我們在那裡聽到的故事是，有人鼓勵一位毛利人離開當地去城市找工作，但他只能找到邊緣及社交

孤立的工作——這是眾所熟悉的悲情故事，描述一群年輕的原住民男子陷入困境、酗酒、對妻兒家暴的歷程。

前進毛利會堂是由女性創立及管理，他們獲得多種政府補助以提供服務。我們在那裡遇見一位男子，就是他對我們傳達傳統的毛利問候，並告訴我們他的祖母創立這個毛利會堂的故事。

他的祖母及那群年輕毛利男子的故事是許多電影的題材。簡言之，他的祖母在下哈特和其他毛利人一樣貧困，但她想為那些陷入幫派麻煩的年輕男子提供一個社區中心。每天，祖母都會用她能找到的各種食材來煮一鍋湯。她邀請那些幫派成員前來喝湯，但條件是，大家必須遵守她訂的規矩：脫鞋、尊重、不使用暴力。沒有尊重，就沒湯喝。祖母與幫派為了那些規矩僵持了兩個月。他們不願遵守規矩，她就在一天結束時，把那鍋湯倒掉。最後，那群年輕人終於肯脫下鞋子來喝湯。

「好萊塢式的結尾嗎？」我問，「幫派分子後來都變成律師與議員嗎？」不是。當地還是有很多動亂與家暴事件，但祖母的願景也蓬勃發展起來了。

前進毛利會堂推出許多活動，其中一項是「家庭健康」(Whanau Ora)。CSDH與馬穆報告強調賦權、尊嚴、社會參與，以及沈恩主張的「過自己重視的生活」的自由。所以，我讀到底下這些強化大家庭(whanau)能力的描述時，非常開心：

- 成為自我管理的人
- 過健康的生活
- 充分參與社會
- 自信地參與毛利人的世界 (Te Ao Maori)
- 有經濟保障，成功創造財富
- 有凝聚力、韌性、培育力

太棒了。這就是在實踐CSDH與《公平社會、健康生活》所主張的原則。這樣有效嗎？我們詳細討論了，證明效用所需的證據以及進行正確評估的困難，還有他們過去與研究人員交手的不幸經歷（研究人員對研究的興趣，遠超過對社群福祉的興趣）。

他們寫實地描述當地人遭到社會排擠、家暴、年輕男子陷入麻煩的種種過程，但他們依然抱持希望與信念──這讓人有抱持樂觀的理由。

我們都很想相信，我在威靈頓城外的毛利會堂所看到的那些方案（結合毛利傳統、社會計畫，以及配合更廣泛的社會所做的修改）將會奏效。當然，毛利人與非毛利人之間的預期壽命差距正在縮小，但那可能還有其他原因。

改善物質環境

室內的環境品質

新幾內亞高地不可能每個人都在咳嗽，但看起來就是如此，尤其是女性與孩童。[32]這背後有很多原因。有的咳嗽是肺病的症狀，那些肺病與感染有關，但很大一部分可以追溯到室內用火。高地小屋內有一種獨特的氣味。為了在寒冷的高地夜裡取暖，為了烹飪，室內生火很常見。因此，室內煙霧也一樣常見。

據估計，全球有30億人使用明火或簡易的爐灶（燃燒煤炭或木頭之類的固體生物質）來烹煮食物。[33]幾乎從任何角度來看，那種烹飪方法都不好。不僅對地球有害，也沒有效率。為了產生一定量的熱能，那種烹飪方法需要燃燒的燃料遠比陽春版的爐具還多，因此增加溫室氣體的排放。

世界上很多地區都缺少燃料，尤其是南亞與東亞。想像一下，印度婦女前往離家越來越遠的地方去收集燃料。除了搬運木頭或糞便的身體負擔以外，她們還面臨更大的性侵風險。

使用明火，以及在煙霧繚繞、通風不良的住所內烹飪，也對健康有害。世界衛生組織估計，2012年，全球有430萬人死於室內空污，這些案例幾乎都是發生在中低收入國家。因此，這也是促成國家之間健康不公平的一大因素。

這個問題之所以令人遺憾，是因為這其實是可以迅速解決的。全球貧窮也是可以解決的，但需要較長的時間。全球有數億家庭沒有爐灶或只能使用原始爐灶，全球乾淨爐具聯盟 (Global Alliance for Clean Cookstoves) 是致力幫助這些家庭擺脫這種無謂辛勞的眾多組織之一。他們使用的策略涉及燃料及節能爐灶的技術，以及創新的運送方式。

室外的環境品質

北京有許多樂趣唾手可得，但在清晨的陽光下散步不在其中。透過昏暗的晨光，我可以看到外頭打太極的老人都戴著口罩。翌日也是如此，北京有霧霾問題。

人們對空氣污染的擔憂由來已久。1661年，日誌作家約翰‧伊夫林 (John Evelyn) 決心引起大家對倫敦污濁空氣的關注，他寫了一本小冊子，名為《驅煙：倫敦瀰漫煙霧的不便》(*Fumifugium: or, The Inconveniencie of the Aer and Smoak of London Dissipated*)。兩年後，一位匿名的諷刺作家說，伊夫林：

> 顯示倫敦總是環繞著煤粉煙霧，
> 令我們的肺部與精神窒息，
> 我們應該停止製造廢氣，放任鐵器生鏽，
> 以免遭到那些驅趕煙霧的人冷嘲熱諷，
> 他們在教堂裡聽到我們做禮拜的咳嗽聲。

長遠來看，我們可以說伊夫林的維權行動是成功的。1956年英國通過「清潔空氣法」(Clean Air Act)，輿論不到300年就開始正視伊

夫林的主張了。不過,有鑑於問題的規模,如果我們這次能更快採取行動,那更有助益。世界衛生組織估計,2012年全球有370萬人死於室外空氣污染。與室內空氣污染一樣,最大的問題是發生在中低收入國家,因此加劇了全球健康不公平。

富國在減少空污死亡方面做了很多,可見擁有更潔淨的汽車、更潔淨的工廠、限制城市污染是完全可行的。在高收入國家,問題在於誰暴露在風險中。多數情況下,發生不好的事情時,社會通常會動員起來,好讓階級較低的人獲得更多的效益。因此,這似乎與整體環境品質有關,尤其是空氣污染。[34]

二氧化氮 (NO_2) 主要是由車輛與發電廠的燃燒排放出來的。[35] 美國的一項研究觀察空氣濃度的變化,發現非白人體內的平均二氧化氮濃度比白人高38%;窮人的平均二氧化氮濃度,比非窮人 (貧窮線以上) 高10%。不過,與我的主題相反,這裡看不到明顯的梯度。在這種情況下,非白人與窮人特別容易受到影響。這項研究的作者自問,如果高出38%是個重要數據,那究竟有多重要?他們的回答是,38%非常重要。他們算出,如果非白人的平均二氧化氮濃度降至白人的水準,每年死於冠心病的人數將減少7,000人。另一種減少7,000人死亡的方法是:讓1,600萬個不運動的人,把每週的體力活動從零提升到兩個半小時。

綠 化

我讀到,綠色是「平衡與和諧的顏色。從色彩心理學的角度來看,它是平衡內心與情感的絕佳工具,也在頭腦與心靈之間創造平衡」。我說不上來我對這段描述的感受,但既然我是在一個名叫「用色彩心理學賦予自己力量」的網站上讀到這段話,我想多找一點證據來看。結果,真的有很多證據證明,住在綠地附近及善用綠地有助於心理健康。關鍵問題在於城市綠地,因為如今全球多數人是住在城市裡。

一項研究鎖定英國人，結果發現，住在綠地附近的人比難以接觸綠地的人心理更健康，也有比較強烈的幸福感。[36]這種影響不大，相較於就業優於失業的正面效果，住綠地附近的正面效果只有其十分之一，但還是很值得擁有。

在後來的研究中，同一批研究者證明，搬去綠地較多的地區可強化心理健康。而且，光是想到要搬去綠地較少的地方，就足以削弱心理健康——也就是說，那些注定要搬去建築物更密集地區的人，在搬去之前，心理健康就變差了。[37]

如果你的心裡冒出「我實在很渴望一點綠地」的念頭，那大概是真的。難以接觸城市綠地，可能促進了因心臟病而死亡的社會梯度。[38]格拉斯哥的理查·米歇爾（Richard Mitchell）與蘇格蘭聖安德魯斯的法蘭克·波帕姆（Frank Popham）做了研究，他們探索接觸綠地是否有助於預防低收入對健康的負面影響。研究結果一如所料。對那些最難接觸綠地的人來說，收入最低族群死於循環系統疾病的機率是收入最高族群的2.2倍。對那些生活在綠地最多地區的人來說，收入最低的族群死於循環系統疾病的機率，是收入最高族群的1.5倍。如此看來，住在綠地附近可以減少貧窮對健康的負面影響。綠地並未消除死亡率的社會梯度，但它似乎產生了很大的影響，為什麼呢？

米歇爾與波帕姆發現，居住環境附近的綠地多寡對肺癌死亡率沒什麼影響，這排除了抽煙這個要素。綠地在降低死亡率的社會梯度方面，有兩種可能的途徑：紓解壓力及促進運動。這兩種途徑都很有道理，兩者可能都發揮了一些效果。

無論綠地是透過哪個途徑影響健康，我們都應該把接觸綠地視為都市環境規畫的首要之務。在英國，建築與建成環境委員會（Commission for Architecture and the Built Environment）估計，把鋪設新路的預算挪為他用，可創造出1,000個新的城市公園，每個公園的初始成本是1,000萬

英鎊。建造新公園將減少約74,000噸的碳排放。[39]可選擇的方案將創造出更綠化、更有助於健康公平的城市環境。

主動交通（active transport）通常是指騎單車或步行，但也包括任何涉及運動的交通方式。多花錢建設公園、少花錢鋪路的同時，應該推動主動交通作為配套。如先前我討論到二氧化氮濃度時所述，在美國，大眾對汽車的熱愛，是導致城市污染的主因。那也可能是促進肥胖的原因。主動交通不僅對地球有益，也對健康及社會梯度有益。

有一陣子，英國某位騎單車的時髦保守黨大臣與守衛首相官邸的警察起了爭執，引起全國的關注。上流人物騎單車的形象，與證據所示相去不遠：社會地位越高，越有可能在前一週騎過單車。社會頂層的人做的各種旅行，都比社會底層的人多；**而且**他們步行與騎單車的次數也比較多。[40]

幸好，一些城市設計師正運用才華設計一個方便步行及主動交通的城市。我想強調兩點，第一是安全上學：採取一些措施以鼓勵孩子步行或騎單車上學。為了做到這點，需要關注第二點：確保騎單車與步行的安全。在哥本哈根，36%的上班或上學方式是騎單車。[41]由於汽車、行人和單車是分開的，騎單車比較安全。

即使有改變的政治意圖，要改變城市的設計以鼓勵主動交通仍需要花很長的時間。但是話又說回來，有些改變可以迅速發生。在城市的某些地區設下時速32公里的限速，已經證明可以減少交通事故的傷害與死亡。[42]交通緩行措施（traffic calming）已經證明可以降低兒童交通事故的社會梯度。

高齡友善城市

如果我請你提出高齡友善城市的標準，你可能不會感到困惑。概念上來說，要提出一套標準並不難。實務上也不難做到，只是需要落實。

前面提過的巴西人卡拉奇，畢生致力改善全球老人的命運。他在WHO工作期間，制定了一份高齡友善城市的指南。[43]那份指南切合實際又正確，讓人不禁納悶，為什麼很多城市做不到？那份指南之所以切合實際，有兩個原因。第一，那是以「積極樂頤年」(active ageing)的原則為基礎，亦即第七章討論所採用的原則：老年不是強迫退休的時候。第二，務實的建議是由下而上形成的：傾聽世界各地的老人講述需求，傾聽第一線服務提供者的聲音。

那份指南分八個主題：戶外空間和建築、交通、住所、社會共融、尊重和社會包容、公民參與和就業、溝通和資訊、社區支援和衛生服務。那份關於如何讓城市變得更適合老人居住的常識建議，共計76頁。每位城市規畫者及地方政治人物都應該把它列入閱讀清單。

住 所

《在一個世代內敉平階級落差》是我們為CSDH報告下的標題。我們指的落差是：國家之間的預期壽命有40年的差距，國家內部的預期壽命有28年的差距，我們希望在一個世代內敉平那些差距。我們在想什麼呢？我主張，我們有知識及金錢在一個世代內敉平差距。問題是我們有無那個意願。

我承認，那是很大膽的主張，尤其是錢的部分。在那份報告中，我們提到有10億人生活在貧民窟中。此外，我們也說，改造貧民窟需要1,000億美元，才能讓他們住像樣的房子。1,000億美元聽起來很多。我心想，應該沒人會把我們當成一回事，誰會花1,000億美元做計畫呢？但我發現，金融危機期間，我們竟然花了11兆美元去拯救銀行。我們只要拿那筆錢的百分之一，就能讓每個城市居民擁有乾淨的自來水。我們有知識，也有那個財力，但我們有意願去做嗎？

　　當然，我把一切簡化了，但我並沒有簡化得太過火。擁有意願的一個關鍵，在於讓參與者目標一致：政府、金主、人民。很多方式可能做錯，例如，一位肯亞學者試圖把靠近奈洛比市中心的基貝拉貧民窟（Kibera）夷為平地，把目前居住在基貝拉的50萬人遷到城外新建的住所。他不知道那樣做是不是基貝拉那些窮人想要的，但他知道，那些因此騰出的土地可能在房地產市場中價值連城。在他看來，相較於讓窮人居住，那片土地可以有「更好」的利用。至於窮人呢？他們應該對自己最終得到的結果心存感激。我希望這只是一種反諷說法。

　　據報導，基貝拉是非洲最大的城市貧民窟，它本身有很多錯誤的地方。那裡是臨時安置點，住所都是臨時住屋，未達標準或缺水缺電。人們以汽油罐裝水，當地一公升的水價比倫敦一公升的水價還貴。不過，「主要街道」已經發展起來了。掛著手機廣告的商店旁邊是食品店、便利商店、診所、藥局。基貝拉確實是犯罪的溫床，但它也有社群的一些面向——要在其他地方（例如以煤渣塊砌成的成排新樓）複製那些面向，需要花很大的心力。

　　一種比較好的作法，是參考自雇婦女協會（前面提過的SEWA）在古吉拉特邦的阿默達巴德市所做的方式。住在棚屋的SEWA成員聚在一起，說出他們想改善住所的想法。他們提到的第一點是：我們不想搬走！我們想待在原地，但我們想要一個烹飪的地方，一個盥洗室和自來水。SEWA為每個家庭協商了一筆約500美元的貸款。女性必須自己出50美元，這對每天以2美金為生的人來說是一筆鉅款。[44]

　　但結果令人刮目相看：同樣的街道、同樣簡樸的住所，但看起來煥然一新，居民要求的設施都增設了，感覺有人打理。我不知道這會不會使犯罪減少。如果破窗效應是真的，那感覺應該會使犯罪減少。[45]不過，有一點是肯定的，婦女不再需要為了取水而大排長龍，水傳染的疾病減少了，孩子請病假的時間也減少了。

　　小說家湯姆‧沃爾夫在《走夜路的男人》(*Bonfire of the Vanities*) 中提到，他筆下那個富到流油的銀行家可以把自己「隔離」在紐約的混亂之外。他本來可以住在紐約、倫敦或法蘭克福等城市，因為他與那些不屬於他那個階層的人有種種的接觸。對那些沒錢沒勢的人，尤其是那些沒錢沒勢的家庭來說，社區是他們生老病死的地方。社區可能充滿了社會、實體、生物危害，但人們出生、成長、生活、工作、老化的地方所具有的社會與實體屬性，可能對他們能過的生活有深遠的影響，因此也對健康公平性有深遠的正面影響。

　　地方政府與民間社會及社區居民合作，對於促進健康公平性有很大的效用。但是話又說回來，中央政府設定了背景，決定了社區、個體、家庭所擁有的權力、金錢、資源。接下來我們要探討的，就是這種更大的範圍：社會(第九章)及全球(第十章)對健康公平性的影響。

註　釋

1　"B.C. Teen's Suicide Blamed on 'Dysfunctional' Child Welfare System," *CBC News*, June 25, 2014. Available from: http://www.cbc.ca/news/canada/british-columbia/b-c-teen-s-suicide-blamed-on-dysfunctional-child-welfare-system-1.2526230.

2　M. J. Chandler and C. E. Lalonde, "Cultural Continuity as a Moderator of Suicide Risk among Canada's First Nations," in *Healing Traditions: The Mental Health of Aboriginal Peoples in Canada*, eds. L. Kirmayer, and G. Valaskakis (Vancouver: University of Columbia Press, 2009).

3　Ibid.

4　L. Hummingbird, "The Public Health Crisis of Native American Youth Suicide," *NASN School Nurse* 26, no.2 (2011): 110–114.

5　"Aboriginal suicide rates 2014," Creative Spirits, June 26, 2014. Available from: http://www.creativespirits.info/aboriginalculture/people/aboriginal-suicide-rates.

6　A. Beautrais and D. Fergusson, "Indigenous Suicide in New Zealand," *Archives of Suicide Research* 10, no.2 (2006): 159–168.

7　J. H. Walters, A. Moore, M. Berzofsky, and L. Langton, *Household Burglary, 1994–2011* (NCJ 241754: US Department of Justice, 2013).

8   ONS, Home Office, "Crime in England and Wales 2010/11: Findings from the British Crime Survey and Police Recorded Crime (2nd edition)", in *Home Office Statistical Bulletin*, eds. Rupert Chaplin, John Flatley, and Kevin Smith, July 2011.

9   J. M. Jones, "Americans Still Perceive Crime as on the Rise," *Gallup*, November 18, 2010. Available from: http://www.gallup.com/poll/144827/americans-perceive-crime-rise.aspx.

10   M. Stafford, T. Chandola, and M. Marmot, "Association between Fear of Crime and Mental Health and Physical Functioning," *American Journal of Public Health* 97, no.11 (2007): 2076–2081.

11   M. Stafford, M. De Silva, S. A. Stansfeld, and M. G. Marmot, "Neighbourhood Social Capital and Mental Health: Testing the Link in a General Population Sample," *Health and Place* 14 (2008): 394–405.

12   C. Florence, J. Shepherd, I. Brennan, and T. Simon, "Effectiveness of Anonymized Information Sharing and Use in Health Service, Police, and Local Government Partnership for Preventing Violence Related Injury: Experimental Study and Time Series Analysis," *BMJ* 342 (2011): d3313.

13   K. Matthews, J. Shepherd, and V. Sivarajasingham, "Violence-related Injury and the Price of Beer in England and Wales," *Applied Economics* 38 (2006): 661–670.

14   Bureau of Alcohol Tobacco Firearms and Explosives, "ATF Releases Government of Mexico Firearms Trace Data," April 26, 2012. Available from: http://www.atf.gov/press/releases/2012/04/042612-atf-atf-releases-government-of-mexico-firearms-trace-data.html.

15   National Gang Center, "OJJDP Comprehensive Gang Model." Available from: http://www.nationalgangcenter.gov/comprehensive-gang-model.

16   Violence Reduction Unit, "CIRV Helps Reduce Glasgow Gang Violence," June 30, 2011. Available from: http://www.actiononviolence.co.uk/content/cirv-helps-reduce-glasgow-gang-violence.

17   Marmot Review Team, *Fair Society, Healthy Lives*.

18   J. D. Hawkins, S. Oesterle, E. C. Brown, R. D. Abbott, and R. Catalano, "Youth Problem Behaviors 8 Years after Implementing the Communities That Care Prevention System: A Community-randomized Trial," *JAMA Pediatrics* 168, no.2 (2014): 122–129.

19   R. F. Catalano, K. P. Haggerty, C. B. Fleming, and J. D. Hawkins, "Social Development Interventions Have Extensive, Long-lasting Effects," in *Social Work Practice Research for the 21st Century*, eds. A. E. Fortune, P. McCallion, and K. Briar-Lawson (New York: Columbia University Press, 2010).

20   UNDP, *Human Development Report 2013 – The Rise of the South: Human Progress in a Diverse World* (New York: United Nations Development Programme, 2013).

21　G. Georgatos, "Quality of Life for Australians 2nd Only to Norway, but for Aboriginal Peoples 122nd," *The Stringer*, March 16, 2013. Available from: https://thestringer.com.au.

22　M. Cooke, F. Mitrou, D. Lawrence, E. Guimond, and D. Beavon, "Indigenous Wellbeing in Four Countries. An Application of the UNDP's Human Development Index to Indigenous Peoples in Australia, Canada, New Zealand, and the United States," *BMC International Health & Human Rights* 7, no. 9 (December 2007).

23　Australian Bureau of Statistics, "Life Tables for Aboriginal and Torres Strait Islander Australians 2010–2012," ABS (2013). Cat. No. 3302.0.55.003. Available from: http://www.ausstats.abs.gov.au.

24　Australian Institute of Health and Welfare. *Life Expectancy and Mortality of Aboriginal and Torres Strait Islander People* (Canberra: AIHW, 2011).

25　Ibid.

26　Michael Anderson, "Can An Aboriginal School Break the Vicious Circle?" Creative Spirits, June 25, 2014. Available from: http://www.creativespirits.info/aboriginalculture/education/can-an-aboriginal-school-break-thevicious-circle.

27　"Aboriginal Law & Justice 2013," Creative Spirits, June 25, 2014. Available from: http://www.creativespirits.info/aboriginalculture/law/.

28　Marmot Review Team, *Fair Society, Healthy Lives.*

29　University of Sydney, "Dr Charles Nelson Perrurle Perkins AO, Arrernte and Kalkadoon Man. 1936–2000," extract from 'State Funeral' programme, Sydney Town Hall, October 25, 2000. Available from: http://sydney.edu.au/koori/news/perkins_background.pdf

30　Joe Lane, "Indigenous participation in university education," *Issue Analysis* no. 110 (St Leonards, N.S.W., The Centre for Independent Studies, 2009).

31　Australian Government Department of Social Services, Local Implementation Plans, Gunbalanya 2013. Available from: http://www.dss.gov.au.

32　H. R. Anderson, P. Vallance, J. M. Bland, F. Nohl, and S. Ebrahim, "Prospective Study of Mortality Associated with Chronic Lung Disease and Smoking in Papua New Guinea," *International Journal of Epidemiology* 17, no.1 (1988): 56–61.

33　Global Alliance for Clean Cookstoves, "The Issues," June 25, 2014. Available from: http://www.cleancookstoves.org/our-work/the-issues/.

34　Marmot Review Team, *Fair Society, Healthy Lives.*

35　L. P. Clark, D. B. Millet, and J. D. Marshall, "National Patterns in Environmental Injustice and Inequality: Outdoor NO_2 Air Pollution in the United States," *PLoS One* 9, no.4 (2014): e94431.

36   M. P. White, I. Alcock, B. W. Wheeler, and M. H. Depledge, "Would You Be Happier Living in a Greener Urban Area? A Fixed-effects Analysis of Panel Data," *Psychological Science* 24, no. 6 (2013): 920–928.

37   "Green Spaces Deliver Lasting Mental Health Benefits," University of Exeter, June 25, 2014. Available from: https://www.exeter.ac.uk/news/featurednews/title_349054_en.html.

38   R. Mitchell and F. Popham, "Effect of Exposure to Natural Environment on Health Inequalities: An Observational Population Study," *Lancet* 372, no.9650 (2008): 1655–1660.

39   D. Bird, "Government Advisors Demand Urgent Shift in Public Investment to Green England's Cities," CABE (Commission for Architecture and the Built Environment, 2009).

40   L. Sloman, N. Cavill, A. Cope, L. Muller, and A. Kennedy, *Analysis and Synthesis of Evidence on the Effects of Investment in Six Cycling Demonstration Towns,* Report for Department for Transport and Cycling England (2009).

41   City of Copenhagen, "The Bicycle Account 2013," June 30, 2014. Available from: http://subsite.kk.dk/sitecore/content/Subsites/CityOfCopenhagen/SubsiteFrontpage/LivingInCopenhagen/CityAndTraffic.

42   S. J. Jones, R. A. Lyons, A. John, and S. R. Palmer, "Traffic Calming Policy Can Reduce Inequalities in Child Pedestrian Injuries: Database Study," *Injury Prevention* 11, no.3 (2005): 152–156; P. L. Jacobsen, F. Racioppi, and H. Rutter, "Who Owns the Roads? How Motorised Traffic Discourages Walking and Bicycling," *Injury Prevention* 15, no.6 (2009): 369–373.

43   World Health Organization, *Global Age-Friendly Cities: A Guide* (Geneva: WHO, 2007).

44   T. Kjellstrom, *Our Cities, Our Health, Our Future: Acting on Social Determinants for Health Equity in Urban Settings* (Kobe: WHO, KNUS, 2008). Available from: http://www.who.int/social_determinants/resources/knus_final_report_052008.pdf.

45   M. Gladwell, *The Tipping Point* (London: Abacus, 2000).

9　更公平的社會

許多美國人清楚知道有些事情極不對勁，他們的生活不像以前那麼好了，每個人都希望孩子出生時有更好的生活機會：更好的教育及更好的就業前景。他們都希望妻子或女兒和其他先進國家的女性一樣，有相同的分娩存活率。他們希望以更低的保費獲得全面的醫療保險、更長的預期壽命、更好的公共服務，以及更少犯罪活動。然而，許多美國人得知西歐有這種福利時卻回應：「但他們有社會主義！我們不想要國家干涉我們的私事。」

　　—— 東尼・賈德（Tony Judt），《厄運之地》（*Ill Fares the Land*）[1]

　　2010年1月，地震重創海地，導致20萬人罹難。不到兩個月，智利發生另一起比它強500倍的地震，罹難人數是數百人。海地在各方面都準備不足，智利則是準備充分，有嚴格的建築規範，良好的緊急應變系統，以及因應地震的悠久歷史。沒錯，海地的震央比智利的震央更接近人口中心，但那只是造成破壞規模差異的部分原因。[2]這裡還有一個現象凸顯出兩國反應的差異：智利的巴舍萊總統（Bachelet）在地震發生幾小時內，就在半夜出來做即時報告了。井然有序的應變及安全的建築令民眾安心。在海地，多數人至少在地震

發生一天後，才知道總統是否還活著。總統府與總統官邸就像多數政府大樓一樣都坍塌了。[3]社會的本質，使自然現象變成了天災。罹難人數與海地的社會準備度及應變力比較有關，與地震強度比較無關。

以下是另一個社會對比。我收到一位美國同行的電郵：「我一早醒來得知，美國的醫療保健不如英國。」第二章提過，一篇論文顯示，美國中年人的健康不如英國對應族群的健康。[4]他所指的就是那篇論文的相關報導。我在本書一開始提到的兩大主題之一，就是美國人年輕時（15歲到60歲）的健康出奇地糟。他們在55歲到64歲時，健康也不如英國人。

美國國家科學院探究了這個問題。[5]它的報告比較美國的健康狀況與其他16個高收入的「同儕」國家。結果顯示，美國表現很差。相較於同儕的平均值，美國在九個健康領域的排名幾乎都是墊底：不良的分娩結果、傷害與兇殺、青少年懷孕與性病的傳播感染、愛滋病毒與愛滋病、毒品相關的死亡、肥胖與糖尿病、心臟病、慢性肺病、殘疾。由於美國在醫療保健上的開支比研究中的每個國家還多，再考慮到那些健康問題的性質，那份報告的作者覺得醫療照護並非原因所在。他們說，美國的健康劣勢不是單一原因造成的，但他們確實把部分歸因於美國社會的性質。

第三個社會對比是來自南亞。印度比孟加拉富有，但孟加拉在嬰兒與兒童死亡率方面的改進較快。印度喀拉拉邦（Kerala）處理事務的方式，與印度的其他邦大不相同。當地的婦女地位較高，比較共有取向。相較於印度的其他邦，喀拉拉邦出名的健康狀況再次顯示社會的重要性。[6]

第四個顯著的對比，是在東歐與西歐之間。[7]在共產主義時期，以預期壽命來衡量的健康狀況有顯著的差別。蘇聯以及中歐與東歐等

共產國家的預期壽命停滯不前。西歐的預期壽命則是年年變長。共產國家的生活慘澹，西歐的生活則是年年改善。共產主義垮台後，捷克與波蘭等國的預期壽命都顯著變長了。俄羅斯的死亡率有如雲霄飛車，死亡率先是急遽上升，接著下降，然後又上升，現在又下降了。但俄羅斯男性的預期壽命仍比歐洲最好的冰島短了18年。社會的性質是關鍵。

　　我可以繼續舉例。古巴、哥斯達黎加、智利的健康狀況，比中美和南美的其他國家好。日本完勝其他國家——不僅身體比較健康，健康不平等也比較小。[8]

　　看這些社會之間的健康對比，促使我們思考構成良好社會的因素。第三章討論社會正義理論時，我引用了罕普夏的說法，說那個問題沒有答案。哲學家意見不一，我則是大膽主張，健康公平性可以決定那個問題。良好社會是指健康良好、健康公平性高並隨著時間改善的社會。

　　有些國家之所以比其他國家健康，是因為他們做了某些事情。例如，不管民眾是否有支付能力，均提供全民優質的醫療照護。前五章的每一章都討論能夠改善健康及減少健康不平的具體改變：兒童早期發展、教育、就業與工作條件、為老人提供的條件、發展有韌性的社群。確保這幾項都得到良好支持的社會，就有可能獲得良好的健康與健康公平性。

　　不僅如此。社會有文化、價值觀、經濟制度——這些因素在生命歷程中為影響健康的條件設下了背景脈絡。我們談到社區韌性，但社會的性質會影響個體與社區面臨的危害。所以，本章是探討社會中的社會安排（social arrangement），看它們如何影響健康公平性。再次重申，我的總主題是：權力、金錢、資源的不公平，導致日常生活條件的不公平，進而引發健康的不公平。

社會：左派與右派

在英國，一般看法是，保守黨上台後，減少社會支出的同時，也改善了經濟。過了一段時間，人們厭倦了劣質的公共服務，以及政府對窮人的吝於支援，轉而投票支持工黨。工黨開始增加社會支出，改善公共領域，同時搞砸經濟。民眾厭倦了經濟問題後，又把選票投給保守黨……保守黨又把情況顛倒過來……如此循環不止。這有點像諷刺漫畫，尤其現在又是多個政黨組成的聯合政府，有些領導人似乎能夠同時把公共領域及經濟搞得一團糟。話又說回來，公共領域與個人自由之間的爭論依然持續不休，一般認為個人自由是追求經濟成功的途徑。美國的情況又比英國複雜一些，因為美國可能出現民主黨總統，搭配共和黨主導的國會，那可以確保局勢不會太偏向左派或右派，或剛好走中間路線。至少在美國與英國我們是透過投票來決定這些緊張關係，其他國家就不是那麼平順了。例如，長久以來，阿根廷的民粹主義與富人追求穩健經濟之間也有這種緊張關係，結果導致他們每隔一段時間就發生軍事政變，和民主政權的輪替。

我問一位政治立場偏左的智利同行，他是皮諾契特（Pinochet）軍政府的難民，直到民主政權恢復後才返回智利：「除了皮諾契特是踐踏人權的右派獨裁者以外，政治上的右派人士說皮諾契特有利經濟發展。對此，你有什麼看法？」

「很遺憾，右派說的沒錯。」他回應。

「為什麼皮諾契特經過這麼多年的軍事統治後，還會接受選舉呢（結果選輸了）？」我問道。

「對你創立的社會撒謊非常糟糕。」他說，「但相信自己的謊言更是愚蠢。」

這裡，我們以一種極端的形式，做了跟英國一樣的辯論：極右派對經濟有利，但是對人們關心的其他事情（如人權、社會凝聚力、多元觀點的容忍）很不利。

有一件事情是確定的。對於「國家 vs. 個人」的政治立場，你有一套自己的觀點，甚至是偏見。如果你相信一種觀點，你會保持警惕，以防我拋出依賴國家執行的舊左派方案，因為那些都會讓納稅人付出巨大的代價。難道我不知道官僚體系效率低落，缺乏成效，還會產生依賴性嗎？如果我贊成賦權，難道我不知道人們需要從一個高壓管控的國家中解放出來嗎？我會想要創造賈德所說的那種令美國人害怕的歐洲社會主義嗎？

如果你抱持另一種觀點，你也會保持警覺，以防我對資本主義態度過軟。當我們發表《在一個世代內敉平階級落差》時，倫敦大學學院的歷史學家召開了一場會議，針對「健康的社會決定因素」的歷史，討論那份報告。[9]一位政治立場偏左的評論者說，他看了整份報告，只看到一處提到新自由主義。我為此致歉，我以為我已經把它們都移除了，那肯定是漏網之魚。

「那表示你支持新自由主義嗎？」他吃驚地問道。

「不，當然不是。如果你讀了報告，你應該知道我們在教育與醫療照護上，很反對毫無限制的市場，以及新自由主義所帶來的那種不平等。我們要求的是健全制度及市場責任，認為國家扮演很重要的角色。」

「如果你反對新自由主義，為什麼不這麼說呢？」他和其他人質問。

一旦你開始贊成或反對任何「主義」，就會出現拉朋結黨及窒礙了分析的危險。中歐與東歐的共產主義並未帶來持續的健康。相較之下，中國在共產主義的統治下，健康確實有所改善，而且在現在所謂的中國共產主義與資本主義的混合體下，他們的健康仍持續改善。資

本主義帶來不平等的問題，不平等又會損害健康與福祉。我們需要研究在個人權利與公共領域的要求之間如何拿捏平衡的證據，而不是揮著「主義」旗幟朝著路障前進。

生於比利時的印度經濟學家尚‧德雷茲 (Jean Drèze) 與沈恩合寫了關於印度的重要書籍。在最新出版的《不確定的榮耀》(*An Uncertain Glory*) 一書中，他們寫道，1990年代初期印度啟動經濟改革時，它面臨「經濟治理的兩大失敗。第一個是未能發揮市場的建設性功能」。第二個是「未能充分利用國家的建設性功能來追求增長與發展」。[10] 他們所說的再清楚不過了：市場與國家制度都很重要。

批評新自由主義是正確的。認為各方面都毫無限制的自由市場（所謂的華盛頓共識〔Washington Consensus〕）是國家成長、發展、確保健康與健康公平性的方式 —— 這種想法與證據相互矛盾。與此同時，市場動態確實是提高生產力與經濟增長的途徑。所以，問題不該是「要不要追求資本主義」，而是「我們想要一個什麼樣的資本主義社會」。

學 習

從有效的作法學習

盡可能撇開意識型態傾向，我們可以在哪裡找到集經濟成功、有利可圖的私營部門、有建設性的國家角色、良好健康紀錄於一體的社會呢？根據本書前面的資料，挪威在人類發展指數中排名第一，瑞典在預期壽命方面接近榜首，芬蘭的PISA教育成績在歐洲名列前茅，丹麥有最好的社會流動性，但有趣的是，他們的健康狀況不是最好的。北歐國家似乎是值得關注的地方。

不過，這裡有必要先闢謠。1960年，艾森豪總統發表演講，聲稱瑞典的社會主義政策導致「罪惡、裸體、酗酒、自殺」。我有點分

身乏術，沒時間去調查罪惡或裸體是否屬實(不過，瑞典的青少年懷孕率很低)，但後面兩項是錯的。儘管如此，謠言仍持續流傳：民眾對他們的社會主義「天堂」非常不滿，以至於自殺。戳破這種好故事很可惜，但那根本不是真的。瑞典每10萬人的自殺人數少於OECD國家的平均水準，略低於美國。[11] 挪威的自殺率與瑞典大致相同，芬蘭比較高，丹麥比較低。社會民主與高自殺率之間並沒有一致性。

我擔任CSDH的主席時，我和瑞典同行兼CSDH委員丹尼‧瓦格羅 (Denny Vågerö) 一起去拜會瑞典政府，詢問他們是否願意資助一群北歐學者，讓我們學習北歐福利國家 (Nordic Experience of the Welfare State，他們以NEWS小組自居) 的經驗。[12] 我與NEWS小組見面時，我說，世界上的其他國家認為，北歐國家彷彿在另一個星球上：健康、犯罪率低、性別平等、社會福利蓬勃。我們可以從北歐學到什麼通用的啟示，並套用到其他地方？

NEWS小組檢閱證據後表示，以下幾點對導致北歐國家良好的健康水平很重要：

- 普遍通用的社會政策，而不是依賴目標性的、按資產調查的選擇性政策。
- 透過福利國家的再分配政策來減少貧窮。
- 比較小的收入不平等。
- 強調根據階級與性別的機會平等**與**結果平等，對遭到社會排擠的團體也一視同仁。
- 公共服務範圍廣泛，主要是由地方的公共部門提供服務。
- 社會支出與社會保障很重要。
- 整個生命歷程不是只有一個政策方案，而是許多政策的累積，每個政策都有特定的效用。

也從無效的方法學習

如果那是北歐國家為了獲得良好健康所做的正確之舉，那麼美國做錯了什麼呢？前面我引用美國國家科學院的報告，該報告顯示，美國相較於其他16個「同儕」國家，在健康方面表現得特別差。美國弱勢群體的健康劣勢尤其嚴重，但富人的健康也不太好。美國國家科學院指出，相較於其他高收入國家的青少年，美國青少年更有可能在年紀還小時開始有活躍的性生活，擁有較多性伴侶，也比較不可能有安全性行為——這正好與艾森豪總統擔憂的瑞典「罪惡」相反。

相較於其他國家75歲以下的各年齡層，美國的健康狀況總是比較差——在多數的年齡層中，美國在17個國家中排名第16或17（排名第一最健康），直到50歲以後的年齡層，排名才「躍升」至第16位或14位。呈現健康劣勢的一種方式，是看出生到50歲損失的年數。1900年左右，在歐美，新生兒預期可活到約34歲。那可以轉換成在50歲前「損失」了16年。如今，50歲以前過世的人不多。儘管如此，以這種方式來衡量的話，美國的排名還是墊底，如圖表9.1所示。除了損失的年數差異以外，美國人也承受許多非致命的疾病與折磨。

國家科學院的作者把美國人健康不佳的原因描述如下：

> 不利的社會與經濟條件也對健康影響很大，而且影響了很大一部分的美國人口。儘管美國經濟龐大又強盛，其貧窮率與收入不平等的程度，比多數的高收入國家還高。美國兒童比同儕國家的兒童更有可能在貧困中成長，今天的兒童將來改善其社經地位並賺得比父母更多的比例，比許多高收入國家還小。此外，儘管美國曾在教育方面領先全球，現在許多國家的學生表現優於美國學生。最後，美國人比較不易取得緩和不利經濟與社會條件衝擊的「安全網」方案。[13]

美國的狀況幾乎是NEWS小組報告的倒影：貧窮、不平等、不易取得社會安全網（尤其是貧困時的收入支援）。

圖表9.1 退出頂級聯盟的候選人

17個同儕國家50歲以前男女損失的壽命年數，2006–2008年

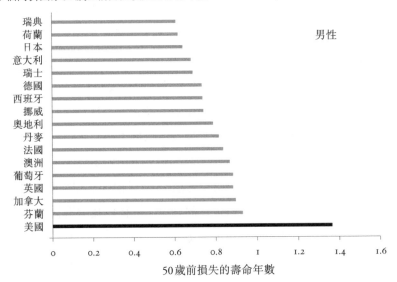

50歲前損失的壽命年數

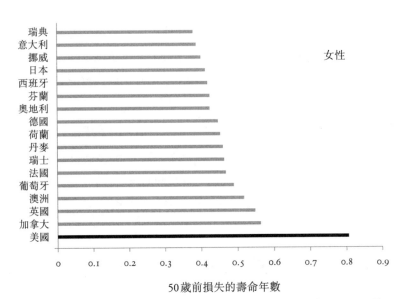

50歲前損失的壽命年數

資料來源：S. H. Woolf and L. Aron eds., *U.S. Health in International Perspective: Shorter Lives, Poorer Health* (National Research Council; Institute of Medicine. Washington, D.C.: The National Academies Press, 2013)

錢與其他重要的事

北歐與美國的報告凸顯出，收入不平等與貧窮是健康不佳的主因。本書到目前為止，我都只是稍微談到金錢，沒有深入探究。我譴責國家沒有更積極地減少兒童貧窮，但隨後就轉而探討親子教養及育兒環境的品質。我說，我們在工作中尋找的主要東西之一是金錢報酬，但隨後就轉而探討工作生活的品質。我擔心退休後的貧困，但隨後就轉而探討社會關係，以及對老年友善的城市。

在更基本的層面上，我說權力、金錢、資源的不公平，導致日常生活的不公平，進而造成健康的不公平。賦權的一個關鍵面向是「物質」賦權──擁有可以過像樣生活的資源。這促使我引用我所十分認同的，莫里斯在健康生活最低收入方面的開創性研究。有能力支付基本必需品，過有尊嚴的生活並參與社會，都需要金錢，但遠遠不止於金錢。

在談到健康不公平時，如果金錢很重要，即使還有其他重要的原因，我們也必須考慮收入與財富的不平等。除了金錢以外，我們也需要考慮社會特徵的不公平。社會特徵的不公平也會導致健康不公平，但是底下我們先從金錢談起。

最近兩個對經濟不平等的重要分析，是來自經濟學家約瑟夫・史迪格里茲（Joseph Stiglitz）[14] 與托瑪・皮凱提（Thomas Piketty）。[15] 他們兩個關心的重點都不是健康問題，但他們的分析有助於說明我們正在創造的社會，也為本章一開始賈德的疾呼提供了背景。

世襲資本主義 ── 皮凱提式

巴爾札克（Honoré de Balzac）在 1835 年出版的小說《高老頭》（*Père Goriot*）中，寫到沃德林（Vautrin）告誡窮困潦倒的貴族哈斯提涅

(Rastignac)：「以為光憑學習、才華、努力就能在社會上出人頭地是一種幻覺。」沃德林的意思是：你繼續攻讀法律沒有意義。如果你憑著成就與政治權謀，成為法國僅有的20名檢察總長之一，年收入是5,000法郎。相較之下，娶對你有意思的富家女維多琳小姐（Victorine），你的年收馬上變成10倍，也就是50,000法郎。

如果沃德林的建議是對的，資本的財務報酬必然大於工作收入（勞力），不平等必然很大，資本的主要來源必然是繼承的，而不是從收入中節省下來。那些情況無疑適用於19世紀的法國，也適用於當時的英國。你想想，珍・奧斯汀（Jane Austen）筆下的男女主角，哪個是靠工作維生的？想不起來吧。由繼承財富所得到的收入必然相當可觀。奧斯汀筆下的人物若要過尊貴的生活，物質與心理門檻大約是當時平均收入的30倍。在《理性與感性》(Sense and Sensibility) 中，達斯伍家族（Dashwood）那些不幸的年輕女性的非勞動收入縮水到只剩平均收入的四倍，於是結婚機率也跟著驟減，她們完全沒想過她們應該工作。

（奧斯汀筆下都是富人，她幾乎沒注意到其他人。長久以來，我一直想把她那句最著名的開場白改寫成：「舉世公認，凡是**沒錢**的單身漢，都想要好好活下去。」單身又貧窮，預期壽命就不太長。）

財富與收入的巨大不平等，以及繼承財富占多數，是19世紀英國與法國的特色。這些洞見以及擔心我們再次往那個方向發展，正是皮凱提在《二十一世紀資本論》(Capital in the 21st-First Century) 中傳達的訊息。一本由大學出版社出版、厚達685頁的經濟書，竟然可以變成暢銷書（出版幾天便受馨，出版三個月內可能賣了20萬本），而且作者（嚴肅的法國經濟學教授）還因那本書走紅，可見那本書必定講到一些重要的東西。確實如此。

皮凱提凸顯出兩個問題：財富與收入的不平等日益加劇；未來大部分的財富會是繼承的，而不是賺取的。第一個問題是不平等日益嚴重，尤其關係到健康不平等。第二個問題是繼承財富占多數關係到整

體社會，不單只是健康問題。我想從皮凱提擔心的財富累積方式開始談起。接著，本章大部分的內容是談健康不平等。

皮凱提關注的核心重點是，資本回報高於收入增長，因此資本不斷累積。在皮凱提煞費苦心收集與分析資料之前，經濟學家不是那麼關心分配問題。美國著名的經濟學家西蒙·顧志耐 (Simon Kuznets) 指出，美國與一些國家，直到20世紀中葉，隨著經濟的發展與增長，不平等現象減少了。不平等只是發展的一個階段，不必擔心，也無關政治。

皮凱提引用詳細的長期研究指出，顧志耐觀察的時期 (約是1914至1970年) 並非常態。兩次世界大戰的衝擊以及中間發生的經濟大蕭條，確實使收入與資本不平等顯著減少了。那段期間，資本報酬**低於**收入增長。從1970年左右開始，一直到21世紀，我們似乎又回到19世紀「美好年代」(Belle Époque)* 的不平等。皮凱提的簡單衡量標準是：資本占國民收入的比例。以英國為例，1870年資本/收入比約為7，1950年降至3，並從1970年左右開始攀升，到2010年升至5以上。美國19世紀沒有那樣的資本集中度，但現在資本/收入比是5。皮凱提擔心，這個比率正在上升。

在美國，其次是其他英語系的國家，不平等加劇不僅是因為資本/收入比增加，也因為最高收入大幅增長。1928年，美國收入最高的1%，擁有23%的家庭總收入。1929年股市崩盤後，收入最高的1%，擁有不到10%的家庭總收入。從1970年代開始，那個比例又快速增長，因此到了2007年，收入最高的1%，再次擁有23%的家庭總收入。1928年比例達到顛峰後，股市就崩盤了。同樣的，2007年比例達到顛峰後，股市再次崩盤。這是相互關係，還是因果關係？皮凱提毫不懷疑地指出，收入集中導致美國經濟的不穩定，尤其在2007年

---

* 歐洲社會史上的一段時期，從19世紀末開始，到一戰爆發。——譯註

前的 30 年間，收入墊底的 90% 人群，每年收入的年增長率不到 0.5%。他們必須停止消費，或是借貸度日。所以，日益加劇的不平等不僅帶來弊病，也有損經濟。

收入最高的 1% 怎麼運用那些錢呢？一個家庭可以擁有多少遊艇與房子？他們會把那些錢存下來，留給下一代。皮凱提說：「繼承（過去累積的財富）比儲蓄（現在累積的財富）多，幾乎是無可避免的……過去往往會吞噬未來。」我們將會重現 19 世紀看到的那種繼承財富——巴爾札克與奧斯汀的世襲社會。我們將會看到，在頂層累積那麼多收入與財富，不會讓富人變得更健康，但可能減緩他們下面那些階層的健康改善。

皮凱提不只擔心財富與收入不平等的規模，也擔心它們是如何產生的——如何朝繼承發展。皮凱提指出：「我們的民主社會是以英才制的世界觀為基礎，或至少是建立在英才制的希望上。我的意思是指，大家相信社會中的不平等，主要是因為功績與努力不同，而不是因為血緣與收租。」他接著又說：「在民主國家，所有公民宣稱的權利平等與生活條件的真實不平等形成了鮮明的對比。為了解決這種矛盾，大家會確保社會不平等來自理性與普遍的原則，而不是來自隨意的偶然」（例如繼承），以及「收租」（來自資本的收入，亦即皮凱提模型中的財富）。

總之，皮凱提認為，收入與財富不平等的加劇以及世襲資本主義的回歸對經濟不利，與我們所想的世界正義背道而馳，而且可能引發社會動盪。

我閱讀皮凱提的書時，可以明顯看到社會確實有政治選擇。如果他們想要**增加**財富與收入的不平等，他們應該採取以下的措施：把公有資產轉到私人手中，共謀降低總體收入的增長率，但要策畫經濟，使最頂層享有遙遙領先的薪資，降低入息稅及消費稅的累進率，減少資本稅（包括公司入息稅、資本收益稅與遺產稅）。這些作法聽起來

很耳熟，因為那是美國與英國一直在做的事情。這也難怪我們難以減少健康不平等。

史迪格里茲以他的廣博知識與敏銳思維，來分析美國日益加劇的不平等現象。他同樣提到：把金錢從收入分配的底層移到頂層（誠如一直以來發生的那樣），會降低消費。收入最高的人把收入的15%到25%存起來，收入最底層的人把所有的錢都花光了。如此導致的總需求縮減將導致失業。我想補充的是：而且失業會導致健康不佳，也使健康不公平更加惡化。

史迪格里茲說，我們知道極端不平等會造成什麼後果，我們在拉丁美洲已經看到了：危及社會凝聚力、犯罪、社會不穩定、國內衝突。史迪格里茲寫道：「最頂層1%強加給社會的所有代價中，或許最大的是：侵蝕了我們對於公平競爭、機會平等、社群意識等重要事物的認同感。」我想補充的是，皮凱提與史迪格里茲明確指出的弊病也帶來另一件擔憂。

社會不平等導致健康不平等；金錢很重要

⋯⋯因為金錢使窮人變得沒那麼窮

坦桑尼亞、巴拉圭、拉脫維亞，以及美國獲利最多的25個避險基金經理人（合起來）有什麼共通點？他們的年收入都是210億到280億美元之間。[16]

三個國家與25位避險基金經理人的年收入

	人口	國民總收入（＄10億美元）
坦桑尼亞	4,800萬	26.7
巴拉圭	700萬	22
拉脫維亞	200萬	28.7
避險基金經理人	25	24.3*

＊收入總和

收入與財富的巨大不平等導致健康不平等的第一種方法是，如果富人擁有那麼多財富，其他人能獲得的就更少了。我想應該沒有人會要求那25位收入最高的避險基金經理人把一年的收入捐給坦桑尼亞，但如果他們那樣做了，他們幾乎不會注意到，因為第二年他們還是會得到240億美元，但那筆錢可使坦桑尼亞的國民收入翻一倍——那可能在兩個方面改善坦桑尼亞人的健康：讓個人變得更有錢一些，以及改善公共領域。那些錢可以拿來蓋污水處理廠與廁所，提供乾淨的自來水與乾淨的爐灶，甚至支付一些學校教師的薪資。不，這完全是幻想。批評外援的人會說，這筆錢最終會進入瑞士的銀行帳戶。我將在下一章回頭討論這個問題。

對某些人來說，想像那240億美元的一部分在美國重新分配也是不切實際。以前經濟學的學生學到一種論點，彷彿那是事實似的：最頂層1%的人分到越來越大比例的餅也沒關係，因為他們是財富的創造者，解放他們才可以把餅做大。

史迪格里茲說，證據顯然不是如此。國際貨幣基金幾乎不算是「再分配」的支持者，但他們也支持史迪格里茲的說法。[17]IMF的研究者檢視各國的經濟（包括OECD國家及非OECD國家），得出以下的結論：「淨不平等（亦即稅後及轉移後）越小，與更快、更持久的增長密切相關。」這裡甚至沒提到「可能」。IMF報告的作者也推論，再分配對增長具有「良性」影響，所以整體而言，再分配有利於增長。

為不平等辯護的人所提出的另一個相關論點是：水漲船高。說沉船還差不多，史迪格里茲對這種論點也沒什麼耐心。誠如前述，尤其是在美國，小船都在漏水或翻覆，只有豪華遊艇能在海上暢遊。在第一章以及這整本書中，我一直在說明為什麼低收入有害健康。在貧國中，低收入與貧困相關。在富國中，情況略有不同。第五章討論工作收入時，我說我們以支付能力來衡量歐洲的貧窮度：

- 支付房租或水電費
- 讓家裡維持足夠的溫暖
- 面對意外的開支
- 每隔一天吃一次肉、魚或對等的蛋白質
- 離家一週的假期
- 汽車
- 洗衣機
- 彩色電視機
- 電話

這感覺是相對於社會標準的貧窮程度，而不是某個絕對標準 ——不然為什麼沒有彩色電視機對健康有害呢？我在第一章提到，沈恩是以下面的方式來解決絕對貧窮或相對貧窮的爭論：他說，收入的相對不平等會轉變成能力的絕對不平等（亦即你成為什麼樣的人及做什麼事情的自由）。重點不光是你有多少錢，也要看你能用那些錢做什麼，而且那也會受到你所在地區的影響。[18] 如果社區提供潔淨用水與衛生設施，你不需要花自己的錢去取得那些東西。如果社區提供補貼的公共交通、免費使用的醫療保健與公共教育，你就不需要花自己的錢去獲得那些必需品。想要了解收入對健康的重要性，你必須詢問人們能用收入做些什麼。那攸關社區的收入，也攸關社區內的個人收入。

這樣的理解如何幫第四章提到那個巴爾的摩的樂祥呢？這裡先幫你複習一下，樂祥的許多問題源自於母親的貧困，以及他從出生開始到童年早期、青少年時期、成年初期所經歷的壓力生活。介入干預樂祥家境貧苦的一種方式，是藉由改善就業前景及提供維持生活的工資來增加他們的收入。如果這樣做不可行，短期內，政府可以發揮明確的功能。

底下是健康警語：我將討論福利與補貼。美國與英國的政治人物
似乎都相信，削減福利支出是不言而喻的好事。如果每次有政客喊著
要削減窮人福利，就有一隻小鳥飛到他耳邊說：「降低福利支出即使
不會害死人，也會使人民的健康變糟」，不知道會變成怎樣？

北歐福利國家小組（NEWS）的結論之一是，北歐國家之所以健
康良好，有部分是仰賴社會支出與社會保障。為了證明這點，他們
檢查了各種稅賦與社會轉移前、後的貧窮水準。就像第四章的兒童
貧窮度一樣，貧窮的基準是收入低於收入中位數的60%。圖表9.2顯
示這點。

圖表9.2 你希望貧窮水平是多少？

2000年左右，福利國家再分配前後低於貧困線的比例

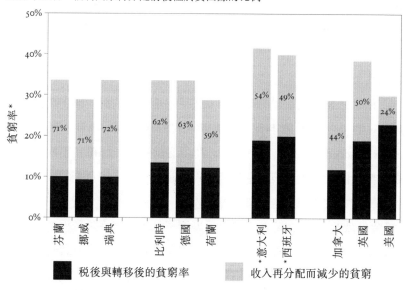

* 在意大利與西班牙，高比例是收入衡量方式造成的。

資料來源：O. Lundberg, M. Aberg Yngwe, M. Kolegard Stjarne, L. Bjork, and J. Fritzell, *The Nordic Experience: Welfare States and Public Health (NEWS)* (Stockholm: Centre for Health Equity Studies, 2008)

　　長條圖的高度顯示，不同國家從市場收入換算的貧窮度。深色代表稅後與轉移後的貧窮。首先，我們比較英美兩國。稅前，英國的貧窮度比美國高（長條較高）。課稅與轉移使英國的貧窮度減少50%，但美國只減少24%（這就是圖中長條的百分比數字）。因此，美國的稅後與轉移後的貧窮率高於英國。如果處於貧窮線下意指付不起前述的清單項目，健康會受損，健康不公平也會惡化，那麼財政部長就有能力影響健康不公平的大小了。

　　圖表9.2，注意芬蘭、挪威、瑞典，賦稅與轉移減少了70%以上的貧窮。

　　北歐福利國家小組接著談到一國的社會福利支出是否與更好的健康有關。他們以兩種方式來談這個問題。首先，他們使用「社會權」（social rights）的概念——制定了目的是在保障公民福利與安全的社會法規。他們檢查了兩個滿足社會權的社會支出特徵：慷慨大方與普遍性——是否涵蓋每個人？兩者都與健康有關。一個國家的社會支出越慷慨大方，普遍性越高，全國的死亡率越低。

　　檢查社會支出影響的第二種方式是，不僅看它對一國平均健康的影響，也看它對健康**不公平**的影響。我的瑞典同行奧勒·倫德伯格（Olle Lundberg）認為，我們不該只問：北歐國家，好還是不好？如果處理健康的社會決定因素意味著為人民賦權，讓大家更能掌控自己生活的一種方式，是在需要時改善其收入。因此，我們來看一下所謂的「社會保障」：國家在養老、喪親、失能、健康、家庭、積極的勞力市場方案、失業與住房方面的支出。接著，根據減稅以及直接稅和間接稅的支付金額，來調整這些項目。有了這個指標以後，他們開始研究15個歐盟國家中，社會福利支出與女性健康不公平之間的關係，如圖表9.3所示（男性的結果很相似）。[19]

　　只受過小學教育的女性，比受過高等教育的女性更有可能健康不佳。讀者看過本書前面的內容，應該不會對這個結果感到意外。不

過,一國的社會開支越大,學歷最低者與學歷最高者之間的健康落差越小。這張圖顯示小學學歷與高等學歷相比時的**相對**健康劣勢,這裡仍有很大的絕對差異。

　　福利支出越多,可以改善整體健康狀況及減少健康不公平。我確信,工作一定比靠救濟金維生好,但是在找不到工作或工作無法脫貧下,社會保障的支出對人們的生活有很大的影響。

圖表9.3 驚人的消息:福利支出改善健康並減少不平等

健康的相對不平等,小學教育vs. 高等教育(女性)

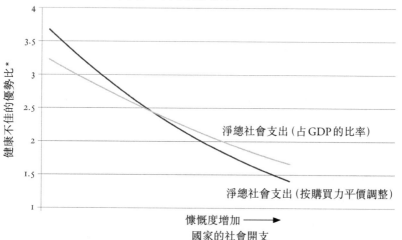

註:＊小學教育vs. 高等教育
資料來源:Adapted from data in Dahl 19 (2013)

　　這張圖顯示,小學學歷的人比高等學歷的人更有可能健康不佳;此外,一個國家的社會開支越高,低學歷的健康劣勢越小。

　　在一些拉丁美洲國家,尤其是墨西哥與巴西,政府減少貧窮的方法包括有條件的匯款方案,例如墨西哥的「機會」(Oportunidades)方案、巴西的「家庭零用金」(Bolsa Familia)方案。這些方案很有意思,令人振奮,但也有問題。顧名思義,那些方案是在某些條件下匯款給

窮人：窮人必須帶孩子去衛生所、窮人必須去上健康教育課程、大一點的孩子必須去上學。我說過，現金的發放對象是「人」，通常是女性。他們的假設是，女性比男性更有可能把那筆錢拿來貼補家用。

這些方案之所以令人振奮，是因為它們無疑減少了貧窮（巴西就是一例），[20] 也改善了營養（墨西哥就是一例）。[21] 它們之所以有問題，有兩個原因。第一，規定女孩上學是領取每月現金的先決條件，確實很好，但是萬一學校很差呢？匯款給貧困婦女，無法取代官方對改善制度與服務的投資，例如醫療診所與學校。第二，條件性的匯款是專制的。那就好像管理當局對女性說：「我們知道什麼對你有好處，只要你照我們的話去做，我們就會給你錢。」這給人留下不好的觀感。現在他們正在評估取消條件規定後，計畫是否依然有效。[22]

……因為金錢能用來改善生活

金錢改善樂祥與其母親生活的第二種方式是，社區能以滿足其需求的方式來花這些錢，同時減輕其負擔。以交通為例，樂祥母親的家庭收入約為 17,000 美元，她把其中的 23% 花在汽車上。[23] 你可能會問，為什麼收入那麼低了，還花那麼多錢在汽車上？我曾經取笑美國的同行說，美國人認為一輛車上有兩人就是公共交通工具。既然公共交通不夠，樂祥的母親如何去兼差工作，如何帶孩子去醫院看病，如何四處移動？

我們帶一些訪客去看紐漢區（Newham）的兒童中心，紐漢是東倫敦的一個貧窮地區。社區提供的托兒服務是每月 850 英鎊。我一直很好奇，住在倫敦貧困地區的女性即使能找到工作，她如何以微薄的收入負擔那筆費用？在英國，一個家庭若有兩個小孩需要送全天的日托中心，一年的花費是 11,700 英鎊（約 2 萬美元）。[24] 稅收抵免雖有幫助，但是如果稅收抵免的價值正在減少，工作就不是脫貧的方式，補助的托兒服務也許有助於脫貧。一位造訪那所兒童中心的瑞典同行指出，

在瑞典，日托服務是國家補助的。家長每個月最多為每個孩子支付113英鎊，一年是1,356英鎊（約2,300美元）。[25] 國家補助使在職家庭沒那麼貧窮，也讓父母都可以進入職場。

同樣的，如果社區提供前幾章提到的兒童早期發展、教育、職業培訓、失業救濟金等福利，民眾就無須為這些事情自掏腰包。當然，天下沒有白吃的午餐，這些東西都需要錢，稅收是主要來源。那25大避險基金經理人的總收入（240億美元）的三分之一，就可以資助約八萬名紐約教師——由此可見，附近就可以找到大量金錢。

富人無法容忍課稅。前面討論皮凱提時提過，英美兩國減少了稅制的累進率。一般來說，富人擁有特別大的政治權力，他們運用那種權力來確保自己減少納稅。富人主張，既然他們自己花錢買醫療照護、教育、交通甚至保險，為什麼他們應當納稅，為其他人提供那些東西？英國與美國幾乎沒人敢進行成熟的公開討論，關於是不是值得為了改善人民的生活品質、使它媲美北歐國家，而提高稅制的累進率（增加整體稅收）。

在我們離開北歐國家之前，這裡需要強調一點：北歐國家的健康不平等是否比其他沒那麼致力於社會民主的國家還小，目前還沒有共識。我在第五章與第七章展示的學歷與預期壽命關係圖確實顯示，北歐國家的整體健康良好，不平等比較小。然而，其他報告對此提出質疑。[26] 北歐的同行指出，北歐國家的整體健康水準很好，最弱勢族群的健康狀況也很好，這些都是重大的社會進步，而我們竟然還在爭論，關於社會健康差距的大小，該相信哪些證據。

按比例的普遍主義

北歐同行提供的證據，促使倫敦大學學院健康公平研究所（Institute of Health Equity）的我們，提出「按比例的普遍主義」（proportionate universalism）這個拗口的新詞。且聽我解釋。

英國政府為兒童早期發展規畫「穩定開始」政策（Sure Start policy）時，我參加了英國財政部舉行的一場會議，以討論提議的方案。結果，「穩定開始」政策的最初計畫是鎖定最貧窮的社區。我向與會人士展示，年輕人讀寫能力的社會梯度是看父母的學歷而定。我指出，在那個社會梯度的頂端，父母學歷最高，年輕人的讀寫能力媲美瑞典與日本的同儕。但英國的社會梯度比日本和瑞典還陡，所以社會階層越低，英國年輕人的讀寫能力越不如瑞典與日本的同儕。言下之意是，「穩定開始」政策應該是針對所有人，不是只針對最貧窮的社區（見第四章）。

資深的財政部官員諾曼·格拉斯（Norman Glass，很遺憾，他已經過世）說道：

> 別跟我提起斯堪地那維亞人那套普遍干預的胡扯，我們是盎格魯撒克遜人，我們鎖定最窮的族群。

什麼盎格魯撒克遜人？諾曼是愛爾蘭猶太人，不過他講的有理。英國社會政策的預設立場，是只介入干涉最貧窮的族群。這樣做似乎很有道理，何必把錢花在不需要的人身上呢？這種「一般看法」的問題在於，它忽略了梯度。我們看到的所有社會問題及相關的健康問題都有社會梯度。只鎖定最窮族群的缺點在於，你會漏掉中間的人，他們的健康狀況雖然優於梯度底層的人，但也不如梯度頂層的人。

我們不是只從北歐國家學到普遍主義政策的重要。在智利，他們也談論智利團結計畫（Chile Solidario）。該計畫的目的是把最受社會排擠的人帶入社會主流，強調他們的權利與法定享有權，而不是把國家視為向心懷感激的窮人提供幫助的慈善機構。「按比例的普遍主義」是指，讓付出的努力與需要成正比，同時保持社會干預的普遍主義性質。只服務窮人的服務，是糟糕的服務。我們應該讓每個人都獲得普遍政策的效益，同時按需求投入對應的努力。一個關鍵原則是社會凝聚力。

……因為不平等有害社會凝聚力

我在日本的一場會議上，與一位匈牙利的同行一起喝咖啡。我和他曾試圖在匈牙利一起做研究，同時對捷克、波蘭、俄羅斯、立陶宛等中歐與東歐的健康不佳進行調查。那項研究後來沒有在匈牙利啟動，他解釋原因出在人際關係的問題。接著，他又說，日本是個壓力很大的國家。我的反應是：你剛剛花了半個小時告訴我，匈牙利的研究之所以做不成，是因為A與B搞外遇，B的老公和C話不投機，C不想和D及E共事，你們彼此之間對立，不願合作。我對日本的印象是，他們同舟共濟，一起努力追求成功。我們在日本看到的收入不平等較小、貧窮率低、犯罪率也低、很照顧老人，而且是全球預期壽命最長的地方。

理查‧威金森（Richard Wilkinson）與凱特‧皮凱特（Kate Pickett）在合著的《社會不平等》（*The Spirit Level*）中激發了大家的想像力。[27] 書中提到一個簡單又強大的概念：收入不平等損害所有人的健康與福祉，不分貧富或介於兩者之間的任何人。我曾與威金森共同編過書，也合寫過一篇論文以反駁一些批評者並為他的觀點辯護。我同意，社會與經濟不平等導致健康不平等惡化，只不過有個但書。我們只在富國看到「收入不平等對每個人的健康都有害」的證據，而且現在的證據比以前更弱。在第七章中，我放了一個圖（圖表7.3）以顯示不同國家的預期壽命因學歷有何不同，並想像了一段與匈牙利兒童的對話。歐洲國家之間的預期壽命差異很大。但是，相較於小學學歷的人，大學學歷的人差距較小。如果不平等有害每個人的健康，你可能會想像，國家之間所有人都有很大的差距，而不只是最弱勢的族群。不平等對窮人健康的損害，比對富人健康的損害更大。

不過，話又說回來，我完全贊同威金森與皮凱特對心理社會因素的關注。當社會與經濟不平等很大時，社會階級低的人會消權。同樣

的，巨大的不平等意味著，我們越來越常看到窮人及遭到社會排擠的人活在與中產階級不同的世界裡，而富人又活在與其他所有人不同的世界裡：他們有自己的學校、生活安排、交通、健身房、假期、態度。

生活在社會中的關鍵是同理心與連結——對社會其他成員的真心感受。頂層、中層、底層的人各自獨立生活時，破壞了社會這種重要的組成要素。前面幾章詳細探討過，缺乏這種組成要素如何在整個生命歷程及社群中破壞健康。

社會階層與健康不止攸關收入而已

我與羅伯‧薩波斯基 (Robert Sapolsky) 必須見個面，合作一下。我們是由加拿大經濟學家羅伯‧埃文斯 (Robert Evans) 透過代理人介紹認識的。埃文斯在發表的文章中表示，他想比較兩個長期研究靈長類的計畫。一個計畫是薩波斯基對塞倫蓋蒂 (Serengeti) 生態系統的狒狒所做的研究，另一個是馬穆對白廳生態系統中的公務員所做的研究。這兩組靈長類動物 (狒狒與公務員)，在疾病與健康不良的生物標誌上都有明顯的社會梯度。

我第一次見到薩波斯基是在他的史丹佛實驗室裡。他的實驗室看起來有點像他本人，也就是說，如果你可以把一個實驗室描述成留著凌亂的長髮與鬍鬚，亂糟糟的，溫暖又迷人，聰明又平易近人。我和他一起回顧了人類與非人類靈長類動物的社會梯度證據，以了解我們可從人類社會與健康不平等中學到什麼。從那些具有人類多樣性的靈長類身上，我們可以推測，健康的社會梯度是否可以歸因於無法取得醫療管道，以及吃垃圾食物或飲酒或抽煙等等不好的攝取。這些都不適用於狒狒，也沒有狒狒支持新自由主義或社會民主。真正適用的 (人類與狒狒可能都適用)，是壓力以及壓力產生的生理效應。[28]

我們提醒自己：猿類可能像馬基維利（Machiavelli）那樣充滿權謀，但不可能變成馬基維利。人類不是穿西裝的猿類，我們在交叉參照猿類與人類的關係時，不該過於一板一眼。不過，話又說回來，非人類靈長類的多樣性，有助於了解人類社會的階級如何轉化成健康不平等。

我們從薩波斯基對狒狒的研究開始看起，狒狒有明顯的統治階層，而地位低下的動物所經歷的主要壓抑，是社會心理性而非身體性。牠們的食物很充足，在沒有乾旱下，頂多只需要覓食而已。「獵物」之類的奢侈品更多是由統治階級享用，但那只占飲食的一小部分。雄性的優勢是表現在牠們可以優先選擇棲息地、獲得梳理毛髮的機會及優先接觸雌性上。地位低下的動物所遭到的攻擊，通常是象徵性的威脅，而不是實際打鬥。我想像地位高的狒狒穿著皮衣，皮衣上披著鍊子，嘴角叼根煙說道：這片草原對我倆來說不夠大。底下的公狒狒匆忙告退，把食物或母狒狒留給大哥享用。

我們不該妄下結論，但高階者享有較高的社會掌控力與可預測性，社交關係比較好（梳毛），享有更多奢侈品；所有階層都享有豐富的生活必需品，承受的攻擊是象徵性的、而不是實際的——這與人類社會的階級其實相去不遠。在這些野外動物調查中，研究的「終點」不是疾病，甚至不是預期壽命（涉及的數字太小，無法精確計算），而是壓力的生理指標。最常研究的東西是壓力荷爾蒙「皮質醇」，我們認為它與人類及非人類的靈長類一樣有關（你可能很好奇，怎麼測量狒狒的血漿皮質醇。作法是，你先躲起來，用麻醉飛鏢射擊狒狒，然後在皮質醇濃度改變前，趕快取得血液樣本。你前往野外實驗室時，狒狒醒了，開始忙牠自己的事）。

除了薩波斯基對狒狒的研究以外，其他研究也證實了他的發現：下級的公狒狒有較高的基礎皮質醇（basal cortisol）。在不穩定的情況下，有一個有趣的例外。當位階第二的狒狒努力爭取霸主位置時，位

階最高的狒狒可能為了保住地位而展開奮戰。在這種情況下，狒狒大哥的基礎皮質醇濃度可能比二哥高。即使你是位階很高的男性，發現自己即將被趕出董事會或內閣時，也會覺得壓力很大。

在一些靈長類物種中，經常承受社會壓力（如上述）並不是地位低的特徵。在那些物種中，從屬動物的皮質醇濃度並沒有明顯較高。

文化似乎很重要，物種差別也是。薩波斯基與一位同事觀察了一群狒狒，牠們因歷史偶變而生活在離人類太近的地方，50%的高階公狒狒不幸遭到殺害。接下來的發展很有意思：那群狒狒後來比較少出現階級相關的攻擊行為，比較常出現梳毛之類的親和行為。就像所有的狒狒群一樣，年輕的公狒狒會從外面加入群體。新進者通常會以打鬥的方式，在階級中爭取一席之地。但在這個特殊的狒狒群中，新進的公狒狒學會關愛的行為，甚至不再魯莽地對待母狒狒。在這群充滿「關愛」的狒狒群中，地位低與皮質醇濃度較高**無關**。

誠如本節一開始所述，當我們交叉參照非人類靈長動物與人類的情況時，不應誇大其詞。但是，話又說回來，人類的低地位，就像猿類一樣，與高壓及其生理關聯有關，是完全有可能的。親和行為緩和了壓力的有害影響。社會凝聚力是指來自他人或照護服務與機構的信任及社會支援，或者，就像我對日本的印象那樣，感覺他們是同舟共濟的。我們從這裡拉回到經濟與社會不平等的討論：不平等越大，對社會凝聚力的威脅越大，因此對健康公平性的威脅越大。

社會健康也不止攸關收入而已

我曾引用沈恩的話說，就健康而言，重要的不是你擁有什麼，而是你能用你擁有的東西做什麼。早在第一章我就指出，有些國家即使國民收入不高，但健康狀況依然很好。相反的，在這一章，我們一直看到，美國儘管國民收入很高，健康狀況卻比較糟。

　　我們來看三個拉丁美洲國家，它們的國民收入較低，但健康狀況良好，尤其哥斯達黎加與智利還有極高的收入不平等。

　　我們從古巴開始看起。如果你沒去過古巴，你想像它是什麼樣子？充滿蘇聯時代的官員，穿著標配的俄羅斯時裝？人們焦慮、貧困又恐懼，對於交談的對象及談論的內容都小心翼翼？

　　我最近造訪古巴，發現當地的情況並非如此。除了其他活動之外，我還應邀去當地的公衛部演講，那裡連公務員看起來都不是單一模樣，女人的手指與腳趾都塗了指甲油，頭髮挑染，看起來像拉美的中產階級女性。男人穿著適合炎熱氣候的衣服，模樣比英國人過暑假時更隨意、時尚一點（至少他們沒有穿涼鞋配襪子）。

　　我的演講談的其中一個要點是健康的社會決定因素。演講中，我提到研究顯示，工作壓力與心臟病風險增加有關。我說，衡量工作壓力的一種方法，是努力與報酬之間的不平衡。也就是說，付出很多，但報酬微薄。我問道，你們當中有沒有人遇過這種情況？觀眾先是竊笑，接著從小小聲的低語變成熱絡的交談聲。他們確實遇過這種事，也不介意讓我知道。我向他們展示歐洲的相關證據時（工作地位越低，努力與報酬之間的失衡狀況越常見），他們再次興奮地表示認同，說他們也遇過。

　　所以，古巴並不是社會主義的天堂，也不是毫無社會階層。

　　古巴可能像墨漬測試那樣，只供參考。對某些人來說，古巴已遭共產主義遺棄。對其他人來說，古巴代表一種不同的發展模式：他們可以完全不理會新自由主義，同時避免那些傷害拉丁美洲的嚴重收入不平等。政治右派可能對此不以為然：如果古巴算平等的話，那是因為全民都一樣悲慘。

　　我認為古巴既不是社會主義的天堂，也沒有遭到共產主義的遺棄，而是一個健康良好的貧窮國家。就像研究歐洲一樣，我們需要超越冷戰的意識型態之爭，試著看正在發生什麼事。也就是說，即使最

堅定捍衛古巴的人也承認這個國家的經濟很亂，但我們應該去了解古巴是如何達到如此良好的健康狀況，並從中學習。古巴進口的每樣東西都要依賴蘇聯，蘇聯解體時，古巴的經濟也跟著解體了。少了啟動汽車及農業機械的汽油，他們只好回頭使用馬車代步，以牛隻耕田 —— 這些幾乎稱不上是白熱化的現代發展。

　　儘管如此，古巴的健康狀況依然蓬勃發展。圖表9.4顯示古巴和美洲三個對照國家的預期壽命：阿根廷、烏拉圭、美國。阿根廷與烏拉圭在1950年代比革命前的古巴先進許多（卡斯特羅的革命政府在1959年掌權）。1910年，阿根廷是全球人均收入第八高的國家，排在加拿大與比利時之後，但優於丹麥與荷蘭。

圖表9.4 有人做對了

美洲四個國家的男性預期壽命，1955至2011年

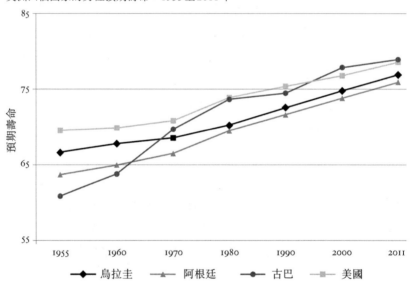

資料來源：WHO World Health Statistics

　　後來發生的事情很戲劇化。1955年，古巴的預期壽命比美國短了10年，但是到了2011年，兩國的預期壽命已經相同了，超過兩個對照的拉美國家。

　　問題是：古巴做了什麼？古巴人告訴我，這與他們高度發達的醫療系統有很大關係。那也可能與他們重視教育及社會保障有關。

　　哥斯達黎加的健康狀況看起來很像古巴，但哥斯達黎加**不是**共產國家。我問哥斯達黎加人，為何他們的健康狀況那麼好——預期壽命跟古巴一樣，近似美國。他們告訴我的第一件事是，他們在1948年廢除武裝部隊。他們說：「我們為何需要軍隊？這一帶的國家大都以軍隊來鎮壓人民。我們把錢投資在教育與醫療上——我們的優先要務與古巴類似。」圖表9.5顯示一個有趣的狀況。它是比較幾個拉美國家的幼兒園入學率與六年級的閱讀成績。古巴的幼兒園入學率最

圖表9.5 早點關注孩童

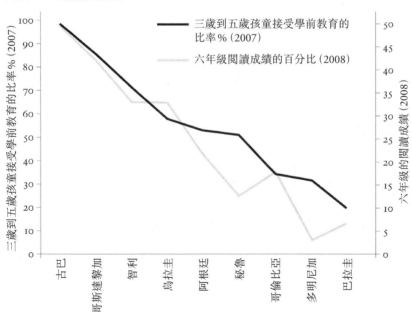

資料來源：UNESCO

高，六年級的閱讀成績最好。接下來是哥斯達黎加，其後是智利。而我舉的「已開發」國家例子（烏拉圭與阿根廷），在這兩項測量中都比較落後。巴拉圭與多明尼加表現得很差。

古巴、哥斯達黎加、智利的政治歷史非常不同，儘管他們的人均收入只有美國的一小部分，但他們的健康狀況都與美國一樣好，我其實不是很明確知道背後的原因。我猜想，那是因為「智利團結計畫」採用普遍主義原則以涵蓋窮人，大量投資學前教育與其他教育，並提供醫療照護。另兩個國家也有類似的計畫在發揮作用。

社會很重要，「原因的原因」有重大的意義。大量的證據顯示，我們可以把社會上的每個人都納入第四到八章所提到領域（兒童早期發展、教育、工作和就業條件、有益老人的良好環境、有韌性的社群），藉此改善健康與健康公平性。但我們必須要有那樣的意願。收入與社會條件的巨大不平等，可能是缺乏社會凝聚力的一個原因，但也可能是一種症狀。為什麼我們可以容忍頂層1%的人收入不斷地飆升，顯然不關心多數人活在貧困中呢？社會凝聚力更強的社會不會希望看到這種情況。這裡再次引用皮凱提的話：「在民主國家，所有公民權利宣稱的平等與生活條件的實際不平等，形成了鮮明的對比。為了消除這種矛盾，我們必須確保社會不平等源於理性與普遍原則，而不是來自任意的偶然性。」所有社會都存在不平等的現象，現實狀況就是如此。那些不平等的規模與程度、它們是如何產生的，以及它們對弱勢群體的意義，對社會正義感及健康都很重要。證據顯示，我們可以做得更好。

註 釋

1 T. Judt, *Ill Fares the Land* (London: Penguin Books, 2011).

2 F. Bajak, "Chile–Haiti Earthquake Comparison: Chile Was More Prepared," *Huffington Post*, February 27, 2010.

3 Ibid.

4 J. Banks, M. Marmot, Z. Oldfield, and J. P. Smith, "Disease and Disadvantage in the United States and England," *Journal of the American Medical Association* 295 (2006): 2037–2045.

5 S. H. Woolf and L. Aron eds., *U.S. Health in International Perspective: Shorter Lives, Poorer Health*. National Research Council; Institute of Medicine (Washington, DC: The National Academies Press, 2013).

6 J. Drèze and Sen A, *An Uncertain Glory: India and Its Contradictions* (London: Allen Lane, 2013).

7 M. Marmot, J. Allen, R. Bell, E. Bloomer, and P. Goldblatt, "WHO European review of Social Determinants of Health and the Health Divide," *Lancet* 380, no.9846 (2012): 1011–1029.

8 M. Marmot and R. Bell, "Japanese Longevity Revisited," *Journal of the National Institute of Public Health* 56, no.2 (2007): 106–113

9 H. J. Cook, S. Bhattacharya, and A. Hardy eds., *History of the Social Determinants of Health: Global Histories, Contemporary Debates (New Perspectives in South Asian History)* (India: Orient Blackswan, 2009).

10 Drèze and Sen, *An Uncertain Glory*, p. 39.

11 OECD, "Suicide," *Health at a Glance 2011: OECD Indicators* (OECD Publishing, 2011).

12 O. Lundberg, M. Aberg Yngwe, M. Kolegard Stjarne, L. Bjork, and J. Fritzell, "The Nordic Experience: Welfare States and Public Health (NEWS)," *Health Equity Studies* 12 (2008).

13 S. H. Woolf and L. Aron eds., *U.S. Health in International Perspective: Shorter Lives, Poorer Health* (National Research Council; Institute of Medicine. Washington, DC: The National Academies Press, 2013).

14 J. Stiglitz, *The Price of Inequality* (New York: Penguin, 2013).

15 T. Piketty, *Capital in the Twenty-First Century* (Cambridge, MA: Harvard University Press, 2014).

16 N. Vardi, "The 25 Highest-Earning Hedge Fund Managers and Traders," *Forbes*, Feb 26, 2014.

17　J. D. Ostry, A. Berg, and C. G. Tsangarides, *IMF Staff Discussion Note: Redistribution, Inequality, and Growth* (International Monetary Fund, 2014).

18　A. Sen, *Inequality Reexamined.*

19　E. Dahl and K. A. van der Wel, "Educational Inequalities in Health in European Welfare States: A Social Expenditure Approach," *Social Science and Medicine* 81 (2013): 60–69.

20　L. M. P. Santos, R. Paes-Sousa, E. Miazagi, T. F. Silva, and A. M. Mederios da Fonseca, "The Brazilian Experience with Conditional Cash Transfers: A Successful Way to Reduce Inequity and to Improve Health" World Conference on Social Determinants of Health, Rio de Janeiro, October 2011.

21　S. L. Barber and P. J. Gertler, "The Impact of Mexico's Conditional Cash Transfer Programme, Oportunidades, on Birthweight," *Tropical Medicine & International Health: TM & IH* 13, no.11 (2008): 1405–1414.

22　S. Baird, F. G. H. Ferreira, B. Ozler, and M. Woolcock, "Relative Effectiveness of Conditional and Unconditional Cash Transfers for Schooling Outcomes in Developing Countries: A Systematic Review," *Campbell Systematic Reviews* 9, no.8 (2013).

23　L. Mahapatra, "Consumer Spending: How Much of Their Income Do Poor and Rich American Families Spend on Housing, Education, Healthcare, Food and Transportation?" *International Business Times,* January 6, 2013.

24　J. Rutter and K. Stocker, *Childcare Costs Survey 2014* (London: Family and Childcare Trust, 2014).

25　D. Ferguson, "The Costs of Childcare: How Britain Compares with Sweden," *The Guardian,* May 31, 2014.

26　J. P. Mackenbach, "The Persistence of Health Inequalities in Modern Welfare States: The Explanation of a Paradox," *Social Science & Medicine* 75, no.4 (2012): 761–769.

27　R. G. Wilkinson and K. Pickett, *The Spirit Level: Why More Equal Societies Almost Always Do Better* (London: Allen Lane, 2009).

28　M. G. Marmot and R. Sapolsky, "Of Baboons and Men: Social Circumstances, Biology, and the Social Gradient in Health," in *Sociality, Hierarchy, Health: Comparative Biodemography: A Collection of Papers,* eds. M. Weinstein, and M. A. Lane (Washington DC: National Academies Press, 2014).

10　在世界上公平地生活

國內生產總值（GDP）計入空氣污染與香煙廣告，以及為公路事故奔忙的救護車；計入我們用來防盜的特製門鎖，以及為了監禁那些闖空門的盜賊而設立的監獄；計入城鎮擴展所造成的森林濫伐與消失的自然奇觀……

然而，國內生產總值並未考慮到我們孩童的健康、他們的教育品質，或是他們玩樂的歡娛；也未計入我們詩歌的美好或婚姻的忠貞，我們的公共論辯的才智或公務員的廉正。它既沒有衡量我們的機智或勇氣，也沒有衡量我們的智慧或學養；既沒有關注我們的悲憫胸懷，也沒有關注我們的愛國熱忱。總之，它衡量了一切，卻沒有衡量那些讓我們覺得不枉此生的事情。

——羅伯·甘迺迪（Robert F. Kennedy），
堪薩斯大學，1968 年 3 月 18 日

我腦中浮現了一幅景象。在一張擁擠的餐桌旁，坐著一位抱持無政府主義的冰島市長，一些憤怒的希臘年輕人，一位努力維持生計的愛爾蘭教授，一位盡力應付孩子與貧窮的巴西婦女，一位受過良好教育又健康的韓國女性，一位來自南印度喀拉拉邦的婦女；一位有自殺念頭的印度棉農，一位喜歡血汗工廠的孟加拉少女，一位無法讓孩子

讀中學的尚比亞人，一位煩躁的阿根廷人，一位肥胖的埃及婦女，一位年輕的肯亞老煙槍，還有幾個隨機挑選的歐美人士。他們都穿著傳統服飾，或做時髦的休閒裝扮。

這些賓客的共同點是，他們的生活、乃至於他們享有良好健康的機會，都受到他們的國家參與全球化的影響。這是我腦中的幻想，所以我可以隨心所欲地建構。這場餐會上，負責上菜及聆聽動人的成敗故事的，是來自國際貨幣基金、世界銀行、歐盟委員會、美國國務院的官員，以及來自煙草公司、食品行銷巨擘、零售服飾連鎖店、國家援助機構的高階管理者。

假如我是英國中世紀的詩人喬叟 (Chaucer)，我們又有時間吟詩作對，每個人都會用生動巧妙的方式來講述自己的故事。但我不是喬叟，我們沒有那樣做，所以我們從那個抱持無政府主義的冰島市長開始看起吧。其他人會在本章中陸續出現，他們的服飾與桌上的食物也會出現。這是禁煙的場合，所以肯亞那位老煙槍需要忍一下煙癮。

2010年，強‧格納爾 (Jon Gnarr) 當選冰島首都雷克雅維克的市長。他是抱持無政府主義的專業喜劇演員，從未在政壇上打滾過，但他自組「最棒黨」(Best Party) 來參選市長，競選宣傳的重點是打破競選諾言，包括在雷克雅維克動物園展示一隻北極熊，在公共泳池免費提供毛巾，以公然沉溺於貪腐的方式來打擊貪腐。[1]面對任何攻擊，他都以微笑因應，這招簡直快把對手逼瘋了。我們有時認為政客是小丑，現在這裡有個小丑變成了政客。他開始競選時只是開玩笑，沒想到還真的當選了。2013年6月我見到他，我是應冰島政府的邀請，去跟他們談論健康的社會決定因素。格納爾市長做了市長該做的事：他在該市的一個特殊場合舉行了招待會，發表歡迎詞 (儘管他看上去好像不太認真的樣子)。他的政治顧問告訴我，他們必須認真看待那份工作，以負責的方式與市政府合作 —— 那不是開玩笑的。不過，他們確實做了一件非常不像政客的事：決定做一任就好。

　　有兩個背景資訊是相關的。冰島的總人口數僅30萬出頭，超過三分之一是住在首都。在英國，我們開玩笑說，英國是由一群一起就讀牛津大學的公子哥兒掌管的(這不是真的，有些人是讀劍橋)。在冰島，說每個人都認識所有人，只是有點誇張的說法，還不算離譜。格納爾的妻子是歌手碧玉(Björk)的朋友。他的競選總幹事和某人一起讀大學，那個某人又是另一人的鄰居⋯⋯即使你是像格納爾那樣的政壇局外人，你到處都有人脈。舉例來說，某個週六夜晚，我和首席醫療官坐在雷克雅維克城外的一家魚餐廳裡，我問他冰島坐牢的人有多少。他說，你等一下，馬上撥了一通電話，三分鐘後他得到了答案：每10萬人中有50人。好吧，你可能覺得首席醫療官本來就人脈亨通，但週六晚上只要打通電話就有答案嗎？順道一提，十萬分之五十很低，與日本差不多。英國的數字是略低於十萬分之兩百，美國是接近十萬分之八百。在冰島，如果你犯罪的話，受害者可能下次去超市會遇到你媽並告訴她。冰島的社會凝聚力可能是他們犯罪率低及身體很健康的原因。

　　第二個背景資訊與全球化及健康更相關。2008年冰島歷經嚴重的經濟崩潰，從一個以漁業及大量地熱能(因此可做鋁冶煉)為基礎的有序社會，變成三家私人銀行的所在地。那三家銀行代表，每個人心中最可怕的夢魘：放任魯莽的牛仔亂搞全球經濟時可能發生的慘劇。

　　在第六章，我提到哈佛經濟學家萊因哈特與羅格夫的研究所引發的爭論。他們的研究顯示，國債攀升到GDP的90%以上時，經濟增長會減緩[2,3]。冰島的國債最高時，是GDP的850%！冰島的銀行從全球購買資產，彷彿所有的曲線只會一直上漲、不會回跌似的。蝴蝶舞動翅膀可能導致美國次貸市場崩潰，但它確實在冰島引發了一場颶風，導致空中樓閣化為殘垣敗壁。經濟崩潰對冰島人的生計產生了深遠的衝擊，更遑論對其自尊及歸屬感的影響了。雷克雅維克的百姓就

是在這樣的背景下，受夠了那些在這場災難中主持大局的政客，寧可選一個以小丑自居的人來當市長。

後來發生了什麼呢？

冰島向國際貨幣基金求助，IMF提出一貫的交換條件：冰島必須遵守嚴格的緊縮政策。冰島一般民眾必須透過納稅及節約方式，幫幾個銀行業者償還債務。在全民公投中，民眾拒絕這樣做——這讓其他國家的民眾相當懊惱，因為他們有意或無意間發現自己的財務與這些揮動套索的冰島銀行業者的命運息息相關。冰島決定維持社會保障及醫療照護方面的開支。選一個搞笑藝人來擔任雷克雅維克市長，或許是民眾表達他們拒絕「一切照舊」的方法，包括IMF的那種經濟援助方式。冰島的反應，與希臘、愛爾蘭和其他國家的情況形成了鮮明的對比。再加上社會的極度團結，或許是冰島不像其他國家那樣發生金融災難損害健康的原因。[4]

所以，關於全球化與健康，我第一個想要檢視的領域是全球金融的各方面。接著，我們會繼續看貿易、市場與企業行為，以及追求經濟增長的其他選擇。每一項都可能對健康與健康公平性產生深遠的影響，無論是好是壞。

問全球化究竟是好是壞，就像問天氣是好是壞一樣，可能好壞兼有。關鍵問題在於，全球化一方面促成了多少知識與資源的共享及創造了多少機會，另一方面又削弱了多少個人與社群的權力。

公平的金融：全球金融危機與緊縮

無政府主義的冰島人與憤怒的希臘年輕人之間的對比很有啟發性。兩者都因為全球金融危機而消權，但兩者的反應截然不同。第六章提到，宏觀經濟學家爭論，究竟是凱因斯式的刺激方案、還是緊縮方案，比較適合用來因應全球金融危機。我的想法或許很天真，但我

認為經濟證據應該決定這場辯論的結果。結果顯示，證據的詮釋往往因政治立場而異——右派支持緊縮，左派支持凱因斯式的刺激方案。緊縮方案是週期性的作法——情況吃緊時，削減支出。刺激方案是逆週期性的作法——情況吃緊時，更應該花錢。兩者目的不同，政客是選擇符合其目的的證據詮釋。英國財政大臣引用萊因哈特與羅格夫的研究，為其整套緊縮政策的嚴苛辯解。比較想走不是那麼嚴苛路線的人，通常會引用凱因斯派的經濟學家克魯曼的論點。

這裡有幾個問題，我們可以從中抽出三個來談。哪種行動方式最有可能讓經濟恢復增長？不同的政策選擇對各種社經階層的生活有什麼影響？與此相關的是，人民想要什麼？這些都可能影響健康與健康公平性。

關於第一個問題，萊因哈特與羅格夫說，債務太多會減緩經濟增長。國際貨幣基金檢視全球經驗後指出，在其他條件一樣下，緊縮會減緩增長。[5]萊因哈特與羅格夫的論點因其試算表的錯誤而被削弱，但還不至於完全遭到推翻。儘管比較英美兩國並無法解決這個議題，但有趣的是，美國沉溺於財政刺激政策，英國則是採取緊縮政策。美國經濟從2008年危機中復甦的速度比英國快。其實，這樣的比較過於簡化，因為英國政府後來意識到削減幅度太大，所以經過數年嚴苛的緊縮後，他們悄悄地放鬆了緊縮政策，給自己更多時間償還債務。[6]保守派《旁觀者》(Spectator) 雜誌的一位評論家說，英國財政大臣就像個「喝醉的凱因斯主義者」般進行財政支出。[7]有人懷疑，這裡可能只有一個證據基礎：在經濟衰退期削減開支，減少了總需求，延遲了經濟復甦。這讓人不禁覺得，全歐洲所熱中的緊縮政策根本與證據背道而馳。歐洲國家之所以採行緊縮政策，並不是為了他們認定的那些經濟效益，而是另有其他原因。

我造訪雅典時，過半數的希臘年輕人失業，他們走上街頭，對經濟緊縮政策表達不滿。那是一次很緊張的經歷，有鑑於希臘的軍事政

變史，即使是井然有序的遊行隊伍也顯得可怕。希臘財政陷入令人痛苦的混亂，即使不是數十年，至少也有數年的時間。歐元區的其他成員國似乎無視希臘的混亂。全球金融危機揭露也加劇了希臘的混亂局面。希臘的債務飆升，政府的借款能力驟降。希臘被告知，它若要留在全球的金融界，尤其是歐元圈，就必須服下一帖藥方：那是一種藥性強大的混合藥方，包括大幅削減公共支出。公共支出聽起來很抽象，但事實上並非如此。它可能包含一些站不住腳的開支（例如公務員提早退休的高額養老金），但公共支出也包括教師、護士、郵政人員、清道夫的就業與薪資。公共支出也包括兒童的營養診所及老人的社會護理，包括醫療保健、失業救濟、公共交通的補貼。不出所料，整個經濟在這種「正統」理論的壓迫下受到重創，急轉直下。許多遭到剝奪權力的希臘人因此走上街頭抗議。

在希臘即將舉行大選之際，一位德國政客眼看著雅典街頭的動亂，覺得當時可能不是舉行選舉的好時機。我心想，好極了。希臘民眾不僅被迫接受「補救措施」，還要被剝奪話語權。希臘人懂得民主嗎，希臘文中甚至沒有「民主」這個字眼。喔，他們有：*δημοκρατία* (*dēmokratía*)。當然，民主來自兩個希臘單詞：意思是「人民」與「權力」。在古希臘，民主是另一個字「貴族統治」(aristokratia) 的反義詞。希臘該怎麼做，不是由人民決定，而是由歐洲央行、歐盟委員會、國際貨幣基金決定。在21世紀，歐洲政界人士認為，貴族政治比民主更安全。是對誰來說比較安全呢？

希臘已經有證據顯示，民眾有正當的抗議理由——緊縮政策有害健康。一個明顯的破壞機制是透過失業，如第六章所述，失業會導致心理疾病與自殺率增加，對兇殺率也有影響。說緊縮政策導致人們自殺及互相殘殺也不算誇張。

都柏林第二航站某種程度上象徵著愛爾蘭經歷的一切。該航站是經濟一度繁榮的絕佳證明，當初建造那個航站就是為了配合當時突飛

猛進的經濟奇蹟：「塞爾特之虎」（Celtic Tiger）。現在我經過第二航站時，裡面空蕩的回聲似乎彰顯出它的負面發展：虛假地承諾愛爾蘭人可以藉由互相借貸不屬於他們的金錢而致富。[8] 計程車司機高興地與你握手，因為終於有生意上門了。在都柏林的市區，空蕩蕩的辦公大樓、廢棄的餐廳、半滿的酒吧上掛著「出租」的牌子，那是一個增長經濟崩解時的跡象。

愛爾蘭就像冰島一樣，銀行陷入各種麻煩，因為它們顯然認為經濟衰退永遠不會發生，所以過度擴張了。值得注意的是，政府決定償還銀行的債務。當然，這裡的政府是指納稅人，大眾不得不幫銀行償債。對就業者來說，那意味著薪資大幅削減以及就業機會受創。與我共餐的愛爾蘭教授說她被減薪40%。生活水準降低，社會方案削減——這些可能對健康都有不利的影響。[9]

冰島人決定採取異於愛爾蘭人的作法。我無法宣稱那些與我對談的醫生、學者、公務員、政治人物是典型的冰島人，但他們問道：為什麼所有冰島人要被迫為那些不負責任的銀行業者買單？國際貨幣基金的補救辦法是，要求冰島政府為銀行的虧損承擔責任（如愛爾蘭那樣）——那將導致2016年到2023年間，國民收入的50%都付給英國與荷蘭政府（這兩個政府是主要的債權人）。[10] 冰島總統透過全民公投讓民眾知道這點，93%的民眾反對這種補救方案。為什麼冰島的健康狀況明顯未受到經濟危機的影響？底下是一種合理的解釋：

> 首先，冰島無視IMF的建議，轉而投資社會保障。政府除了投資社會保障以外，也積極輔導民眾重返職場。第二，飲食改善了。麥當勞撤出冰島，因為洋蔥與番茄（漢堡中最昂貴的食材）的進口成本上漲了。冰島人開始增加在家烹飪的次數（尤其是魚，這增加了該國漁船隊的收入）。第三，冰島保留了對酒精的限制政策，這也與IMF的建議背道而馳。第四，冰島人動用龐大的社會資本儲量，每個人都真切地感

受到他們在危機中團結一心。儘管我們以冰島的例子來推想其他國家時應該要謹慎，但冰島以反駁正統經濟對策的方式證明了，緊縮之外還有其他選擇。[11]

———⋀ᴠᴧ⋁———

隨著冰島的經濟復甦，現在它正在償付債務。

IMF有一些黑歷史。我曾是「《刺胳針》—奧斯陸大學全球健康治理委員會」(The Lancet–University of Oslo Commission on Global Governance for Health)的成員。這個治理委員會是由奧斯陸大學的校長歐勒・佩特・奧特森(Ole Petter Ottersen)擔任會長，[12]它的起始點是「健康的社會決定因素委員會」(CSDH)。治理委員會實際上表示：CSDH已經指出健康不公平的原因，以及原因的原因。我們現在需要研究全球該做什麼以改善治理，以便針對健康的社會決定因素採取有效的行動。

有鑑於歐洲緊縮政策的經驗，治理委員會回顧了以前的文獻，以了解IMF在低收入國家實施結構性調整政策的效果。回顧那些老文獻實在不太愉快。1980年代，IMF面對來尋求金援的國家時，會建議那些國家如何管理經濟。那些國家必須接受那些建議，IMF才願意放款。這是主流的華盛頓共識：減少公共支出；以市場作為公共服務的預設選項；放鬆經濟管制；把公共資產私有化。我們的結論是：

> 這些方案對大眾健康有災難性的影響……結構性調整方案藉由影響就業、收入、價格、公共支出、稅收、信用額度的取得，損害了撒哈拉以南非洲的窮人健康。這些又透過對糧食安全、營養、生活與工作環境、醫療服務的取得、教育的影響，轉化為負面的健康結果。[13]

前面討論緊縮派與凱因斯派之間的爭論時，我說過，一個關鍵標準是看那對人民生活有什麼影響。結構性調整無疑在短期造成很大的

痛苦。身為經濟政策顧問，你要多確定那樣做長期是值得的，才能讓別人去承受那種短期的痛苦？

社會保障的底線？

誠如第六章所述，失業會導致全國自殺率增加。但社會保障支出越多（亦即失業救濟金、積極的勞力市場方案、醫療保健），失業造成的危害越少。[14] 此外，北歐國家的情況也清楚顯示：社會保障的支出越多，健康不公平越小。

我必須坦言，我開始擔任 CSDH 的會長時，原本以為社會保障只有富國負擔得起。但我們收到的證據，改變了我的想法。我們明確地建議低收入國家，像中高收入國家那樣，建立普遍的社會保障制度，那應該涵蓋非正式就業的人。這種建議完全是異想天開嗎？答案是：確實有點天馬行空。首先是壞消息。目前，全球僅27%的人獲得全面的社會保障制度。[15] 這表示有73%的人只享有部分的社會保障，或完全未納入社會保障。基本上，未納入社會保障，意指低收入時毫無任何保護，那可能以多種方式呈現：失業、生病或各種社會排擠。

比較令人欣慰的消息是，全球社群都希望這種狀況有所改變。國際勞工組織召集了一個「社會保護底線諮詢小組」，由巴舍萊領導（巴舍萊兩度出任智利總統，當時是卸任，現在是現任總統）。這裡先釐清一些用語可能有些幫助。ILO 是交替使用「社會保障」（social protection）與「社會安全」（social security）這兩個術語，並把社會安全視為一種人權。這種術語涵蓋了各種政策工具，包括社會保險、社會援助、普遍福利、其他形式的現金匯款，以及確保有效取得醫療照護和其他社會福利的措施。

巴舍萊領導的小組為社會保障底線所提出的建議，獲得了185個國家的認可。其中一章談全球化與健康的關鍵重點在於，儘管社會保

障對國家本身是個重要議題，全球社群至少可以在兩方面發揮作用：
展示可能發生的事情，並利用全球資源幫各國建立社會保障的底線。
ILO也參與了緊縮政策的辯論，並明確表示社會保障系統應該獲得保
護及加強。ILO讚揚了歐洲的社會模式（如前一章所述），但指出緊縮
政策正威脅那個模式，對歐洲人口有害——不僅希臘與愛爾蘭受
創，許多國家也是。它對巴西和中國等中收入國家擴大社會保障的作
法，抱持肯定的態度。最大的問題在於，除了保留高收入國家的社會
保障以外，來自ILO等組織的意見是否能突破緊縮政策的喧鬧聲，讓
大家都聽見，以及社會保障底線是否也能擴及低收入國家。

經濟增長、不平等、社會投資

增長很好，不是嗎？我們在報章雜誌上常看到GDP的數字。如
果上一季的GDP下跌0.1%，彷彿政府的經濟邏輯全盤皆錯；GDP上
漲0.1%，政府就歡天喜地。這實在太蠢，把GDP因素過於放大。我
這樣說，並不是否認增長對低收入國家很重要。如果印度經濟每年以
7%至9%的速度增長，它確實有可能在社會上做一些有利於人民健康
的事情，那是它以前很窮且增長緩慢時做不到的。同樣的，如果整個
世界都以那種速度增長，地球一定無法承受。

不過，經濟增長不是發展的保障，我是指本章一開始甘迺迪點出
的那種社會目標，尤其是教育與健康。為了強化人民福祉與健康，我
們必須問的是，如何運用經濟增長，以及經濟增長的分配是否公平。

現在我們來看餐桌邊的巴西人與南韓人。

德雷茲與沈恩把1960年代到80年代巴西的增長稱為「無目的的富
裕」（unaimed opulence）。[16]巴西的經濟增長迅速，但有很大比例的民
眾過著悲慘的生活。如果前面那場餐會是發生在1980年代，那位餐
桌邊的巴西婦女是在赤貧狀況下艱難地撫養孩子。相較之下，南韓增

長的分配比較公平，增長收益是用於教育及普遍改善民眾的生活環境。

　　德雷茲與沈恩指出，從那時起，巴西就改變路線了。他們採用民主制度，消除軍事獨裁的殘餘、建立社會制度、致力提供免費及普遍的醫療照護，推出社會保障方案，包括上一章提到的條件性現金匯款方案「家庭零用金」──這些措施改善了人民的生活品質，也伴隨著健康狀況的迅速改善。為了顯示這位巴西婦女與其子女的生活改善有多大，我們可以看看發育遲緩（新生兒發育不足）的情況。圖表10.1顯示了社會梯度。

　　1974年到1975年，這種社會梯度陡峭又明顯：收入越高，發育遲緩率的比率越低。隨著時間推移，不僅所有族群的發育遲緩比率都在下降，社會梯度也變得越來越平坦。2006年到2007年間，幾乎看不到梯度了。巴西的變化改善了兒童的生活。

圖表 10.1　貧窮不是命運──情況可能好轉

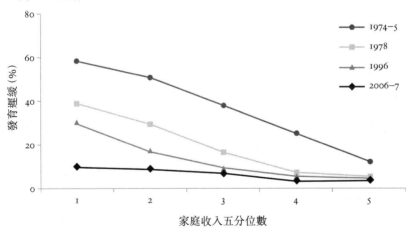

按巴西家庭收入和不同年份看其兒童發展遲緩的流行率

資料來源：C. G. Victora, E. M. Aquino, MdC. Leal, C. A. Monteiro, F. C. Barros, and C. L. Szwarcwald, "Maternal and child health in Brazil: Progress and challenges," *Lancet* 28, no. 377 (2011): 1863–1876; C. A. Monteiro, M. H. Benicio, and W. L. Conde, "Narrowing socioeconomic inequality in child stunting: The Brazilian experience," *Bulletin World Health Organisation* 88 (2009): 305–311.

聯合國開發計畫署每年都會編製一份人類發展報告。2013年的
HDR 擴充了德雷茲與沈恩的見解，指出所謂的：

不好的增長類別：失業增長（那不會增加就業機會）；無情增長（伴隨
著不平等加劇）；無聲增長（排擠最弱勢族群的參與）；無根增長（使用
從他處移植過來的不適合模式）；無前景增長（肆無忌憚地開採環境資
源）。[17]

人類發展報告與華盛頓共識形成了對照。人類發展報告主張以
UNDP 自己的方式，把人類發展視為優先要務，導正經濟的基本
面。我很喜歡這種論點，我當然喜歡。這個聯合國機構說，在經濟
基本面開始發揮效用時，窮人生活的改善（從而改善他們的健康）不
能推遲。其實它的效果比華盛頓共識的說法更強。華盛頓共識（亦
即新自由主義）除了忽視培養民眾能力及確保民眾享有有意義的自
由以外，還可能導致不平等擴大。此外，呼應第九章提到的史迪格
里茲論點，社會保障及提高民眾能力可能有助於經濟增長與經濟生
產力。

UNDP 衡量進步的一種方式是使用人類發展指數。人類發展指數
之所以重要，是因為它包括健康、國民收入、教育。圖表10.2顯示它
超越了「公共支出究竟是好是壞」的意識型態爭論。

圖上的每個點都代表一個國家。該圖顯示，2000年在健康（醫療
照護）與教育上的公共開支越多，12年後的人類發展指數（HDI）越
高。如果我把這張圖拿給一群研究生看，他們會針對因果關係爭論不
休，可能對此相關性提出各種相互矛盾的解釋。不過，有一點是顯而
易見的：如果你的社會把比較多的公共開支花在學校與醫療照護上，
你的社會可能在教育、健康、收入方面得分較高，這幾項都是人類發
展指數（HDI）的組成要項。

圖表 10.2　以前的支出促成現在的效益

目前的 HDI 值與之前的公共支出有正相關

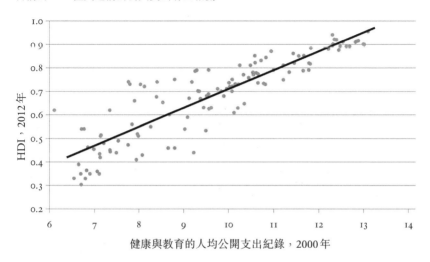

健康與教育的人均公開支出紀錄，2000 年

註：HDI ＝人類發展指數

資料來源：UNDP, *Human Development Report 2013 — The Rise of the South: Human Progress in a Diverse World* (New York: United Nations Development Programme, 2013)

　　2013 年的人類發展報告把那些優先考慮社會發展、而不止考慮經濟增長的國家稱為「發展國家」(development states)，並表示：

> 最近關於發展國家的文獻，是源自東亞經濟「奇蹟」的經驗：二戰前的日本與 20 世紀後半葉的香港、南韓、新加坡、台灣。最近，中國與越南 (以及柬埔寨與老撾) 也可以視為發展國家。他們的共同特徵包括明確支持某些部門來促進經濟發展；善用能幹的官僚機構；把穩健的公共機構放在發展策略的核心；明確闡述社會與經濟目標；從它們的發展往績中獲得政治合法性。[18]

　　聯合國開發計畫署說，經濟發展確實很重要，但是光有很高的經濟增長率，並不足以建立一個健康與教育良好的國家。從 1990 年代

開始，巴西在人類發展方面的進步，比前述的「無目的的富裕」時期還快，儘管GDP增長較慢。

現在輪到那位來自南印喀拉拉邦的婦女登場了。在人類發展方面，喀拉拉邦在印度表現得特別突出。印度女性的預期壽命已經提高，而且增幅驚人：從1990年的58歲增至2012年的68歲（雖然還是比全球冠軍日本的預期壽命短了近20年）。[19]喀拉拉邦的女性壽命比印度的其他地區更引人注目，達到77歲，媲美中國與巴西。喀拉拉邦從經驗中獲得的啟發，跟那些國家很類似：強調人類發展，對人類的能力進行投資……不用擔心國家干預。下面的圖表比較喀拉拉邦與印度數方面的平均水準，頗具啟發性。[20]

喀拉拉邦的良好健康資料首度引起關注，是30年前左右。當時一個令人疑惑的問題是：既然當地的學歷那麼高，為何是印度最窮的邦之一？那使人不禁懷疑，公共部門介入人類發展與經濟成功之間可能有一些權衡取捨。如今這種懷疑已經完全消失了。從那時起，喀拉拉邦的經濟迅速增長，生活條件與健康都有所改善，這一切都有公共部門的大力參與。[21]

比較喀拉拉邦與印度的平均水準

	喀拉拉邦	印度
6–14歲上學的兒童（百分比）	98	80
8–11歲通過閱讀測試的兒童（百分比）	82	54
15–49歲女性的識字率（百分比）	93	55
貧窮線以下的人口比例（百分比）	20	37
2004–2005年人均收入的中位數（盧比/人）	9,987	5,999

本節一開始提到經濟增長可能有助於發展與健康的改善時，我強調，我們必須同時追問，經濟增長如何運用，以及經濟增長的分配是否公平。發展文獻大都是談增長是否能消除貧窮。在這裡，不平等至

少在兩個方面是相關的。首先，在前一章中，我引用史迪格里茲的話
說，太多的不平等阻礙了增長，IMF 也認同這種說法。如果增長是減
少貧窮的一種方式，太多的不平等會阻礙貧窮的縮減。第二，影響可
能更為直接。如果減少貧窮是主要的結果，減少經濟不平等的影響會
比單純的 GDP 增長更大。[22] 我覺得這很合理。不管經濟是否增長，當
財富重新分布流向窮人時，窮人當然會受惠。然而，增長的好處只有
在廣納包容時，才對窮人有益。

不平等太大對增長有害，也無法減少貧窮。

你可能會想，一個國家選擇的發展方式是他家的事，為什麼還要
專門寫一章來談全球化與健康呢？答案有兩個。第一，國際貨幣基金
與歐洲央行等機構要求那些尋求援助的國家必須照他們的指示做，才
能獲得援助。第二，一國的經濟狀況深受全球力量的影響。一場源自
於華爾街與倫敦金融城的金融危機，對全球產生了深遠影響。

還有一個更進一步的回答。一個國家如何因應貿易與援助，可能
對自己及他國的發展有很大影響。

貿易

渴望貿易

接下來輪到印度的棉農登場了，他很高興與我們在一起，而且有
充分的理由。每半小時就有一名印度農民自殺，每年自殺的農民逾
16,000 人。棉農似乎特別慘，1995 年以來已有 27 萬人自殺。[23] 由於印
度人口很多，任何統計數字聽起來都很大。每小時約有 3,000 名嬰兒
出生，所以一小時有兩人自殺算多嗎？事實證明，確實很多。在馬哈
拉施特拉邦（Maharashtra）、卡納塔克邦（Karnataka）、安德拉邦（Andhra
Pradesh）、恰蒂斯加爾邦（Chhattisgarh）、中央邦（Madhya Pradesh）這幾

個相鄰的邦中，農民的自殺率幾乎是全印度（農民與非農民）平均自殺率的三倍。[24]

這位印度棉農完全支持全球化——嗯，大致上是這樣。他把孩子存活率的提升，歸因於印度在西醫方面的進步。他從電視上收看世界盃足球賽，儘管他很窮，但也有愛用的手機。不過，他總是負債累累，經常面臨災難的威脅。乾旱以及乾旱造成的歉收可能害他血本無歸。有人質疑，氣候多變（氣候變遷的特徵）導致洪水與乾旱變得更加普遍。他或政府都對此無能為力，但所有人同心協力應該可以改變什麼。

還有一種衝擊是比較容易改變的：對美國棉農的補貼。很多美國棉農是大型企業農場，他們從美國政府獲得鉅額補貼——2008年到2009年的補貼額逾30億美元——以支持他們的生計。[25]這些補貼降低了全球的棉價，全球棉價降低削弱了印度與非洲棉農以經濟價格出售棉花的能力。美國補貼國內生產者或許是出於好的政治理由，但取消補貼可使全球棉價上漲6%至14%。暗示美國棉農獲得的補貼導致印度棉農自殺，是不是把因果論扯得太遠了？說美國的補貼影響印度棉農的生計是很合理的；說無可避免的債務正導致印度棉農自殺也是合理的。

另一個正在影響印度棉農的新特色是，基因改造棉花作物的行銷。業者以提高產量為由（因為可抗棉鈴蟲），把這種基因改造的種子賣給農民。這些種子以各種方式提高了成本：抑制其他寄生蟲的殺蟲劑支出不減反增；種子無法繁殖，農民不得不每年購買新種子；成本比傳統種子高——該公司宣稱，價格高是因為符合法規的成本很高。

巴西、印度、中國，幾個西非國家已經呼籲美國取消棉花補貼及開放自由貿易，但呼籲毫無成效。這導致巴西向世界貿易組織指控美國，但美國並未因此讓步。[26]如果那些主張自由貿易的人能夠遵守自由貿易的規則，人們可能會更尊重自由貿易的論述。

問題不是只有美國，也不是只有棉花：歐洲農業一週獲得的補貼，相當於非洲農業一年獲得的補貼。[27] 在全球化的世界裡，我們應該希望每個國家在經濟上達到自給自足。人們不該暗地操弄條件，獨厚富國，剝奪低收入國家的權力。

以貿易為生

幸好我們那桌的印度棉農沒有自殺傾向，坐他旁邊的是喜歡血汗工廠的孟加拉少女。她環顧桌邊的歐美人士，他們穿著Benetton、Primark、C&A、Mango等品牌的時髦休閒服飾。孟加拉少女說：「那些衣服都是我做的。好吧，也許他們身上穿的那幾件不是真的出自我的雙手，但同款及類似的衣服是由我和朋友工作的工廠生產出來的。」

現場的歐美人士不禁感到內疚。2013年4月熱那大廈（Rana Plaza）的成衣廠倒塌，導致1,100人喪生，2,500多人受傷。我們很難不把我們對廉價服飾的喜愛與那場災難聯想在一起。倫敦與紐約的廉價成衣，是出自孟加拉達卡的惡劣工廠環境及微薄的工資。無論你喜不喜歡，我們都脫不了關係。

簡言之，高收入國家把低薪及血汗工廠的工作條件出口到孟加拉，孟加拉把平價服飾出口給我們，這就是全球化的運作。然而，這並不是簡單的善惡實例。

首先，孟加拉是自願的參與者，當地有5,000多家成衣廠。該產業每年的出口收入是200億美元，孟加拉是全球僅次於中國的第二大成衣出口國。第二，那人民呢？我常主張：把健康公平性放在所有政策制定的核心。孟加拉的成衣業雇用了400萬人，其中90%是女性。危險的工廠環境，低工資：這是不是另一種害死女性的方式？這不正是第六章提到那種消權的工作條件嗎？

答案是，沒錯。但孟加拉的年輕女性思考替代選項時發現，目前為止，替代選項並非更好的工作條件。這些來自鄉下的年輕女性為了

擺脫鄉下貧困及早婚，來城市自力更生，自己決定何時結婚及是否結婚，並擁有一技之長。[28] 夏娜 · 海德（Shaina Hyder）是加州大學柏克萊分校法學院的年輕學者，她訪問了孟加拉成衣廠的工人。她指出，90%的受訪者表示，工作比當家庭主婦好，而且可以看到工作所帶來的機會。一位成衣工人是來自鄉下的四十幾歲婦女，她靠著成衣廠的工作送女兒上大學。他們三代人分別是鄉間貧民、城市女工、大學畢業生。

這並不是說，買孟加拉成衣的人可以對孟加拉的成衣工作環境感到放心了。孟加拉成衣業的工作條件亟需被關注，熱那大廈的慘劇發生後，大家才注意到情況的嚴重性。這裡涉及權力的不對稱。如果孟加拉開始改善工資及工作條件，跨國企業可能直接把業務轉移到其他地方，因此重創孟加拉的經濟，也損及那些樂於把成衣工作視為賦權工具的女性。儘管國際勞工組織正努力提供協助，目前並沒有落實全球工作標準的完善機制。即使以羞辱的方式逼迫個別公司改善實務作法，成效也很有限。但是，話又說回來，有跡象顯示，孟加拉的政府單位正齊心協力承認工會及關注工作條件。[29]

贏家與輸家

誠如前面兩個例子所示，國際貿易中有贏家與輸家——印度農民受苦，孟加拉婦女則有機會改變生活。我領導「社會決定因素與健康鴻溝的歐洲報告」的撰寫，[30] 在那份報告中，我們請渥太華大學的羅恩 · 拉邦特（Ron Labonté）更新他為CSDH所做的全球化與健康研究。拉邦特表示，貿易政策、貧窮與不平等之間的關係，是政策研究的一大領域，但這裡出現兩個重要的指標。[31] 第一個涉及世界貿易組織主持的杜哈回合貿易談判（Doha Development Round），那談判非常漫長，曠日費時。分析師假設談判最後達成了結論，並模擬出四種不同的結果。他們的研究結果顯示，日本、美國、歐盟15國每年的實質收入將各增加60億至80億美元，撒哈拉以南非洲地區將損失約2.5

億美元。自由貿易聽起來像是好事。誠如前述,當它與歐美利益背道而馳時,富國會毫不愧疚地拋棄它。儘管這是以犧牲窮人的利益為代價來造福富國,我們還是會聽到道貌岸然的勸告,聲稱自由貿易對所有人都有利,只是不相等。

拉邦特提出的第二個觀察是,如果貿易自由化真的發生了,而且對富國和貧國的收入與就業都產生不利的影響,我前面提到的那種安全網(社會保障底線)是可行的選擇。

應該有「應該」嗎?

有一種隱憂貫穿了上述的討論:基於某個理由做出的決定,可能對其他國家弱勢群體的健康產生不利的影響。最初那個決定的目的可能很好。如果你是歐洲或美國鄉間選出來的民意代表,你可能認為你的首要責任是對選民負責。如果對你的農民的補貼傷害了印度或非洲的農民,那雖然不幸,但不是你的主要考量。如果你是一個國家的領導人,你可能會說,你的動機不是為了「公平」對待其他國家,而是為了追求我國的國家利益。我在第三章探討過,社會正義對健康不公平意味著什麼。我雖然沒有明講,但某種意義上,我是假設,如果這個世界是一個互連的全球化社群,社會正義的考量應該是全球性的,不單是國家層面。我一時嘴快,剛剛脫口說出「應該」。

既然我喜歡便宜的衣服,我應該關心工人提供那些衣服時是在受益、還是受苦,不是嗎?畢竟,如果我是工廠老闆,我應該對工人的健康負責,不是嗎?如果他們因為跟我工作而快樂返家,獲得溫飽,我會覺得我正在做正確的事情。如果我靠他們的病痛致富,難道我沒有一點責任嗎?如果我不是工廠老闆,而是那些產品的使用者,我的責任可能沒那麼大(那可能很合理),但難道我一點責任也沒有嗎?

我之所以回頭討論這點,是因為我想討論海外發展援助。這裡面有我們「應該」做的嗎?高收入國家納稅人的稅金應該用來幫助低收

入國家人民的生活嗎？如果援助無效，就不可能有「應該」。我們沒有義務去做無效、甚至有害的事情。我們稍後會談到這點。

債務與援助

償還債務

同桌的尚比亞客人很生氣，阿根廷人則是覺得受夠了。尚比亞人覺得，從他的政府到整個國際社會都令他失望。阿根廷人正要找回自尊時，又遭到徹底擊垮，他為此感到憤恨不平。讓他們兩人覺得同病相憐的，是他們對國債的擔憂。他們希望我們從「債務」這個脈絡中討論援助，這就是圖表10.3所做的。那些數字是來自全球金融危機之前。

看這張圖時，第一個注意到的是，說到發展援助，那些金額對富國的經濟來說微不足道。一個大家協定的基準是0.7%，也就是說，富國把GDP的0.7%用於海外發展援助上。[32]但目前的援助金額遠低於那個數字。例如，美國經濟每年約創造出13兆美元，0.7%約是900億美元。如果再加上日本與比較富裕的歐洲國家，總額遠遠超過目前的援助金額。

第二，在世界的各個地區，除了撒哈拉以南非洲以外，富國因貧國償債而回收的金額，遠遠超過他們提供的援助。拉丁美洲與加勒比地區是富國的搖錢樹。某些債務的償還完全合理，國家必須借錢讓經濟運轉，但有些債務的償還並不合理。

尚比亞就是償債不合理的例子。1980年代仍處於冷戰時期，尚比亞為了農業設備與服務而向羅馬尼亞借款。1999年，尚比亞難以償債，並針對債務重新協商。這時禿鷹基金（舉止像禿鷹的避險基金）出現了。一家在英屬維京群島註冊、由美國商人經營的禿鷹基金，以

圖表 10.3　誰在幫誰？

按區域區分的債務服務與發展援助，2000 至 2008 年（僅限開發中國家）

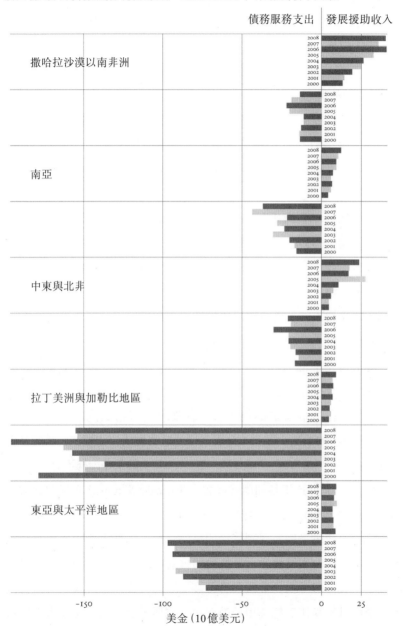

債務服務支出　｜　發展援助收入

美金（10 億美元）

資料來源：WHO Commission on Social Determinants of Health

400萬美元的賤價購買了尚比亞的債務。這怎麼可能呢？假設一家銀行借給尚比亞5,000萬美元，那些債務可以進行二次交易。一家銀行把那些債務「賣給」其他類型的投資者，那個投資者還可以再脫手賣出，依此類推。令人驚訝的是，當尚比亞難以償債時，這些債務在那個二級市場中價格暴跌。例如，原本5,000萬美元的債務，可能以400萬美元的賤價出售。擁有5,000萬美元尚比亞債務的人估計，他永遠不會獲得償還，所以他以任何價格拋售他覺得「不值錢」的債權。而買進這筆「不值錢」債權的人估計，他最終會大賺一筆。我們同桌的尚比亞客人想知道，在這種金融詭計攪局下，能幫助他的孩子更容易上中學嗎？

10年過去，在尚比亞支付400萬美元的債務後，禿鷹基金要求尚比亞再償還5,500萬美元的債務。尚比亞拒絕時，禿鷹基因直接向法院控告尚比亞。[33]這樣有道德嗎？那比較像是跟小嬰兒搶糖果。從嬰兒手中搶走糖果自私嗎？一點也不自私，我這麼做是為了寶寶好：糖果對他的牙齒不好，而且還可能導致肥胖的壞習慣。我不是貪婪的禿鷹，我是大善人，我是在幫助世界各地的寶寶。況且，這是完全合法的，統治尚比亞的腐敗領導人可能偷走那筆錢——那些錢交由禿鷹基金的商人掌控好多了。

幸好，在這個特殊的例子中，倫敦的皇家司法院 (Royal Courts of Justice) 有不同的看法，但它不是看討債的道德性或合法性，而是看拿出來的證據性質。法官說：「講好聽一點……基金的某些證據不算公正。」

我還記得2005年參加鷹谷峰會 (Gleneagles Summit) 之後的感覺。當時的英國首相東尼‧貝理雅 (Tony Blair) 主持八大工業國組織 (G8) 的高峰會。或許是因為受到搖滾明星的羞辱，那些大國領導人宣布減免貧國的債務，作為消除世界貧窮的重要一步。尚比亞的債務因此獲得減免。我知道，尚比亞國內有很多腐敗的現象，但理論上，債務減免至少可以讓尚比亞把錢用於教育與醫療照護上，而不是拿去支付債

務的利息。但後來禿鷹基金出現了，它主動以賤價收購債務，並要求尚比亞償還比債務減免更多的債款。

陷入債務困境的不是只有貧國而已。我寫本文時，阿根廷正任由禿鷹基金的擺布。它的情況與尚比亞不同，因為阿根廷不是具有債務免除資格的貧國，但它解決問題的能力深受債務的影響。我絕對沒有在暗示這個故事只有單一面向，也不認為阿根廷在2001年債務違約之前是良好的財務管理典範。但阿根廷的優點或其他方面都無法構成禿鷹基金存在的理由。在2001年違約以前，阿根廷的債務交易極其搶手。我們很難想像，一個在海牙的人從一個在法蘭克福的人手中買下一大筆阿根廷債務，對阿根廷人有什麼好處。但毫無疑問，某處的交易員可以解釋為什麼這對阿根廷人有利，但我不可能相信他。

2001年阿根廷無法償還債務時，債權人同意（也許是別無選擇）削減債務價值70%，業界術語是「剃頭」（haircut）。這時出現一家禿鷹基金，以賤價買走一部分的阿根廷債務，那部分拒絕接受債務削減。在隨後的10年間，阿根廷的債務處於可控制的水準，阿根廷也逐漸償還債務給那些接受「剃頭」的債務人。禿鷹基金又再次出現，要求阿根廷全額償還他們以賤價購買的債務──亦即那些以折扣價購買，但不接受「剃頭」協議的債務（看到這裡你還沒迷糊吧？）。

驚人的是，美國法庭竟然裁決，除非阿根廷同時向禿鷹基金償還全額債務，否則阿根廷不准繼續償還其他接受「剃頭」的債權人。阿根廷主張（我覺得很合理），他們要是有能力償還全額債務，當初就不會要求其他債權人削減債務了，他們根本無力償還全額債務。但法庭堅持要求，阿根廷必須同時償還禿鷹基金，否則不能償還其他債務。結果，阿根廷違約對巴西、其他拉美國家、全球金融造成了連鎖反應，阿根廷也無力負擔國內計畫的開支。前面幾章提過，基於種種原因，一個國家無力負擔國內計畫開支時，可能損害國民健康。

當避險基金的利益在法律上（即使不是道德上）凌駕一個國家決定其自身未來的能力時，全球金融治理就嚴重失靈了。

援助有效嗎？

中世紀的猶太學者邁蒙尼德（Maimonides）把慈善分成八個層級。最低的是給得不甘不願，我們跳過中間幾層，第二高的層級是施予者與接受者彼此都不知道對方的身分。最高層級是幫助有需要的人就業或給予其他安排，使他們進展到自給自足、不再需要幫助的程度。

邁蒙尼德似乎是從施予者的角度論述，因為不甘不願的給予是施予者的角度，但他也考慮到接受者。儘管有一小部分的人可能比較喜歡接受慈善施捨，而不是自給自足（右派喜歡誇大這點，左派喜歡輕描淡寫這點），但從接受者的角度來看，最高層級的慈善也是處於不需要他人慈善施捨的地位。那也是我們希望全球社群達到的境界：為窮人與弱勢族群創造條件，賦權他們以掌控自身的命運。撒哈拉以南非洲有49%的人以每天不到1.25美元維生，南亞也有31%的人每天以不到1.25美元度日。我們還沒達到那個慈善的最高境界。毫無疑問，印度棉農寧願種植及出售棉花獲利，也不願靠微薄的政府施捨來維持生計。與我們同桌的尚比亞人希望孩子有學校可以就讀。如果短期內那需要外援，他可以接受那是過程中的一個階段。

如果一個國家缺乏資源而無法雇用護士與教師，無法購買藥品與教科書，無法建造公廁與提供潔淨用水，無法提供養老金與社會保障時，國際援助顯然有所幫助。批評者說，支持援助者所說的話，有部分顯而易見，有部分是真的，但遺憾的是，那兩部分並沒有重疊。援助可能扭曲一國的優先要務，造成依賴，而且援助主要和捐助國的優先要務有關，而不是和受援國的需求有關。對受援國來說，援助反而變成一種資源詛咒，有礙脫貧。當然，還有腐敗的問題：外援的資金可能遭到藏匿，挪用到其他地方。批評者說，所以到最後援助根本沒用。

　　哥倫比亞大學的傑佛瑞·薩克斯主張援助有效。紐約大學的教授及世界銀行的前經濟學家威廉·伊斯泰利（William Easterly）認為援助無效。前面提到《窮人的經濟學》（*Poor Economics*）的作者班納吉與杜芙若比較了這兩種論點。[34] 普林斯頓的經濟學家安格斯·迪頓（Angus Deaton）比較認同伊斯泰利的論點，而不是薩克斯的論點。[35] 順道一提，閱讀他們對彼此的看法，很像觀賞精彩的體育賽事，雖然學不到什麼禮貌的攻防措辭。班納吉與杜芙若指出，本質上來講，這是一場左派（薩克斯）與右派（伊斯泰利）之間的意識型態辯論。他們說，對於援助是否有效，並沒有一個宏大的答案，只能針對不同情境下特定形式的援助是否有效，提出小小的答案。他們說，關於「何時」有效及「是否」有效的答案，主要是來自隨機對照試驗。迪頓不僅批評援助，也批評那些認為使用隨機對照試驗就知道援助是否有效的「隨機主義者」。如果這不是那麼重要的問題，這其實是很精彩有趣的智識交鋒。

　　班納吉與杜芙若在比較兩種論點時，舉了浸泡蚊帳以預防蚊子叮咬及瘧疾的例子。薩克斯說，提供蚊帳，孩子就不會得瘧疾，他們的賺錢能力可提升15%。伊斯泰利說，除非人們花錢買蚊帳，否則他們不會珍惜蚊帳，也不會把蚊帳拿來預防蚊子叮咬。那是在浪費錢，對控制瘧疾無效。班納吉與杜芙若並沒有兩邊各打五十大板，而是說薩克斯誇大了經濟效益，但伊斯泰利錯了。他們指出，證據顯示，**為了達到預期的目的**，降低蚊帳價格或免費提供蚊帳，提高了蚊帳的使用率。

　　援助是否有助於扶貧與經濟增長，仍是爭論不休的問題。[36] 尤其在圖10.3顯示的債務償還脈絡中，以及對低收入國家不利的貿易與財政安排中，更是如此。班納吉與杜芙若指出，醫療照護與疾病控制之類的援助，在特定的情境下是有效的。在我們的「歐洲報告」中，我們指出，2009年，對健康的外部援助，大約構成低收入國家政府醫療開支的一半。[37] 如果這些資金立刻遭到移除，會對受援助的國家造

成很大的困難。不過，看到這筆錢用在好的目的上，那是至關重要的，我們應該感到欣慰。

美味佳餚

輪到那個肥胖的埃及婦女登場時，我告訴她，我常做一個噩夢，夢見自己正參加一家公司的董事會議，該公司的主要產品是碳酸飲料。策略分析師向董事會報告：

「各位先生(這也是我的噩夢，在我的噩夢中，董事會都是男人)，這下麻煩了，我們賣的是卡路里──加味糖水。但現在全球各地的人，體能活動越來越少，他們需要更少的卡路里。麻煩迫在眉睫(董事會的成員都想到他們的私人飛機剛剛拋下他們，先行起飛了)，但我有一個解方(私人飛機又飛回他們的視野了)。個人卡路里消耗主要來自兩處：體能活動與身體質量(body mass)。一般來說，一個人的體重越重，一天需要消耗的卡路里越多。所以，我們應該提倡肥胖。這要怎麼做呢？增加分量，『免費』增量20%。這幾乎沒什麼成本，我們的成本大都花在加工、配銷、行銷上。這樣一來，我們就可以得到更胖的人口，他們會需要更多的卡路里(每個董事的眼前都出現更大、更好的私人飛機)。」

噩夢做到這裡，我尖叫著醒來。謝天謝地，現實生活不是這樣。汽水供應商的出發點可能不是為了讓人發胖，那碰巧是他們的產品帶來的效果。在所有導致肥胖的因素中，最強而有力的證據是喝碳酸飲料。[38] 富含脂肪與糖分的速食很可能也助長肥胖，但證據不像含糖飲料那麼明確。

我對「健康的社會決定因素」的關注，本來只是學術研究，後來跨入政治領域。從跨入政治領域開始，就一直有人告訴我，我們必須與私營部門合作，包括食品及其他領域。我確定我們必須這麼做，問

題是我和他們的目標不同。我的目標是健康公平，他們的目標是獲
利。如果兩者相互呼應，那很好。如果不是，就會陷入第二章提到的
那種苦戰。當時我顯示三張美國肥胖率驚人增長的圖。不僅美國如
此，全世界都是如此，如圖表10.4的兩張圖所示。

　　衡量超重與肥胖的標準是「身高體重指數」（BMI）——體重（公斤）
除以身高（公尺）的平方。BMI大於25是超重，BMI大於30是肥胖。
在這張圖中，很難看到那個與我同桌的埃及客人，但在現實生活
中，要看到她並不難。一位年近50歲的埃及女性超重的機率是
90%，肥胖的機率是三分之二。[39]如果我們同桌有一位墨西哥客人，
他超重或肥胖的機率與那位埃及婦女相同。超重是常態，肥胖幾乎
也是常態。

　　當然，食品業會爭辯，讓人發胖的不是他們的食物，而是人們
的飲食模式。這有點像槍枝遊說團體的詭辯：槍枝不會殺人，而是
人殺人。確實，你不吃速食的話，它們不會讓你發胖。除了那個驚
人的洞見以外，還有一個事實：食品公司正竭盡所能，吸引最多的
消費者來盡量攝取更多他們的食品，而且成效很好。截至2012年的
10年間，全球包裝食品的銷售額增長92%，達到2.2兆美元。[40]可口
可樂公司公布其飲料的銷售資料，墨西哥高居世界榜首，每人每年
飲用675份（8盎司，237毫升），美國反而沒有名列前茅，而是屈居
第四，每人每年（僅！）飲用394份。富國有一些讓加工食品變得「更
健康」的壓力，其他國家比較少出現那種壓力。無糖汽水占可口可樂
歐洲銷量的22%，占北美銷量近三分之一，但僅占拉丁美洲銷量的
6%。[41]

　　墨西哥高居全球肥胖榜的榜首，他們的可口可樂飲用量也高居全
球榜首，把這兩者連結起來一點也不奇怪。再重複一次，含糖飲料喝
得越多，你超重或肥胖的可能性越大。當然，其他食品也會使人發
胖。在中低收入國家，過度加工食品的銷量正急遽增長。[42]

圖表 10.4 小世界，大塊頭

全球20歲以上男性的平均BMI，1980年

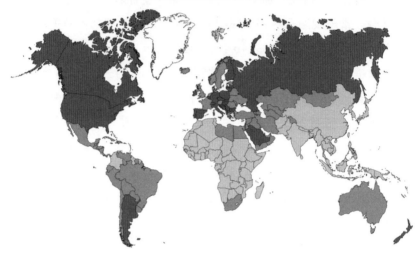

全球20歲以上男性的平均BMI，2008年

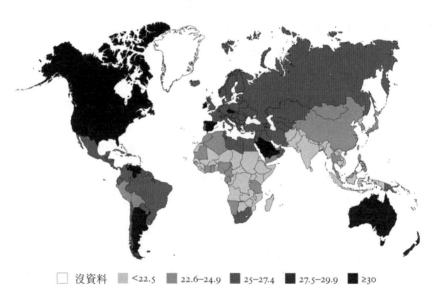

☐ 沒資料 　<22.5 　22.6-24.9 　25-27.4 　27.5-29.9 　≥30

資料來源：World Health Organization, "Mean Body Mass Index (kg/m2), ages 20+, age standardized, 1980–2008" (2014). Available from: http://gamapserver.who.int/gho/interactive_charts/ncd/risk_factors/bmi/atlas.html.

我們看到的是食品模式的全球化。在高收入國家，我們已經看到加工食品對飲食型態的影響。英國在這方面發展已久。英國的一項調查顯示，30%的家庭一年只用他們的餐桌吃飯幾次。近三分之二的人每週在餐桌邊用餐的次數不到一次。僅18%的人每天在餐桌邊吃一餐或多餐（3%的人沒有餐桌）。隨著全球加工食品銷量的增長，我們將輸出這種飲食模式。[43]結果不僅是導致肥胖、糖尿病和其他非傳染性疾病，連家人與朋友之間聯繫的方式也改變了。

第二章提過，世界上大部分的人是住在城市裡，不自己栽種食物。市場是把人與食物配對在一起的重要機制。加工食品在滿足人們的營養需求上，扮演一定的角色。但我也提到，市場有失靈的地方。一方面，雀巢、可口可樂、百事可樂、卡夫食品（Kraft）或他們的後繼者，以及零售速食連鎖事業的增長，是市場的一大成功。銷售增長是因為這些公司把食物帶給人們，他們的股東肯定很開心，但從營養過剩的角度來看，這其實是一種失敗。

缺乏解決方案並沒有讓我焦躁不安，但如果有現成的方法可以限制跨國食品公司的影響力，減少它們對肥胖的影響，我們可能會那樣做。知識可以從兩方面幫上忙。人們越了解食品公司對全球飲食模式的深遠影響，迫使那些公司改變作法的壓力就越大，如此一來，越能控制那些令人發胖的食品與飲料的散播。第二，第二章提出的證據顯示，其他因素可以防止或減輕肥胖的增長。例如，在高收入國家，高地位人士的肥胖增長沒那麼極端；同樣的，在低收入國家，教育程度較高的人，肥胖程度較低。如果與我們同桌那位埃及婦女有讀過大學，她肥胖的機率會比學歷較低的姊妹還低。

抽煙經驗也有一定程度的關係。我們最後會講到那個肯亞的老煙槍。他的抽煙習慣反映了煙草公司在全球動員投入這個致命習慣。隨著高收入國家的抽煙量下滑，煙草業把焦點轉向中低收入國家。如今全球有10億名抽煙者，其中的80%生活在中低收入國家。[44]關於如何

減少抽煙，其實我們知道很多方法，那不只是簡單地告誡人們要好好照顧自己而已，還要推動煙草管制措施，包括定價、禁止廣告、限制贊助運動賽事、公共場所禁煙、包裝上的健康警語等等。這些大都已納入「煙草控制框架公約」(WHO Framework Convention on Tobacco Control, WHO FCTC) 中，那是世界衛生組織協調制定的，並獲得多數國家的簽署認可。

「煙草控制框架公約」應該可以為全球協調能做的事情指明方向。問題在於，煙草業需要營利，他們竭盡所能地挑戰公約。烏拉圭的例子很有啟發性，烏拉圭簽署了「煙草控制框架公約」，希望煙商放大包裝上的健康警語。菲利普莫里斯煙草公司 (Philip Morris) 透過法庭，對烏拉圭政府的規定提出質疑。同樣的，澳洲要求煙商採用「全煙害警示包裝」(plain packaging) *也是遭到菲利普莫里斯公司的質疑。在這兩起案件中，煙商都聲稱國家規定違反了貿易協定。

我覺得全球健康社群會贏得這場法庭爭論。抽煙有害顯而易見，不加以遏制的話，本世紀可能害死10億人。煙草業在這個問題上站在錯誤的一邊，法院或仲裁員很難無視大眾輿論，並繼續以為貿易協定意指煙草販售應凌駕大眾健康。

不過，話又說回來，這需要全球一起行動，就像面對食品那樣。儘管我身為學者的生活充滿不確定性，本書到目前為止，我對於證據顯示我們可以做些什麼來促進健康公平性相當有把握。我清楚指出，現在就有良好的實務典範可以告訴我們該怎麼做。但是，擴及全球

---

* 規定香煙盒不得展示一切品牌訊息(顏色、圖片、標誌和商標)，只允許製造商在煙盒上用指定的大小、字體在指定的位置展示品牌。此外，還要印上健康警告和其他法律要求的訊息，比如有害成分和完稅標籤。所有品牌的香煙都必須使用外觀相同(包括顏色)的煙盒。——譯註

時，我不太確定我們如何從現在的位置前往理想的位置。其實那個晚宴桌上，我還可以找許多其他的客人一起入席。例如，我可以找在曼徹斯特工作、而不是在非洲馬利工作的護士（代表醫療照護者從貧國流向富國）；我可以找負擔不起藥價的印度癌症患者（因知識產權保護禁止以很小的成本生產及銷售非專利藥）；我可以邀請來自非洲的非法移民（他們逃離貧困，途經意大利南部與西班牙進入歐洲，在旅途的兩端都面臨著不確定性與更糟的情況）──這些人都大聲疾呼著要我關注他們。

我們的「全球健康治理委員會」在確定如何進步方面，已經邁出了重要的一步。首先，是確認權力不對稱的問題，以及了解到，若要改善全球健康的公平性，我提到的每個重要社會領域都需要採取行動。第二點與第一點有關，在導致健康不公平，以及逆轉那些不利健康的全球政治力量時，應該要有獨立追蹤進度的機制。第三，無論全球制度及其治理方式有任何改進，最根本的是致力於全球團結與責任分擔。

底下是湯馬斯·佛里曼（Thomas Friedman）對全球化提出的樂觀看法：「天哪，世界越來越平。好幾種科技與政治力量匯集在一起，那促成一種全球的網上競爭環境，有多種合作形式，不受地理或距離的限制──或許不久之後，也不受語言限制。」[45]這是一幅美好的景象，我們都因這種全球互聯而受惠。

這裡還有一種更微妙的觀點是來自經濟學家南希·伯德索（Nancy Birdsall），我認為這種觀點比較精確：「但世界不是平的。我們這些位於頂端、受過良好教育、身處在幸運國度的人，很容易忽視全球各地深陷在深坑裡的國家與人民。」[46]唯有承認那些高峰與低谷並加以處理，進步才會到來。

註 釋

1 J. Yang, "Did Politics Ruin 'The World's Coolest Mayor'?" *Toronto Star*, June 23, 2014.

2 C. Reinhart, and K. Rogoff, "Growth in a Time of Debt," *American Economic Review*, 100, no. 2 (2010): 473–478.

3 T. Herndon, M. Ash, and R. Pollin, "Does High Public Debt Consistently Stifle Economic Growth? A Critique of Reinhart and Rogoff," Working Paper Series No.322 (April 2013), Political Economy Research Institute, University of Massachusetts Amherst.

4 D. Stuckler and S. Basu, *The Body Economic: Why Austerity Kills* (New York: Basic Books, 2013).

5 L. Eyraud and A. Weber, *The Challenge of Debt Reduction during Fiscal Consolidation* (Washington, D.C: International Monetary Fund, 2013).

6 S. Wren-Lewis, "Osborne's Plan B," Mainly Macrot, 2013. Available from: http://mainlymacro.blogspot.co.uk/2013/12/osbornes-plan-b.html.

7 F. Nelson, "In graphs: How George Osborne Learned to Stop Worrying and Love the Debt," *The Spectator*, December 1, 2014. Available from: http://blogs.spectator.co.uk/coffeehouse/2014/12/in-graphs-george-osborne-fought-the-debt-and-the-debt-won/.

8 M. Lewis, *The Big Short: Inside the Doomsday Machine* (London: Allen Lane, 2011).

9 Stuckler and Basu, *The Body Economic*.

10 M. Karanikolos, P. Mladovsky, J. Cylus, S. Thomson, S. Basu, D. Stuckler, et al., "Financial Crisis, Austerity, and Health in Europe," *Lancet* 381, no.9874 (2013): 1323–1331.

11 Ibid.

12 O. P. Ottersen, J. Dasgupta, C. Blouin, P. Buss, V. Chongsuvivatwong, J. Frenk, et al., "The Political Origins of Health Inequity: Prospects for Change," *Lancet* 383, no. 9917 (2014): 630–667.

13 Ibid.

14 Stuckler and Basu, *The Body Economic*.

15 World Social Protection Report, *Building Economic Recovery, Inclusive Development and Social Justice* (Geneva: International Labour Office, 2014).

16 J. Drèze and A. Sen, *An Uncertain Glory: India and Its Contradictions* (London: Allen Lane, 2013).

17 UNDP, *Human Development Report 2013 — The Rise of the South: Human Progress in a Diverse World* (New York: United Nations Development Programme, 2013).

18 Ibid.

19 World Health Organization, *World Health Statistics 2014* (Geneva: WHO, 2014).

20 Drèze and Sen, *An Uncertain Glory.*

21 Ibid.

22 *World Development Report 2006, Equity and Development* (New York. World Bank/Oxford University, 2005).

23 L. Laird, "India's Farmer Suicides: Are Deaths Linked to GM Cotton? — In pictures," *The Guardian*, May 5, 2014. Available from: http://www.theguardian.com/global-development/gallery/2014/may/05/india-cotton-suicides-farmer-deaths-gm-seeds.

24 K. Nagaraj, *Farmers' Suicides in India: Magnitudes, Trends and Spatial Patterns* (Chennai: Bharathi Puthakalayam, 2008)

25 P. Sastry, "U.S. Agricultural Subsidies and Farmer Suicide in India," Roosevelt Institute, January 12, 2009. Available from: http://www.rooseveltcampusnetwork.org/blog/us-agricultural-subsidies-and-farmer-suicide-india.

26 Ibid.

27 United Nations Development Programme, *Human Development Report 2005. International Cooperation at a Crossroads: Aid, Trade and Security in an Unequal World* (New York: UNDP, 2005).

28 S. Hyder, "Women's Financial Independence Amongst Female Garments Workers in Bangladesh: Summary of Research," *Berkeley Law*, 2012.

29 A. Ayres, "Bangladesh: Behemoth Garment Industry Weathers the Storm: Council on Foreign Relations," Council on Foreign Relations, June 20, 2014. Available from: http://blogs.cfr.org/asia/2014/06/20/bangladesh-behemoth-garment-industry-weathers-the-storm/.

30 M. Marmot, J. Allen, R. Bell, E. Bloomer, P. Goldblatt, "WHO European Review of Social Determinants of Health and the Health Divide," *Lancet* 380, no.9846 (2012): 1011–1129.

31 Global Factors Task Group, *Global Factors Task Group Final Report*, 2014.

32 United Nations, "The 0.7% Target: An In-depth Look," Millennium Project, 2006. Available from: http://www.unmillenniumproject.org/press/07.htm.

33 "Burkina Faso," Oxfam International, December 23, 2014. Available from: http://oxf.am/HMZ.

34 A. Banerjee and E. Duflo, *Poor Economics: A Radical Rethinking of the Way to Fight Global Poverty* (New York: Public Affairs, 2011).

35 A. Deaton, *The Great Escape: Health, Wealth, and the Origins of Inequality* (Princeton: Princeton University Press, 2013).

36　Ibid.

37　G. Ooms, R. Hammonds and W. Van Damme, "International Assistance from Europe for Global Health: Searching for a Common Paradigm," working paper (2012).

38　World Cancer Research Fund, American Institute for Cancer Research, *Food, Nutrition, Physical Activity, and the Prevention of Cancer: A Global Perspective* (Washington, DC.: AICR, 2007).

39　F. El-Zanaty and A. Way, *Egypt: Demographic and Health Survey* (Cairo: Ministry of Health, 2009).

40　"Food companies: Food for Thought," *The Economist*, December 15, 2012. Available from: http://www.economist.com/news/special-report/21568064-food-companies-play-ambivalent-part-fight-against-flab-food-thought.

41　Ibid.

42　C. A. Monteiro, J. C. Moubarac, G. Cannon, S. W. Ng, and B. Popkin, "Ultra-processed Products are Becoming Dominant in the Global Food System," *Obesity Reviews: An Official Journal of the International Association for the Study of Obesity* 14, Suppl 2 (2013): 21–28.

43　C. A. Monteiro and G. Cannon, "The Impact of Transnational 'Big Food' Companies on the South: A View from Brazil," *PLoS Med* 9, no.7 (2012): e1001252.

44　O. P. Ottersen and J. Dasgupta, C. Blouin, P. Buss, V. Chongsuvivatwong, J. Frenk, et al., "The Political Origins of Health Inequity: Prospects for Change," *Lancet* 383, no.9917 (2014): 630–667.

45　T. L. Friedman, *The World Is Flat: A Brief History of the Globalized World in the Twenty-First Century* (London: Allen Lane, 2005).

46　T. Kopetchny, "Your Chance to Ask Nancy Birdsall About Globalization and Inequality," Centre for Global Development, March 29, 2007. Available from: http://www.cgdev.org/blog/your-chance-ask-nancy-birdsall-about-globalization-and-inequality.

11　希望的體制

我會給你一個護身符。每當你心存疑慮或太在意自我時，可以做下面的測試。回想你見過最窮、最弱的男人（或女人）的臉，自問你考慮採取的措施對他（她）是否有效。他（她）會因此受益嗎？這會讓他（她）重新掌控自己的生活與命運嗎？換句話説，那會為數百萬饑餓及心靈饑渴的人帶來自由嗎？

那樣做以後，你會發現你的懷疑與自我消失了。

——聖雄甘地

「你是第一個以我可以相信的方式來跟我説話的白人男性。你説的是：那包括我嗎？」接著，那位毛利婦女以傳統方式自我介紹（她説出祖父母與父母是誰）。最後她説：「我想，你説的事情也包括我在內，但我想聽你説，確實是如此。」

我剛在奧克蘭演講，那是一場由紐西蘭醫療協會（New Zealand Medical Association）主辦的大會，演講內容涵蓋本書的一些素材。那位毛利婦女説話時，我在前言提到我很容易熱淚盈眶的狀況又發生了，真麻煩。最後，我小聲地説，我去泰國參加一場民眾健康大會（People's Health Assembly）時，泰國人告訴我「三角移山」的故事。三

角是指政府、知識／學術界、人民。只要讓那三者一起合作，就能夠移動任何大山。接著，我回想起泰國那場大會上有一群兒童開始唱歌，一個孩子比一個唱得動人。他們唱道：

> 我們都是同一片海洋的波浪
> 我們都是同一片天空的星辰
> 是學習團結生活的時候了

我對那位毛利婦女說：「如果我剛剛說的不包括你，不包括人民，那我就做了錯得離譜的事。所以，那當然包括你。」也包含第八章提到的前進毛利會堂的那些人。

———~/\/~———

「我們敞開了思維。更重要的是，我們敞開了心扉。」

你想像這句話可能是誰說的？社工嗎？新紀元（New Age）的旅行者？還是某種信仰的神職人員？如果我說是英國伯明罕西米德蘭茲郡消防局（West Midlands Fire Service）的副消防隊長呢？他正在發布他們的報告「改善生活以拯救生命——西米德蘭茲郡消防局在實現馬穆目標方面所扮演的角色」。他說，他們敞開思維去閱讀馬穆報告《公平社會、健康生活》，也敞開心扉去了解，在他們服務及身為重要分子的社群中，他們可以做什麼來幫助貧困與匱乏的人。[1]

一位女性消防員講了「大衛」的故事，大衛是八十多歲的獨居老人，有人打電話叫消防隊去他家，因為大衛住處的煤氣供應被切斷了，他在起居室燃燒垃圾取暖。消防員說，她花了三週哄大衛，大衛才終於讓她進門。她問大衛平日做什麼，他什麼也不「做」。他不看電視，因為 26 年前住處就被斷電了。他唯一的外出活動是去街角商店買點東西吃，平日沒有任何往來的對象。消防員為他帶來衣物與聖

誕晚餐，找到了他的妹妹，最後終於讓他接受了必要的藥物治療，並住進養老村。他的狀態比消防員剛發現他時好多了。這些竟然都是消防員做的！

我造訪西米德蘭茲郡的消防局。當健壯的消防員一個接一個描述他們如何與孩子、老人、窮人共處，以改善他們生活的感人故事時，那感覺真的十分了不起。我與消防員相處的那一整天，多數時間我們之中總是有人處於熱淚盈眶的狀態。那種熱淚盈眶的症狀是有感染力的。

那些消防員注意到了第八章提過的默西賽德郡消防救援局的做法，他們說：我們希望在社區中善用我們的能力來改善大家的生活。他們的原則是預防、保護、因應。他們承諾在五分鐘內因應火災警報，把6%到10%的時間用來因應火災。平時的培訓、輪班與準備約占一半時間。他們以創新的精神發揮創意，致力運用另一半的時間來改善他們服務的社群。他們引用我的英國報告指出，健康與火災都有社會梯度。預防其中一個，可能有助於預防另一個。

一個重要的準則是「使每次聯繫都發揮效用」（Making Every Contact Count）。一位消防員造訪一戶人家以檢查火災風險，並談及如何讓居家變得更安全。他在那戶人家中看到以下的現象：囤積「東西」會增加風險；貧困；孤立的老人。他沒有因此說：這戶人家運氣不好，但我愛莫能助。他要嘛自己解決問題，或是與同事一起思考他們應該找誰來合作。例如，如果消防員有理由懷疑那戶人家有家暴問題，他會聯繫相關的專家。

他們設置第一線的工作人員，名為「馬穆大使」。他們的職責是按照《公平社會、健康生活》報告中的六個領域建議（他們稱之為「馬穆六大建議」）來採取行動。我對一群醫生說：這是消防員為了預防火災及減少健康不平等而做的事情，你們做了什麼呢？他們的回答是：我們做了很多，而且越來越多。

—⎯⎯⋀⋁⎯⎯—

　　在我發生單車事故、導致大腿骨骨折後，我第一次旅行是2013年1月去斯德哥爾摩。我拄著拐杖 (幸好，後來我用不上那支拐杖了)，在雪地上勉強地行走，以前往瑞典皇家科學院 (Royal Swedish Academy of Science) 去參加一場會議，談健康的社會決定因素。會中，一位瑞典的國會議員談到WHO的CSDH報告。他說，國際委員會發布的報告，大都很少人閱讀且遭到忽視。值得強調的是，CSDH發布的最終報告《在一個世代內敉平階級落差》並不是這樣。他說，那份報告發表五年後，瑞典國會仍對那報告做了很多討論。

　　幾個月後，我應他的邀請，去了瑞典國會。我告訴那些國會議員，瑞典地方政府與區域協會 (Swedish Association of Local Authorities and Regions) 以極大的熱情激勵其成員，對健康的社會決定因素採取行動。國會做了什麼呢？所有的行動都應該在地方層面進行嗎？

　　馬爾摩市 (City of Malmö) 是先鋒。他們把《在一個世代內敉平階級落差》視為出發點，並問道：通過使用CSDH報告的建議，我們如何共同努力，打造一個社會永續的馬爾摩市？[2]其他的瑞典城市也跟進仿效：林雪坪 (Linköping)、哥特堡 (Göteborg)、厄斯特松德 (Östersund)，或許還有其他的城市。我撰寫本文時，瑞典政府已決定成立瑞典健康公平委員會 (Swedish Commission on Equity in Health)。

　　在哥特堡，當地政府成立城市委員會。哥特堡這次活動的主題是「包容」：1,100人 (主要是哥特堡市的員工) 參加一場會議，討論如何打造社會永續的哥特堡。我在倫敦參加過各種會議，但從未參加過上千人一起討論如何讓倫敦變得更社會永續的會議。以人均比例來看，倫敦若要舉辦一場規模媲美哥特堡的會議，必須有11,000人參與。我造訪哥特堡的第二天，這1,100人中的400人就坐下來一起規畫一個更具社會永續性的哥特堡。計畫的核心是健康公平與永續發展。

在英國，地方政府如今擁有「健康與福祉」理事會，其職責就寫在名稱中。健康智庫機構「英皇基金」（King's Fund）針對這些理事會的優先要務做了調查。在接受調查的65個地方當局中，有四分之三表示，他們的首要任務是「馬穆原則」——亦即馬穆報告《公平社會、健康生活》。

一位曼徹斯特的地方委員對我說：「你就是馬穆啊！我不知道馬穆是一個人，我們一直在討論要實施馬穆。」

我經常聽到下面這樣的痛苦呼喊，尤其是在美國：健康公平是很好的目標，社會決定因素也是很好的行動原則，但考慮到華盛頓特區陷入的僵局，如果中央政府不願採取行動，或沒有能力行動，那怎麼辦？我說，那可能要依靠地方層面的行動，不僅英國，美國也是如此。很多人叫我去肯塔基州的萊星頓市（Lexington）、去巴爾的摩、去洛杉磯，看看他們在做什麼。我們當然需要中央政府，但是在人們出生、成長、生活、工作、老化的地方，我們也需要地方層面的行動。

東倫敦堡貝門利（Bromley-by-Bow）的全科醫生山姆‧艾弗靈頓（Sam Everington）說：「我們為病人提供多達100種的治療方案。在全科診所所在的同一社區中心，我們也提供語言課程、職業技能培訓、面試輔導、兒童中心、諮詢等等。」

BBC記者說：「但這不是你的工作。你的職責是治療病人，而不是輔導他們就業。」

但是，如果人們找不到工作，他們如何改善健康呢？

從堡貝門利這種鼓舞人心的例子(更遑論消防員的例子)可以看出，詢問醫生與其他醫療專業人士能針對健康的社會決定因素做點什麼，似乎很合理。但實際上，可能沒有聽起來那麼合理。醫生負責治療病人，他們不處理兒童貧窮或對犯罪的恐懼。如果，就像我主張的，健康的關鍵決定因素是在健康照護系統之外，那麼醫生與其他的健康專業人員除了治療病人這個重要的角色以外，在促進健康公平方面還能發揮作用嗎？我去英國醫學會演講時，那裡的醫生就是問我這樣的問題。

我與英國醫學會的薇薇安·內桑森(Vivienne Nathanson)，以及倫敦大學學院健康公平研究所的同事一起發表了一篇報告，說明醫生與其他人在健康的社會決定因素方面可以做什麼。[3]我們把建議歸類在五個標題下：教育與培訓(確保醫學院的學生與醫生了解健康的社會決定因素)；從更廣泛的脈絡背景去看待患者(治療無家可歸的人時，試著處理他無家可歸的狀態)；醫療服務的雇主(確保醫療服務人員有良好的工作條件)；與他人合作(堡貝門利與消防員的實例顯示跨領域合作的重要)；倡導(醫生與其他醫療專業人士提倡改善病人條件的政策)。

你覺得「聽起來很像空話」嗎？或者，你覺得「報告寫得不錯，但……」絕對不是！我們獲得22個醫療保健組織的認同：皇家醫學院、護士、助產士、物理治療師等等——我們接觸的每個單位或多或少都支持這些概念。更重要的是，他們努力把「健康的社會決定因素」的相關實務納入其專業群體的日常工作中。

倡導是核心。我問醫生：誰比我們更在意健康？所以我們應該關心健康不公平的肇因。切記19世紀卓越病理學家魯道夫·魏修(Rodulf Virchow)的話：醫生原本就是窮人的律師。在東歐的摩爾多瓦，醫生告訴我們，他們是反貧困的倡議人士，貧困與健康不佳之間的關聯如此明顯。

與英國醫學會一樣，我與世界醫學協會(World Medical Association)有同樣的協定：他們同意讓醫生積極投入健康的社會決定因素，我同

意出來競選會長。他們做到了，我也做到了。我訴諸醫生更敏銳的直覺。我問那些來自世界各地的醫學協會代表：還記得我們當初為什麼會選擇學醫嗎？如果有人已經忘了，我們應該花點時間和今天的醫學院學生在一起，吸收他們想要改變世界的熱情，以減少可避免的健康不平等。我們這裡至少有12個國家醫學會，我們可以在加拿大與英國醫學會的領導下，一起探索醫生在健康的社會決定因素上能做些什麼。前12個是最難的。醫生們也正加入這場全球運動。

三角移山

我們已經展開行動了，前面提到那五個小故事闡述了何謂「三角移山」。我們需要政府的參與，包括地方政府、國家政府、全球政府。我們需要人民的參與，包括公民社會團體。像米德蘭茲郡消防局那種地方公務員，實際上已經變成一個公民社會團體，代表及服務在地民眾。是的，我們還需要醫療專業人員。我們需要知識，需要學者與專家的參與。例如，馬爾摩市為了打造一個社會永續的城市而審查健康的社會決定因素，請學者來審查證據，也請政治人物與市民代表來參與。本書的證據是以數十位專家的知識貢獻為基礎，進一步延伸。那些證據也是我那三份報告《在一個世代內敉平階級落差》、《公平社會、健康生活》、《社會決定因素與健康鴻溝的歐洲報告》的基礎。

我感到既興奮又尷尬。興奮是因為，CSDH成立之初，我們就說過我們希望促進一場社會運動。那個運動促成了，也發展得很好。除了紐西蘭、瑞典、英國的實例以外，我可以再補充巴西、智利、哥斯達黎加、古巴、加拿大、美國各個城市、斯洛維尼亞、意大利、秘魯、哥倫比亞、南非、挪威、丹麥、芬蘭、冰島、埃及、台灣等地的實例，不勝枚舉。

我感到尷尬是因為，那些實例聽起來好像是我一手推動的——逐一改變世界。其實那些都不是我一手推動的，我只是倡議者，但那些活動確實正在發展。我們促成了一場運動。一位WHO的CSDH委員引用杜魯門總統的話說：當你不計較功勞歸誰時，你會獲取難以想像的成就。有些人開始針對「社會對健康的影響」提出自己的見解——這是不錯的發展。

全球委員會的報告最初是由北歐國家與巴西提交給世界衛生大會（World Health Assembly）。大會討論期間，38國的代表發言支持《在一個世代內敉平階級落差》。在世界各地，我都聽到有人在談健康與健康公平的社會決定因素。2009年，當聯合國秘書長在聯合國經濟及社會理事會（ECOSOC）使用「敉平落差」（指人們出生、成長、生活、工作、年老的條件）的措辭時，我問ECOSOC的主席，秘書長潘基文（Ban Ki-Moon）先生是否知道他引用了我們的報告。她回答：那些措辭已經存在了。

附帶一提，我向北歐國家與巴西的代表致謝，謝謝他們帶頭支持《在一個世代內敉平階級落差》裡的建議。他們的回應是：我們不是為你做的，我們是為了讓世界上的健康分布變得更公平。

我很興奮。

我應邀參與BBC的「創意節」（Festival of Ideas）時，主持那個活動的BBC記者說：

「你是專業的樂觀主義者，對吧？」

「當然。」我回應，「世界衛生組織有194個會員國。假如只有20個國家認真看待《在一個世代內敉平階級落差》，我不會在BBC上說其餘那174個國家忽視我們。我會說，可能下週有22個國家認真看待那份報告，再下個月有30個國家。我們已經展開行動了。事實上，肯定『健康的社會決定因素』很重要的國家不止20個，那要看你怎麼算而定。」

「全球來看，情況如何呢？」他問道。

在《在一個世代內敉平階級落差》中，我們的建議之一是，召開全球會議，讓每個國家報告他們在健康與健康公平性的社會決定因素上有哪些進度。常言道，許願要小心。世界衛生大會討論我們的報告時，世界衛生組織的治理單位巴西就說：好主意！由我們來主辦全球會議吧。巴西政府已經為此做好了安排。

結果確實發生了。2011 年 10 月，第一屆「健康的社會決定因素世界大會」（World Conference on Social Determinants of Health）在里約熱內盧召開，由巴西政府主辦，世衛組織規畫。一百二十多國的代表出席了會議，其中有六十多位衛生部長。我知道，憤世嫉俗的人一定會質問，哪個部長不想趁機去里約熱內盧旅行一趟？重點是，這場會議確實發生了。當然，它並不完美。不是每個出席會議的部長都對健康的社會決定因素有深入的了解。有些人還是三句不離醫療照護。醫療照護確實很重要，但這次會議是有關健康的社會決定因素。

這實在太特別了，所以我想再說第三次：這場會議確實發生了。它之所以特別，是因為全球衛生會議通常和特定疾病（瘧疾、結核病、愛滋病、非傳染性疾病）的控制有關，或是和衛生系統有關。現在全球健康出現了第三條路線：健康的社會決定因素。我們不是只談疫苗接種與蚊帳，也談煙草與酒類，因為它們也很重要。我們談到女性賦權、兒童早期發展與教育、就業與工作、收入與貧窮。當一位又一位的同行走過來對我說，這在五年前是不可能發生的，我們對於這場會議的召開都覺得不敢置信。

就像所有的國際會議一樣，這場大會也牽扯了一些低級政治，甚至也涉及一些高級政治，有些瑣碎得可笑，有些比較嚴肅。這次大會衍生的「里約宣言」（Rio Declaration）就是比較嚴肅的部分，它其實很溫和。CSDH 明確表示，權力、金錢、資源的不公平導致日常生活條件的不公平，而日常生活條件的不公平又造成健康不公平。世界醫學生聯盟（International Federation of Medical Students' Association）指出，

權力、金錢、資源方面的不公平，在「里約宣言」中遭到抹除了——對一些部長來說，那些不公平實在太沉重。儘管如此，與會的政府、公民社會、學術界的代表都充滿了熱情、興奮與鼓勵。各國政府與其他單位都宣布他們會致力採取行動。

而且，他們確實帶著熱忱與道德上的熱情展開行動了。

道德承諾很重要。有人介紹我認識全球某大管理顧問公司的負責人。我尋求他的無償幫助，幫助在全球落實健康的社會決定因素。我解釋了我們要做的事情，他也聽了。

「你造訪一個國家去敦促他們採納你的建議時，你有資源可以提供給那個國家嗎？」他問道。

「沒有，沒有資源。」

「你有一大批訓練有素的人力可以派去幫忙嗎？」他繼續問道。

「沒有，沒辦法。」

「那你能提供什麼呢？」他追問。

「讓國家的領導者有機會去改善全民健康與福祉，以及減少不公平的健康不平等。總之，就是打造一個更加公平的社會。」

「你確實需要幫忙！」他說。

最好的時代，最糟的時代

我們回頭來談令人興奮的事。在第一章中，我引用了狄更斯的文字。這是最好的時代：第四章到第十章展示的證據顯示，我們知道怎麼做可以降低國家之間和國家內的健康不公平。許多人——政府、公民社會組織、醫療專業人士、國際組織、消防員（！）——都在關注那些證據並採取行動。

或許說這也是最糟的時代太誇張了，不過，健康公平性確實面臨很大的挑戰。其中最突出的挑戰是經濟與社會不平等日益加劇，以及

政治面對此幾乎無動於衷。德雷茲與沈恩把他們談論印度的新書取名為《不確定的榮耀》。書名反映了印度的進步有光榮的面向，也有不太光彩的面向。他們認為印度的不平等是重大問題懸而未決的一個原因。不過，他們認為，衡量收入不平等的簡單指標（例如堅尼係數）並未反映這點。堅尼係數是把每個人的收入從最低排到最高，然後計算散布程度。如果每個人都有相同的收入，堅尼係數是0；如果一個人囊括所有的收入，堅尼係數是1。堅尼係數是介於0到1之間，不平等越大，堅尼係數越高。

他們寫道：

> 首先，當窮人的收入少到連最基本的生活必需品也負擔不起時，他們的生活與富人生活之間的鴻溝就很深（確實非常離譜），那是綜合的不平等指標所無法反映出來的……第二，私人收入指標忽略了公共服務在教育、醫療保健、社會設施、環境支持等領域中所扮演的角色。[4]

前面提過班納吉與杜芙若在貧窮方面所做的研究，他們寫道，窮人其實被迫承擔了太多責任。你越富有，別人為你做好的事情越多。你有潔淨的用水，從每天吃的強化早餐麥片中攝取維生素，放心地享用乾淨的飲食，工作的大樓不會倒塌，養老金計畫已經安排妥當。個人決定這些生活細節的安排，對任何人來說都不容易，更何況是窮人。窮人面對這些問題時，倍感艱辛，因為他們缺乏資訊。[5]我要補充說明的是，以上描述的生活種種細節，都是有社會梯度的。

不僅印度如此，全世界都是如此。高收入國家的貧窮可能不像印度那麼嚴重，但一些情況依然令人憤慨。英國是全球排名第五的富國，卻有近100萬人因為無力養家而必須求助於食物賑濟處。現在是問我們該如何改變作法的時候了。同樣的，當我們發現美國年輕人活

到60歲的機率低於49個國家的年輕人時,也會覺得那不太對勁。西
班牙與希臘的街頭,都曾經出現失業的年輕人以及底層99%的人對那
1%的人表達憤慨。這種憤恨不平的能量應該加以引導,去打造更公
平的社會。

　全世界就像印度一樣,權力、金錢、資源方面的不公平,正在阻
礙促進健康公平的行動。例如,2014年OECD (由富國組成) 發表的一
份報告指出,幾乎所有OECD國家的收入不平等都在加劇,如圖表
11.1所示。富國中收入最不平等的是墨西哥,其次是土耳其與美國。[6]

　基於之前提過以及德雷茲與沈恩重申的那些理由(雖然他們認為
堅尼係數沒有充分反映窮人受到的不良影響),收入不平等加劇將對
生活水準產生不利影響,從而衝擊社會底層的健康。但收入重新分配
難道不會損害經濟增長嗎?我們不是一次又一次聽到,解放財富創造
者對每個人都有好處嗎?OECD的證據明確顯示:收入不平等**越大**,
經濟增長**越少**。為什麼呢?因為窮人沒有錢,他們就買不起東西。

圖表 11.1 收入不平等的堅尼係數,OECD國家,1980年代中期與2011 / 2012年

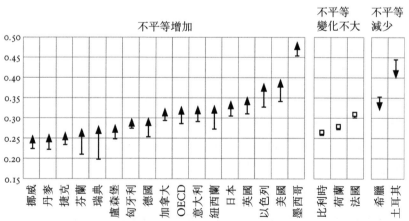

註:收入是指按家庭規模調整後的家庭可支配收入
資料來源:OECD Income Distribution Database

此外，OECD 也強調，對增長的負面影響不僅是因為底層 10% 的人購買力較低，也是因為底層 40% 的人購買力較低。當然，說「我們需要關注底層 40%，而不只是最底層的人，跟社會梯度有關」，這個論點我很喜歡。即使你只關心經濟增長，追求更大的平等也很合理，但是誠如我試圖闡明的，過度的不平等有害我們的生活，也會影響健康的社會梯度。我們有強烈的道德理由與實務理由去關注不平等的問題。

即使我們把焦點從收入轉向財富，還是會看到巨大的不平等。《經濟學人》的資料顯示，全球財富從 2000 年的 117 兆美元，增長至 2014 年的 262 兆美元，[7] 相當於地球上每個成人的財富是 56,000 美元。但世上一半的人擁有不到 3,650 美元，最富有的 20% 人口囊括了全部財富的 94.5%。

收入與財富的數字顯示，世上確實有大量的金錢在流動。要繼續維持「我們沒有足夠的錢做好事」這種謊言並不容易。問題在於，在國家內，財富的集中越來越誇張。這正是皮凱提的《二十一世紀資本論》所要傳達的訊息。隨著財富日益集中，整個歐洲與美國都有人一再地告誡我們緊縮的重要性。他們說公共服務必須削減，因為⋯⋯因為⋯⋯我們負擔不起？

凱因斯在二戰結束後立刻寫道：「經濟問題不久就會退居次要地位，我們的內心與大腦將會被真正的問題 —— 生活問題、人際關係問題、創造問題、行為問題、宗教問題 —— 占據或再次占據。」[8] 在一個又一個國家中，太多的輿論在談如何提高國家收入，太少人在談如何改善社會。

凱因斯想傳達的訊息，類似第十章開頭引述的甘迺迪那段話。他呼籲大家不要只把 GDP 當成衡量進步的標準，他強調：「國內生產總值並未考慮到我們孩童的健康、他們的教育品質，或是他們玩樂的歡娛；也未計入我們詩歌的美好或婚姻的忠貞，我們的公共論辯的才智

或公務員的廉正。它既沒有衡量我們的機智或勇氣，也沒有衡量我們的智慧或學養；既沒有關注我們的悲憫胸懷，也沒有關注我們的愛國熱忱。」

這些都是好事，但不見得都很容易衡量。我的建議很簡單，健康與健康不公平是衡量整個社會狀況的良好指標。它們是結果，也是指標。我的意思是，健康與健康公平本身就是大家重視的東西。在其他條件一樣下，如果可以選擇，多數人會選擇活在一個普遍健康的社會，我們都很重視健康。作為指標，它們還有另一種功能。我藉由這本書主張，健康與健康公平讓我們更了解社會的品質：套用甘迺迪的說法，也許我們無法直接知道詩歌、機智或勇氣的品質，但我們一定知道教育、社會生活、制度的品質。把這些事情做好，不僅可以讓健康變得更好，犯罪也可能減少，社會運轉得更好。

前　進

美國的健康紀錄令人對美國社會擔憂。我談不平等問題時引用了史迪格里茲的話，他擔心美國日益加劇的經濟不平等會帶來各種負擔。其他國家也不該沾沾自喜，以為自己做對了。史迪格里茲指出，問題在於，我們一直在推行有利於頂層1%的經濟政策。涓滴經濟學已經失敗了，根本行不通。時間已經不多了，但還是有解決辦法。他提出一套經濟改革方案，可以遏制頂層的過度財富累積，並投資在其他人口身上。[9]雖然我沒有直接談到經濟政策，但他提到許多有關社會保障及投資全民的建議，完全呼應我在本書前幾章所提出的建議。

解決不公平的政策，迅速進入了政治領域。我還是堅持「我不談政治」這個假象……也因此遭到批評，我接受這樣的批評。例如，約翰霍普金斯大學及巴賽隆納的維森特‧納華洛 (Vicente Navarro) 稱讚

CSDH 的報告。他特別喜歡我們這句話：「社會不正義正大規模地殘害人民。」但他接著又說：「我們知道兇手是誰——我們應該説出他們的名字，羞辱他們。」[10]

如果有必要為我的「非政治」立場做點説明的話，我想為這個立場提出兩個理由。首先，政治層面的分析，本身就需要另一套研究。[11] 例如，美國政治學家雅各・海克（Jacob Hacker）與保羅・皮爾森（Paul Pierson）合撰了一本好書，闡述美國日益嚴重的收入不平等何以是超級富豪握有過多的政治權力造成的。[12] 我很樂見其他人做這樣的政治分析。第二，我希望任何性質的政黨都能接納我推動的方案。我們談論的是打造一種滿足需要並為所有成員創造繁榮機會的社會。這不該是一個政黨的專屬領域。在全球層面上，如果 CSDH 的報告開始指名道姓地批評各國總統與總理，我們就不會有 38 國的代表在世界衛生大會上稱讚那份報告，也不會獲得非洲、印度、中國、美國、許多歐洲國家的支持。

政治很快就從證據轉到意識型態領域。誠如我一開始説的，我確實有一種意識型態：可以透過合理方法避免的健康不平等，卻沒有避免，這是不公正、不公平的。但證據必須是討論的關鍵部分。我們知道意識型態會塑造一個人對證據的看法，但我們不能因此不看證據，直接訴諸偏見。如果有人「相信」印度窮人健康不佳是自食惡果，我們需要提出相反的證據。我認為，真相最終會戰勝偏見——我會用證據去佐證那個觀點。

我不確定，在政治上你如何從一個論點得出另一個論點。但我確信，知識是那個過程的重要部分。如果你認為國內的政治領導人（不管是哪一個）特別「不説出事實的全部真相」，你可以看看喬治・歐威爾（George Orwell）的這句話：「我們這年代的政治言論與文字，大都是為站不住腳的事情辯護。」[13] 或者，回溯更古老的年代，聽聽狄更斯犀利地嘲諷維多利亞時代的政治領導人。

在一般的民調中，你問民眾在科學議題上相信誰時，政治人物與記者的可信度通常是最低的。這讓我對民主更有信心，因為大眾聽到謊言時，可以分辨出來。但我們需要積極地吸收資訊。例如，2015年，英國大肆宣傳經濟復甦了，說我們是富國羨慕的對象。但實際數字如圖表11.2所示，2013年英國的實際工資比2007年低7%——是所有富國中表現最差的。語言藝術與現實之間難道沒有落差嗎？

身為普通公民，也許你不喜歡看國際勞工組織的報告，但你光是為家人採購日用品，支付家裡的水電費，你就知道自己的生活水準下降了。

英國有尊重證據的傳統，資料通常是作為政治辯論的武器，而不是用於推理論證。如果一組數據無法佐證你的政治論點，那就換另一組。「謊言、該死的謊言、統計數據」（Lies, damn lies, and statistics）由來已久。

圖表 11.2 發達的 G20 國家的平均實質工資指數，2007–2013年

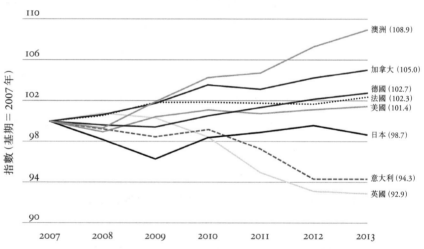

資料來源：ILO Global Wage Database

寫這本書的一大原因，是為了分享社會運作如何影響健康與健康分配不公，以及說明我們可以為此做些什麼。

英國一位資深的保守黨政治人物告訴我，我的動機比較接近社會民主派，而不是保守黨的想法。我在公開場合及本書中，都努力以證據為基礎來論述，而不是根據既有的政治立場。我回應那位保守黨的政治人物：可以避免的健康不平等（亦即健康不公平），是我們這個社會中最糟糕的不正義。他的意思是說，只有主張社會民主主義的政治人物在乎嗎？我希望不是。此外，顯示政客為了符合其政治目的而歪曲證據，並不是黨派政治行為；我們應該對所有的政治領導人那樣做，不分黨派。我們不能獨厚任何政黨提供誤導性的資訊。

地球狀的大洞

我很想把所有東西都寫出來，但是那樣做太魯莽了。我把我知道的，以及多年來參與的研究與政策，寫成這本書。我知道這本書還缺一個大洞。我只大略提到環境，顯然沒提到氣候變遷。這個地球狀的大洞需要另外寫成一本書，把影響健康的環境與社會決定因素結合在一起。

永續發展教我們世代之間及世代之內的公平有多重要。我認為，保護地球的討論應該把這個世代之內的公平納入考量——包括國家之內與國家之間。例如，交通擁擠稅（你把車子開進市內的收費）是不錯的「環保」稅。但是，就像所有的消費稅一樣，它通常對富人的影響比對窮人的影響小，因為它占窮人收入的比例較高。我在環保界提過這點，卻被告知：不要為了公平性而搞砸一項好稅。我實在很想反駁：別用你的完美稅法來破壞公平性。我們需要把環境與健康公平性合起來看。

　　同樣的，隨著低收入國家的發展，他們的碳排放增加了。碳交易可以視為富國從貧國購買排碳權的一種方式。其效果是讓富國人民享有他們的生活型態，但阻礙低收入國家的經濟發展——這是一種很深的社會不正義。我們需要把環境與健康公平性合起來看。

　　畢竟，永續發展意味著三大支柱的平衡：經濟的、社會的、環境的。這三大支柱對健康公平性很重要。同時注意氣候變遷及健康公平，需要根據證據採取行動，以打造我們想要的那種社會——既符合當代人的需求，又不危及子孫後代生活的社會。

從低收入國家到高收入國家都涵蓋在內

　　我在本書中主張，消權（物質的、心理社會的、政治的）有損健康，並造成健康不公平。在低收入、中收入、高收入國家，消權可能是以不同的形式呈現，但促進健康公平分配的方法是相似的。

　　我們寫《社會決定因素與健康鴻溝的歐洲報告》時，關注中亞到北歐的許多國家。我們說，每個國家都可以在那份報告中找到適合他們的建議。如果你的國家社會制度不發達，你可以做點事情，那會帶來改變。如果你的國家正在發展，你可以做得更多。如果你在北歐國家，你可以做得更好。

　　讓我們一起做點事情，做得更多，做得更好！

註　釋

1　West Midlands Fire Service, "Improving Lives to Save Lives," WMFS, 2014.

2　Commission for a Socially Sustainable Malmö, "Commission for a Socially Sustainable Malmö, Final Report 2013." Available from: http://www.malmo.se.

3　M. Allen, J. Allen, S. Hogarth, and M. Marmot, *Working for Health Equity*.

4　J. Drèze and A. Sen, *An Uncertain Glory*.

5　A. Banerjee and E. Duflo, *Poor Economics: A Radical Rethinking of the Way to Fight Global Poverty* (New York: PublicAffairs, 2012)

6　OECD, "Focus on Inequality and Growth: Does Income Inequality Hurt Economic Growth?" (December 2014).

7　"The Economist Espresso," *The Economist*, December 24, 2014.

8　The Arts Council of Great Britain, *First Annual Report 1945–1946* (London: Arts Council, 1946).

9　J. Stiglitz, *The Price of Inequality*.

10　V. Navarro, "What We Mean by Social Determinants of Health."

11　V. Navarro, C. Muntaner, C. Borrell, J. Benach, A. Quiroga, M. Rodriguez-Sanz, et al., "Politics and Health Outcomes," *Lancet* no. 9540 (2006): 1033–1037.

12　J. Hacker and P. Pierson, *Winner-Take-All Politics* (New York: Simon and Schuster, 2010).

13　G. Orwell, *Politics and the English Language* (London: Horizon, 1946).

謝 辭

　　我希望我已經清楚表明，本書的概念、結論、建議是多年合作發展而成。在我上一本著作《地位症候群》中，我感謝了英國、歐洲、美國那些支持我研究的資助機構，以及對我的研究及書中概念有所貢獻的所有人。那些幫我形塑想法的好同事，為我後來做的事情做了重要的貢獻。然而，最大的變化是，我參與了證據審查，以期影響政策與實務。這段期間，我一直獲得倫敦大學學院（為我提供理想的工作環境）與醫學研究委員會（擔任研究教授）的支持。

　　在進行這些審查時，我獲得倫敦大學學院一群出色同事的支持。他們一開始是世界衛生組織CSDH駐倫敦大學學院的秘書處，後來變成馬穆報告小組，之後變成倫敦大學學院健康公平研究所。目前的成員包括：Jessica Allen、Angela Donkin、Ruth Bell、Peter Goldblatt、Matilda Allen、Jillian Roberts、Dan Durcan、Luke Beswick、Laura Grobicki、Sara Thomas、Patricia Hallam、Felicity Porritt、Elaine Reinertsen。過去的成員包括：Ellen Bloomer、Mike Grady；Tammy Boyce、Di McNeish、Ilaria Geddes、Alex Godoy、Ria Galeote。沒有這些出色的同事，什麼事也做不成。

　　Matilda Allen為本書提供了寶貴的協助，一開始是協助研究及參考資料，後來是擔任細膩的讀者與評論者。Jessica Allen和Felicity

Porritt 讀了整本書，並提出睿智的建議，我很感謝他們的意見。我和 Rabbi Tony Bayfield 連續開了多次精彩的月會，那些會議一開始是由我先批評他正在進行的研究，接著換成他仔細閱讀這本書的每個字並提出意見，他是很棒的讀者。布魯姆斯伯里出版社（Bloomsbury）的資深編輯 Bill Swainson 讀了這本書兩遍，幫助極大。我的經紀人 Peter Robinson 是規畫最初提案的關鍵人物。在我任職於英國醫學會與世界醫學協會期間，Vivienne Nathanson 的共事與真知灼見讓我受益匪淺。

誠如下面所示，我領導一群人研究健康與健康公平性的社會決定因素時，涉及了許多人。這本書深受那些報告的證據與結論的影響，但不是摘要。每一位為報告貢獻良多的同事都認同我的詮釋與重點的可能性微乎其微。那些證據的看法，都由我負全責。話雖如此，我們每次審議報告中的證據時，都達到很高的共識。前面提過，第一次審查是世界衛生組織的 CSDH，那是由當時 WHO 的總幹事李鍾郁設立的，後來在其繼任者陳馮富珍的領導下繼續推進。我很感謝這兩位鼓舞人心的全球衛生領袖。由我擔任會長的 CSDH，有一群出色的委員，他們單獨與集體為我們的報告《在一個世代內敉平階級落差》做出貢獻。委員包括：Frances Baum、Monique Bégin、Giovanni Berlinguer、Mirai Chatterjee、William H. Foege、Yan Guo、Kiyoshi Kurokawa、Ricardo Lagos Escobar、Alireza Marandi、Pascoal Mocumbi、Ndioro Ndiaye、Charity Kaluki Ngilu、Hoda Rashad、Amartya Sen、David Satcher、Anna Tibaijuka、Denny Vågerö、Gail Wilensky。

為了提供證據讓我們審查，CSDH 召集了九個知識網路，它們的領導人是：Joan Benach、Josiane Bonnefoy、Jane Doherty、Sarah Escorel、Lucy Gilson、Mario Hernández、Clyde Hertzman、Lori Irwin、Heidi Johnston、Michael P. Kelly、Tord Kjellstrom、Ronald Labonté、Susan Mercado、Antony Morgan、Carles Muntaner、Piroska Östlin、Jennie Popay、Laetitia Rispel、Vilma Santana、Ted Schrecker、Gita Sen 與

Arjumand Siddiqi。此外，我們從 Olle Lundberg 與 Johann Fritzell 帶領的北歐福利國家小組（NEWS）獲得寶貴的資訊。

CSDH秘書處包括我在倫敦大學擔任院長時的親近同事：Ruth Bell、Sharon Friel、Tanja A. J. Houweling、Sebastian Taylor。我們與WHO的秘書處密切合作，那是由 Jeanette Vega（2004–2007）與 Nick Drager（2008）領導，還包括 Erik Blas、Chris Brown、Hilary Brown、Alec Irwin、Rene Loewenson（顧問）、Richard Poe、Gabrielle Ross、Ritu Sadana、Sarah Simpson、Orielle Solar、Nicole Valentine 和 Eugenio Raul Villar Montesinos；不同時期還有 Elmira Adenova、Daniel Albrecht、Lexi Bambas-Nolan、Ahmad Reza Hosseinpoor、Theodora Koller、Lucy Mshana、Susanne Nakalembe、Giorelley Niezen、Bongiwe Peguillan、Amit Prasad、Kumanan Rasanathan、Kitt Rasmussen、Lina Reinders、Anand Sivasankara Kurup、Niko Speybroeck 與 Michel Thieren。呼！我們需要一個那麼大的團隊來整合世界知識，並組織一個委員會，在三年半期間，召開了十次會議，並會晤了十個國家的政府。

在全球委員會之後，英國首相 Gordon Brown 邀請我對英國的健康不平等進行策略審查。我們因此發布了《公平社會、健康生活》那份報告（馬穆報告）。這個委員會與CSDH一樣，是很出色的團體，包括：Tony Atkinson、John Bell、Carol Black、Patricia Broadfoot、Julia Cumberlege、Ian Diamond、Ian Gilmore、Chris Ham、Molly Meacher、Geoff Mulgan。倫敦大學學院的「馬穆報告」團隊是由 Jessica Allen 領導，團隊成員包括 Peter Goldblatt、Ruth Bell、Tammy Boyce、Di McNeish、Mike Grady、Jason Strelitz、Ilaria Geddes、Sharon Friel、Felicity Porritt、Elaine Reinertsen 與 Matilda Allen。

就像CSDH一樣，「馬穆報告」獲得任務小組與工作委員會的支持，他們審查並綜合了審查關鍵領域的證據。這些團體包括：Sharon Friel、Denny Vagero、Alan Dyson、Jane Tunstill、Clyde Hertzman、Ziba

Vaghri、Helen Roberts、Johannes Siegrist、Abigail McKnight、Joan Benach、Carles Muntaner、David MacFarlane、Monste Vergara Duarte、Hans Weitkowitz、Gry Wester、Howard Glennerster、Ruth Lister、Jonathan Bradshaw、Olle Lundberg、Kay Withers、Jan Flaherty、Anne Power、Jonathan Davis、Paul Plant、Tord Kjellstrom、Catalina Turcu、Helen Eveleigh、Jonathon Porritt、Anna Coote、Paul Wilkinson、David Colin-Thomé、Maria Arnold、Helen Clarkson、Sue Dibb、Jane Franklin、Tara Garnett、Jemima Jewell、Duncan Kay、Shivani Reddy、Cathryn Tonne、Ben Tuxworth、James Woodcock、Peter Smith、David Epstein、Marc Suhrcke、John Appleby、Adam Coutts、Demetris Pillas、Carmen de Paz Nieves、Cristina Otano、Ron Labonté、Margaret Whitehead、Mark Exworthy、Sue Richards、Don Matheson、Tim Doran、Sue Povall、Anna Peckham、Emma Rowland、Helen Vieth、Amy Colori、Louis Coiffait、Matthew Andrews、Anna Matheson、Lindsey Meyers、Alan Maryon-Davis、John Doyle、Tim Lobstein、Angela Greatley、Mark Bellis、Sally Greengross、Martin Wiseman、Paul Lincoln、Clare Bambra、Kerry Joyce、David Piachaud、James Nazroo、Jennie Popay、Fran Bennett、Hillary Graham、Bobbie Jacobson、Paul Johnstone、Ken Judge、Mike Kelly、Catherine Law、John Newton、John Fox、Rashmi Shukla、Nicky Best、Ian Plewis、Sue Atkinson、Tim Allen、Amanda Ariss、Antony Morgan、Paul Fryers、Veena Raleigh、Gwyn Bevan、Hugh Markowe、Justine Fitzpatrick、David Hunter、Gabriel Scally、Ruth Hussey、Tony Elson、Steve Weaver、Jacky Chambers、Nick Hicks、Paul Dornan、Liam Hughes、Carol Tannahill、Hari Sewell、Alison O'Sullivan、Chris Bentley、Caroline Briggs、Anne McDonald、John Beer、Jim Hillage、Jenny Savage、Daniel Lucy、Klim McPherson、Paul Johnson、Damien O'Flaherty與Matthew Bell。

WHO歐洲區域辦事處主任Zsuzsanna Jakab邀請我領導《社會決定因素與健康鴻溝的歐洲報告》。我有一群資深顧問：Guillem Lopez、Zsuzsa Ferge、Ilona Kickbusch、Johan Mackenbach、Tilek Meimanaliev、Amartya Sen、Vladimir Starodubov、Tomris Turmen、Denny Vagero、Barbro Westerholm、Margaret Whitehead；WHO的當然代表Roberto Bertollini、Agis Tsouros、Erio Ziglio，以及歐洲委員會的Michael Hübel、Charles Price。倫敦大學學院秘書處是由Peter Goldblatt和Jessica Allen領導，包括Ruth Bell、Ellen Bloomer、Angela Donkin、Ilaria Geddes、Mike Grady、David Bann、Sadie Boniface、Michael Holmes、Akanksha Katyai、Anne Scott、Matilda Allen、Luke Beswick、Ria Galeote與Alex Godoy。WHO秘書處是由Agis Tsouros領導，包括Johanna Hanefeld、Piroska Ostlin、Asa Nihlen、Chris Brown、Isabel Yordi、Theadora Koller、Sarah Simpson、Erio Ziglio與Richard Alderslade。任務小組的主席／共同主席是Alan Dyson、Naomi Eisenstadt、Johannes Siegrist、Jennie Popay、Olle Lundberg、Anna Coote、Gauden Galea、Witold Zatonski、Maria Kopp、Emily Grundy、Marc Suhrcke、Richard Cookson、Harry Burns、Erio Ziglio、Ronald Labonte、Karien Stronks、Martin Bobak、Claudia Stein。

如果你已經設法讀到這裡，我想再補充一點。我說過，我們希望為健康公平性創造一個社會運動。上述那些為我們的審查及本書彙編證據與方法的同仁，都是這個社會運動的一分子。這個過程帶給我很大的成就感。

在進行審查的這10年間，以及之前的數十年，我的家人經歷了這個運動並見證了這些概念。他們展現寬容、關愛，並以各種方式做出貢獻，我以誠摯的愛把這本書獻給他們。